로마 제국과
로마 성풍속사 ❷

Sexual Life in Ancient Rome
by Otto Kiefer

로마 제국과

· 쾌락과 권력의 만남 ·

로마 성풍속사

❷

오 토 키 퍼 지음 — 정성호 옮김

Otto Kiefer

ROME

산수야

쾌락과 권력의 만남

로마 제국과
로마 성풍속사 ❷

초판 인쇄   2020년 7월 25일
초판 발행   2020년 7월 31일

지은이   오토 키퍼
옮긴이   정성호
발행인   권윤삼
발행처   산수야

등록번호   제1-1515호
주소   서울시 마포구 월드컵로 165-4
전화   02-332-9655
팩스   02-335-0674

ISBN 978-89-8097-516-7   03380

값은 뒤표지에 있습니다. 잘못된 책은 바꾸어 드립니다.

이 도서의 국립중앙도서관 출판시도서목록(CIP)은
서지정보유통지원시스템 홈페이지(http://seoji.nl.go.kr)와
국가자료공동목록시스템(http://www.nl.go.kr/kolisnet)에서 이용하실 수 있습니다.
(CIP제어번호: CIP2020022338)

일러두기

이 번역서는 가능한 한 이 책의 저자인 오토 키퍼의 의도를 명확하고 정확하게 전달하고자 노력한 것으로 고대 로마 문학에 관심이 있는 독자를 위하여 텍스트 번호를 명기하였다. 이 때 옥스포드 고전 텍스트(Oxford Classical Text)를 기준으로 하였으며 불가피한 경우에 한해 튜브너 판을 참고했음을 밝혀둔다.

《로마 제국과 로마 성풍속사》에 나오는 고대 저작물들은 모두 라틴어 또는 그리스어로 되어 있기 때문에, 영어로 번역된 것을 중역한 것이다. 문헌이 다양한 경우에는 일반적으로 헤르 키퍼(Herr Kiefer)에 의해 채택된 변형판을 사용하였다.

운문의 번역은 원문의 형식에서 벗어나지 않는 한도 내에서 의미와 그 시대의 정신을 보여주는 데 목표를 두었으며, 의역된 부분도 적지 않음을 밝혀둔다. 고대 라틴 시인들은 대개 3보격 내지 4보격 운율만을 사용하였다. 그러나 원문을 좀 더 긴 운율 형식으로 번역하여 본질적으로 신중한 그들의 기법에 대하여 잘못된 인상을 심어주지나 않을까 걱정이 된다.

그럼에도 불구하고 라틴 운문의 운율을 살리지 못한 이유는 오늘날에는 그 기능이 명징성이나 회고조로 한정되어 있기 때문이다. 비통함을 표현하는 길고 짧은 2행의 대구(對句)가 영웅적인 대구보다는 우리에게 더 잘 맞는 것 같다.

차례

제 1 장 ✳ 로마 시(詩)에서의 사랑

제 2 장 ✳ 황제들의 성생활

제 3 장 ✳ 로마의 멸망과 그 원인

로마 시(詩)에서의 사랑

1

시인들의 이상

로마인의 시적 감성

만일 사랑의 마술이 모든 사람들을 시인으로 만드는 것이 사실이라면, 시는 사람들의 성생활에 대한 가장 진실하고 분명한 반영일 것이다. 사람들은 성 경험의 고결함과 천박함을 기록하기 위해 시적인 언어를 사용했다. 정열에 대한 가장 탁월한 표현 — 미카엘 안젤로와 셰익스피어의 소네트, 플라톤의 에로스에 대한 신비주의적인 표현—은 천박하고 관능적인 프리아페이아의 시들을 창작한 사람들의 영혼의 깊숙한 곳으로부터 솟아난다. 우리의 사랑과 성에 대한 경험은 이성적으로 전혀 탐구되지 않은 영혼 속에 깊이 감춰진 무의식의 세계에 근거를 두고 있다. 그리고 이러한 심연으로부터 가장 부도덕한 악의 씨앗뿐만 아니라 가장 고결하고 아름다운 꽃도 피어난다.

쇼펜하우어는 《생의 의지(Will to Life)》에서 삶을 지배하는 요소로서 우리가 사랑이라 부르는 삶의 영역보다 더 진실하고 강력한 것은 없다고 말한다. 따라서 사랑을 극명하게 비추는 시는 사람들의 마음을 선명하게 드러내는 것이다.

오늘날 유럽 문명의 영향 아래에서는 시인이 독일인인지 스웨덴인인지, 혹은 노르웨이인인지 구별하기 어려운 시가 있다. 그러나 고대 시의 가장 중요한 점은 학자가 아닌 누구라도 어떤 시가 그리스 작품인지 라틴 작품인지 쉽사리 판별될 만큼 강력한 국민적 상징성(언어의 최상의 의미로서)을 지녔다는 데 있다. 예를 들어 테렌케의 희극은 라틴어로 씌어 있지만 그 정신과 본질은 완전히 그리스적이어서 그 속에서 로마인의 삶을 발견할 수는 없다.

그러나 그보다 저질인 플라우투스의 희극은 그리스 희극의 양식을 차용했지만 진정한 로마인의 정신을 담고 있다. 그러나 로마 시의 원천은 시의 근원이 카툴루스, 티불루스, 프로페르티우스, 호라티우스, 오비디우스의 몇몇 작품에서 보여지듯이 시인의 개인적인 경험에 의거하는 것으로서 분명히 확인할 수 있다. 설사 그 시의 형식적인 요소가 그리스의 형식에서 유래되었다 하더라도 그 내용은 테렌케의 희극보다도 더 로마적이다. 따라서 우리는 이 장에서 그것을 입증하기 위해 특정 작가의 작품으로 한정지을 것이다. 차후의 한정은 이 책의 연구 범위 안에서 이루어질 것이다. 로마의 에로틱한 시들은 그러한 주제만을 다룬 방대한 저작들 없이는 철저히 파헤치는 것이 불가능할 수도 있다. 왜냐하면 로마의 시는 아우소니우스의 저작에서 보듯이 처음부터 끝까지 에로티시즘으로 가득 차 있기 때문이다. 만일 우리가 성생활에 대해 언급한 소수의 주요한 시인에 대해서만 논의한다면, 이 책의 내용이 왜곡될 것임이 분명하다. 따라서 학자들에게만 단편적으로 알려진 작품을 저술한 많은 시인들은 의도적으로 생략하겠다. 우리의 목적은 모든 로마 시에 대한 정확한 조사자료를 서술하는 데 있는 것이 아니라, 로마의 주요한 시인들이 우리가 이미 1권에서 로마인의 삶의 다른 측면에서 보았던 사랑이라는 문제를 어떻게 다루었는지를 살펴보는 데 있기 때문이다.

그러기 위해서 우리는 먼저 근본적인 원칙을 설정해야 한다. 로마인은 농부이면서 군인이었다. 그들의 본성은 평범하면서도 실용적이었다. 그리고 그들은 그리스인들처럼 스스로 시를 지으려는 천부적인 성향도 없었다.

우리는 1권에서 훌륭한 학자인 H. 팔다무스가 지은 《로마인의 성생활(Roman Sexual Life)》이라는 책자에 대해 말한 바 있다. 그는 그 책에서 수많은 정의를 내렸다.

"모든 민족은 인간애나 자연스러운 감정을 멸시하면 그에 대한 대가를 치르게 된다. 로마인들은 다른 민족보다 그 대가를 더욱 혹독하게 치렀다. 후에 그들은 그들의 도덕과 모든 감정, 습관까지도 국가의 최고 권력자에게 종속시켰다. 따라서 초기의 도덕률은 강제적이 되었고 적법화되었다. 그 강제성이 제거되었을 때, 그들의 열정(그리스와 아시아 사조의 영향을 받은)은 더욱 거세진 폭력으로 분출되었다. 곧 이어 로마 제국이 멸망하자 그들은 불평등한 지위에 놓이게 되었다."

팔다무스는 우리와 한 가지 점에서 특히 다르다. 우리는 '초기의 도덕률'이라는 것을 믿지 않는다. 우리가 종종 언급했듯이 로마인 은 본래 호색한 민족이다. 어떤 점에서 그들은 잔인하고 야만적이 다. 그들은 견실하고 안정된 시민이었음에도 불구하고, 합리적이고 효과적인 자민족 중심적 세계를 건설하기를 열망하였다. 그러한 민 족은 연애시는 물론이고 일반적인 시조차도 자발적으로 창작할 수 가 없다. 그들은 사포, 이비쿠스, 아나크레온, 밈네르무스 등과 같 은 서정적 연애시에 대한 재능이 없다. 로마인들은 멋진 사랑을 하 기 위한 정신적 능력이 결여되어 있다. 타키투스는 "로마인들은 사 랑이 없는 결혼을 하고 상대에 대한 존중이나 세련됨이 없이 사랑 을 한다."라고 말했다.

관능적인 사랑의 시

우리가 예상할 수 있는 로마인들의 연애시는 그리스 작품을 모방 하고 번역한 것이거나 관능에 대한 직설적 표현의 진수라는 것이 다. 아마도 사랑을 다룬 진짜 로마적인 작품은 페트로니우스의(불 완전한 형태로 유일하게 존재하는) 육감적인 소설일 것이다. 그리 고 카툴루스, 티불루스, 프로페르티우스, 호라티우스와 오비디우스의 몇몇 작품이 그 뒤를 잇는다.

팔다무스는 주요한 로마의 에로틱한 시 — 특히 카툴루스 이전에 저작된 — 들이 분실되었다고 밝혔다. 그것은 사실이지만, 구공화정이라는 토양은 연애시라는 섬세한 꽃을 피우기에 적합하지 않다는 사실을 잊어서는 안 된다.

플라우투스의 희극에서 인용한 수많은 문장은 기원전 2세기의 공화정에서 사랑을 어떻게 다루었는지를 보여 준다. 그들은 항상 원색적인 관능이라는 동일한 그림을 그린다. 이것을 설명하기 위해서는 약간의 인용만으로도 충분할 것이다.

프세우돌루스의 작품을 보자(64).

그토록 가까이서 우리가 나눈 변치 않는 사랑은
우리의 즐거운 오락이요, 입술 포개고 얘기하기,
가까이 끌어당겨 우리의 탐스런 몸을 힘껏 껴안기,
부드러운 입술을 살며시 깨물기,
봉긋한 가슴의 음란한 압박.
아, 당신이 나와 나눈 이 모든 압박은
이제는 영원히 깨어지고, 버려지고, 파멸되었네.

이 연극의 다른 장면에서(1255) 연회는 이렇게 묘사된다.

왜 수수께끼 같은 말을 하세요?
그건 살아 있음을 즐겁게 만들고,
모든 기쁨이며 모든 삶의 보배요,

그 자체로 극락.
애인이 자기 연인을 껴안을 때면, 입술과 입술을 포갤 때면,
그들이 서로를 꼭 껴안고, 혀와 혀로 애무할 때면,
가슴과 가슴을 밀착시킬 때면,
두 몸이 얽혔을 때면,
소녀는 흰 손으로 연인을 위해 음료를 따른다네.
얼굴엔 못마땅함이나 싫어하는 기색이 없고,
손님이나 쓸데없는 이야기를 싫어하네.
향기와 미약, 리본과 화환을
즐거이 주려 하고 관대해 진다네.

우리가 말했듯이 팔다무스는 모든 면에서 다소간 그리스 방식의 덕을 보았다. 때문에 그는 자신의 방식이나 관습을 표현할 때, 그리스와 로마의 요소들을 혼동할 수밖에 없었다.

《키스텔라리아(Cistellaria)》(22)에서 이에 적당한 예를 찾아볼 수 있다. 매춘부는 결혼한 여자에 비해 창녀의 수가 더 많음을 애통해한다.

옳고도 적절하다,
우리가 인생의 길을 가는 동안
여성이 좋은 친구며 내 편이 된다는 것은.
당당한 가정의 아내들인 고귀한 혈통의 여성을 보라,
어떻게 친밀한 우정을 지키는지, 서로를 어떻게 후원하는지 보라.
우리가 그들을 본 따 똑같이 한다면, 여전히 고된 삶을 살 것이다.
그들은 우리를 혐오한다!

그리고 우리가 그들의 도움을 원하기를 바란다.
우리가 결코 자립하지 못하고,
언제나 그들의 후원을 필요로 해서,
초라하게 간청하기를.
그들에게 가라! 곧바로 그들을 떠나고 싶어지리니,
사람들 앞에서는 우리를 추켜세우지만
남모르게 기회가 생기면, 우리에게 찬물을 끼얹으며,
우리가 남편을 홀린다고 퍼부으며,
스스로 우리를 연적으로 여길 테니까.
그들은 우리를 억누른다 ― 우리는 자유 부인이다!

우리는 귀족 가문의 딸이 수치스럽다(불명예스럽다는)는 비난을
듣지 않고 매춘부가 되는 것이 불가능하다는 것을 보아 왔다.
　자유민의 딸들에게는 다르다. 로마의 기혼녀들은 그들이 유부남
을 유혹한다는 의심을 하여 특히 그들을 싫어했다. 매춘부는 이렇
게 말한다(Cistellaria, 78).

숙녀들에게는 유리할 거야.
한 남자를 사랑하고 그와 함께 일생을 보내는 것이.
한 창녀는 번영하는 도시와도 같아.
수많은 남자 없이는 살아갈 수 없다네.

　남자들의 모험은 플라우투스가 다른 작품에서 묘사한 관습에 의
해서 제한되었다(Curculio, 35).

여기에는 정지 신호가 없네, 누구도 위반자를 주목하지 않아.
만일 현금이 있으면, 아무것이나 사라.
큰 길은 모두의 것─원하는 곳으로 걸어라.
그러나 담을 넘어서 도망치지 마라.
손대지 마라,
마누라, 과부, 또는 처녀, 소녀, 혹은 자유민 어린이는 ─
나머지는 모두 건드려라 !

아마도 여기서 팔다무스의 작품을 약간 인용하는 것은 전혀 적절하지 않을지도 모른다. 왜냐하면 우리의 목적은 결국 로마인의 성생활의 본질을 보려는 것이지, 단지 라틴 문학이 가지고 있는 성적주제를 다루는 것이 아니기 때문이다. 따라서 우리는 팔다무스가 예를 든 부분을 바탕으로 그 뒤를 이어 플라우투스에 대하여 논의를 해야 한다.

플라우투스에 대한 모든 평가와 언급은, 보다 세련된 작품이기는 하지만 정신적인 면에서는 여전히 그리스적이라는 점에서 테렌케와 마찬가지다.

루크레티우스의 애정관

작품이 남아 있는 시인들 가운데서 사랑을 처음으로 다룬 이는 루크레티우스다. 그의 작품은 그의 스승인 에피쿠로스의 학설을 설명하기 위한 교훈적인 시이다. 말하자면 그는 성생활을 다룬 그의 글에서 사랑에 대해서 카툴루스처럼 개인적인 기억이 아니라 쇼펜하우어처럼 이론에 근거하여 언급한다. 그러나 루크레티우스의 모든 작품이 시적인 언어로 쓰여졌으므로 이 장에서 약간 인용하기로 한다. 무신론자의 말을 빌린다는 것이 부적절하다 할지라도 그의 서사시는 비너스에 대한 찬양으로 시작한다. 그의 말을 들어보기로 하자 (i, 1).

로마의 어머니, 신과 인간의 기쁨,
친절한 숙녀 비너스, 그대가 사는 곳은
바다와 비옥한 토지
창공을 활주하는 모든 별 아래 —
살아 있는 모든 피조물에 당신의 힘을 넣어 주어
스스로 생산하고 태양의 빛 속으로 들어간다 —
당신이 오면 바람이 잔잔해지며 하늘의 구름은
당신 앞에 사라진다.
가지각색의 토지는
매혹적인 꽃을 피우며, 바다의 수평선은 미소짓네.
그리고 하늘은 평화의 빛을 광대히 비춘다.
첫번째 봄이 한낮을 비추고
서풍이 탄생의 문을 열어줄 때,
대기의 첫번째 새는 당신에게 감사하며
당신의 권력은 그들의 희망을 지나쳐 간다.
거친 짐승들의 무리가 멋진 평야를 질주하며,
거친 강물에 헤엄칠 때, 달콤한 바람으로 사로잡아 유혹하네.
당신을 따르니, 그들의 여왕이 되네.
바다와 언덕과 물결치는 강물, 잎이 무성한 새 둥지

그리고 푸른 평야 모두에게
당신이 친절한 사랑을 불어넣으니
그들은 열심히 자신의 종족을 번식시키네.

비너스의 강력한 신성성을 기원함에도 불구하고 시인은 뒤에서
인간(특히 남자)에게 사랑의 결과에 대하여 경고한다. 이것으로 그
는 연애 문학 작가나 쾌락주의자들을 실망시키는 것 같다. 그의 경
고는 언젠가 주색에 빠진 오비디우스를 훈계했던 말과 매우 유사하
다. 루크레티우스는 4권에서 이렇게 말한다(1052).

그러면 남자는 비너스의 화살에 상처를 입어(그들에게 보낸 사지가
연약한 소년이거나 여인의 눈부신 사지로부터 달려나온 그들)
이 쾌락은 비너스의
사랑은 큐피드 욕망이라 불린다.
이 욕망으로부터
사랑의 첫번째 방울은 흘러
남자의 마음으로 들어가고, 마지막에는 냉정해 진다.
남자가 사랑하는 연인을 잃었을 때,
그녀의 영상은 여전히 남아
그녀의 이름은 여전히 달콤하게 그의 귀에 들리네.
이런 영상을 피하고 사랑의 열매를 멀리하라!
마음을 바꿔라!
어느 육체에든 네가 모은 씨앗을 뿌리고
사랑하는 한 사람에게 정박하지 마라.
그리고 홀로 있으면 — 절대로 슬픔에 빠지지 않으리.

병든 삶, 그리고 사육, 병의 진전
고통이 미친 격랑처럼 솟아나서
상처를 지우고 아직도 생생한 고통을 치료하기 위해,
어디든 두드리지 아니하면
비너스를 쫓아서 해외를 떠돌거나,
당신의 몸짓과 마음속의 욕망이 어디론가 떠나간다.
그러나 비너스는 애정 없음에 대하여 무심하지 않아
오히려 고통 아닌 축복을 그들에게 전한다네.
기쁨은 상사병 환자보다는
건강한 남자에게 더욱 순수한 것 ― 모든 연인의 열정은
경이롭고 소유마저도 주저하니
기쁨은 우선 즐기는 것이라고 말할 수 없네.
사랑스런 얼굴과 맑은 빛깔 피부로부터는
육체의 쾌락은 아무것도 나오지 않아
그러나 연약한 작은 영상, 절망은 바라네
바람이 붙잡아 가져가 버리길.
목마른 사람이 꿈속에서 물을 마시려 하듯이
불타는 사지를 끌 물 한 방울 찾을 수 없네,
상상의 물을 위한 투쟁은 헛되며,
거센 급류 속에서의 갈증은
상상으로 비너스를 속이는 연인 같은 것.
그들은 바라보는 것으로는 만족할 수도 없고
사지를 만족스럽게 만질 수도 없다네.
그들이 온몸을 애무하며 만질지라도…….
더구나 권력을 잃어 노동자가 그들을 배반하면,
그들의 모든 삶은 다른 사람의 노예가 된다.

그들의 재산은 바빌론의 양탄자가 되고,

의무도 없어지고 명성은 흔들린다.

보드랍고 화려한 신발은 발을 비웃는다.

녹색으로 빛나는 엄청난 에메랄드는 금으로 바뀌고,

바닷빛 의상을 언제나 입고 있어

비너스의 땀에 흠뻑 젖는다.

아버지는 정직하게 돈을 벌어 농장을 떠나고,

그들은 터번, 타이어, 모자, 걸레, 그리고 동양의 장삼이 된다.

향연은 준비되었다, 값비싸게 화려하게,

도박과 와인, 향료와 왕관 그리고 화환도 —

그러나 모두 헛된 것. 기쁨의 원천으로부터

꽃들 가운데서 쓰라림은 생겨난다.

마음으로는 악의 소굴에서

나태하게 사는 진실을 보아 스스로를 갉아먹으므로.

숙녀가 의심스런 말을 뱉어내어

그 말이 불타는 영혼을 두드리고 아프게 하므로.

혹은 그녀의 눈빛이 너무도 방만하고

얼굴에 무관심한 미소가 사라지지 않으므로.

그것은 창녀의 사랑처럼 사악하다.

빗나간 사랑은 과거를 복잡하게 하고

눈을 감고 보려는 것이다.

내가 가르친 대로, 예견은 좋은 것이지.

조심하라, 함정에 빠지지 마라.

비너스의 그물에 걸리지 않는 것은

걸리고 나서 빠져나오는 것만큼 어렵지 않네.

코앞의 그물에서 자유로워지기 위해 투쟁하라.

이 시인은 언젠가 깨져버릴 연인의 환상이라는 재앙에서 탈출하기 위해서는 연인의 '마음과 몸의 결점'을 찾아내야 한다고 충고(오비디우스가 했듯이)하고 있다. 결론적으로 그는 이렇게 말한다.

> 그러나 그녀를 꿈처럼 사랑스럽도록 두라.
> 그녀가 비너스의 위엄으로 군림하도록 하라.
> 아직도, 아직도 다른 사람이 있도다!
> 우리는 한때 그녀 없이 살았다!
> 그녀는 추한 여인들처럼 사는 것을 아노라!

그는 여전히 이렇게 말한다.

> 여자들은 항상 자신의 정열을 감추지 않아.
> 온몸으로 남자를 껴안을 때,
> 그의 입술을 빨고, 그의 키스에 취하노니,
> 그녀는 가끔 진실로 사랑하며 육체적 쾌락을
> 나누는 것이 사랑의 목적이노라.

그러나 시인이며 로마인인 루크레티우스에 대한 우리의 관점은 분명하다. 이 '사랑의 목적'이란 순전히 육체적 성행위이며, 그 목적은 심지어 짐승마저도 추구하는 것이다.

이 시인은 남아나 여아의 개념을 설명하는 데까지 나아간다. 그리고 로마인에게 경고를 하면서 이 장을 마친다.

> 가끔은 비너스의 거룩한 화살 없이도

소수의 아름다운 여성은 사랑을 받겠지.
아내는 가끔 자신만의 행위와 방식으로,
친절한 태도와 산뜻한 옷으로,
자신과 사는 것을 손쉽게 만든다네.

고대 로마에서 대부분의 결혼은 본질적으로는 무미건조하나 존중
되는 결합이었으며, 대부분의 아내들은 엄격하고 '깔끔한' 유부녀
였다.

카툴루스의 시와 노래

로마 최초의 연애 시인

이제 카툴루스를 보자. 카툴루스가 중산 계급 집안의 도덕성을 따랐다면, 그는 약간 불행한 삶을 살았을 것이다. 우리는 그의 삶과 사랑에 대하여 무엇이든 알아내야만 했다. 휠더린은 "마음의 파도는 결코 소리 없는 바위의 운명에 저항하듯이 아름다운 정신의 포말로 갑자기 나타나는 것은 아니다."고 말했다.

카툴루스는 로마 최초의 연애 시인이다. 그는 가슴 깊숙이 간직한 경험을 예술적으로(그리고 민족적으로) 표현한 최초의 로마인이다. 그는 유명한 그의 후계자들보다도 더욱 근대적인 정신에 교감을 느꼈다. 왜냐하면 그는 과장적인 작가가 아니었기 때문이다. 그리고 카툴루스는 우리에게 솔직하고 아름답게 자신의 정열에 대해서 이야기한다.

겔리우스(Noctes Atticae, xix, 9)는 카툴루스와 그의 친구 칼부스를 단지 그리스의 겔리우스 시대의 아나크레온과 나란히 자리매김하는 것이 적당한 초기 로마의 시인일 뿐이라고 말한다. 그 동년배들(오늘날에는 이름조차도 거의 알려지지 않은)은 매력적이지도 심오하지도 않은 사람들이었다. 그들의 작품은 조잡하고 난해하고 조화되지 않은 것이었다. 거기에는 그리스적인 마력이 결여되었다. 그러나 우리는 그리스 작품과 비교해서 카툴루스 작품의 정신과 예술적 유사성을 생각할 때, 칼리마쿠스 같은 그리스 시인의 작품을 번역한 것에 주의를 기울이기보다 그의 절묘한 서정시에 주의를 기울여야 한다. 왜냐하면 그가 그리스적인 모델을 본받았다 하더라도 그것이 무엇이었는지 우리는 모르기 때문이다.

셉티미우스와 아크메 사이의 유명한 러브신을 인용해 보자(45).

셉티미우스는 아크메를 안아 가까이
가슴으로 가까이 당기며 말한다.
"내 사랑, 내 당신을 목숨 바쳐 끝없이,
항상, 영원히 이 세상 어떤 연인보다 더 사랑하지 않는다면,
아프리카의 사막에 버려져 암사자의 녹색 눈과 마주칠 거요!"
사랑은 전에는 느리게 왔지만 지금은
그의 호의를 보기 위해 재빨리 옆으로 왔네.
지금 아크메는 살며시 머리를 돌려
연인의 꿈꾸는 눈에 입을 맞추네.

진홍빛 입술로 입을 맞추며 말하노니
"사랑하는 셉티미우스
사랑이 영원하도록 우리 지금 기도해요.
내 잔잔한 가슴에 사랑의 불꽃을
더 강하고 격렬하게 불태우는 신께요."
사랑은 전에는 느리게 왔지만 지금은
그의 호의를 보기 위해 재빨리 옆으로 왔네.
그리고 지금 신은 호의적이네.
이제 그들은 서로 사랑하고 사랑받노니.
셉티미우스는 아크메를 더욱 소중하게 안는다네.
머나먼 인도의 모든 보물보다 더 소중하게.
아크메는 셉티미우스를 사랑하네.
진실하고 기쁘며 달콤하게.
이보다 더 행복한 연인을 보았는가?
사랑의 불을 지르는 신은 어디에 있는가?

이와 비슷하게 매력적인 또 다른 서정적 연애시가 있다(48).

유벤티우스, 당신의 달콤한 입술에
내 원대로 입맞출 수 있다면,
양손의 다섯 손가락이 천번이 되도록 입맞추겠어요.
그것도 모자라지
우리의 입맞춤이 자라나지 않더라도
아프리카의 보리보다 더 무성할 거야.

이 두 가지 예는 카툴루스가 양성적이라는 것을 보여준다.

이 논의에서 우리는 주로 카툴루스가 로마의 대다수 전형적인 활동적 예술가들보다도 더 발랄하고, 진솔하고, 간명한 로마의 연애 시인이라는 사실에 흥미를 느낀다.

카툴루스의 삶과 사랑

카툴루스의 작품은 그 뒤를 따르는 어떤 시인보다도 더 지극히 순수하며, 보다 자연스럽고 진솔하다. 우리가 아는 한 그를 앞지를 시인은 아무도 없다. 현대적 취향으로 볼 때 그의 작품이 천박하고 외설적이라는 것은 사실이다. 그럼에도 불구하고, 그의 천박함은 오비디우스의 음탕함이나 닳고 닳은 외설물들과는 달리 순수하다.

그는 위대한 시인이다. 이 열정적이고 불운한 연인은 감상주의를 끝내 해소하지 못했지만, 노력하기를 반대하고 운명에게 감사하는 사람들과는 투쟁했다.

그의 가장 유명하고 아름다운 시에 가려진 이 이야기는 앞으로 언급될 것이다. 카툴루스는 기원전 87년 베로나에서 태어났으며, 어린 시절에 로마로 이주했다. 거기서 그는 자신과 같이 쾌활하고 원기왕성하며 편안하고 방탕한 다른 젊은이들과 만나 함께 생활했다. 그러나 항상 시를 쓰고 최상의 그리스 작품에 대해 공부하는 데 힘을 기울였다. 카틸리네와 그의 모임이 혁명을 시도한 것이 그때였다. 그러나 카툴루스와 그의 친구들은 정치에서 손을 뗐다. 그들은 스크라스부르크의 젊은 괴테처럼 살았음에 틀림없다. 그리고 카툴루스는 가끔 젊은 괴테와 비교되곤 한다. 알다시피 그는 진실하고 깊은 우정을 나눌 수 있었다. 그리고 깊이 사랑한 그의 동생이 요절하자 몹시 슬퍼했다. 그의 집안은 그가 때때로 불평을 하기는 했지만 넉넉했음이 분명하다. 로마에 거대한 도서관이 딸린 집을 가지고 있었으며 시골에 있는 집은 티부르티네와 사비네 지방의 경계에 있었다.

카툴루스가 26세가 되었을 때, 그의 운명이 된 여인을 만났다. 그는 그녀를 레스비아라고 불렀다. 오늘날 그 이름은 카이사르의 적인 클로디우스 풀케르의 여동생이자 저명한 그러나 중요 인물은 아닌 카이킬리우스 메텔루스 켈레르의 아내인 그 유명한 클로디아를 은폐하기 위한 이름이라고 추측된다. 클로디아는 로마 역사에서 대부분이 그렇지만 단지 그의 적과 관련되어서만 알려져 있다. 키케로는 그녀를 콰드란타리아, 즉 '두 푼짜리 계집'이라고 경멸적으로 불렀다. 그는 또한 그녀가 오빠와 근친상간한 것이 사실이라는 암시를 한다. 카툴루스에게 그녀는 까다롭고 변덕스럽고 제멋대로인 여인으로 보였으며, 동시에 7, 8명의 남자와 연애를 했다. 그러나 그녀는 아름답고 매혹적이며 교양이 있었고, 열정적인 사랑을 나눌 수 있는 여인이었다.

어떻게 그처럼 빛나는 영혼을 가진 그에게 그런 류의 여자가 운명이 될 수 있었나? 레스비아는 그의 운명이었다. 우리는 카툴루스의 시에서 그들의 사랑이 발전한, 소설처럼 흥미진진한 발자취를 찾을 수 있다.

이 시인은 그녀를 친구인 알리우스의 집에서 만난 듯하다. 적어

도, 마지막 엘레지(68)에서는 친구 집에서의 극진한 대우를 칭찬한
다. 그 집에서 카툴루스는 애인과 소중한 시간을 보냈다.

뮤즈여, 내게 많은 도움을 준
알리우스의 친절한 우정에 대해 말하게 해 주오.
짙은 어둠으로 망각되는 해에
그는 실로 어둠을 밝혀주었네.
교활한 비너스가 내게 가한 고통을 그대는 아는가.
그녀가 나의 삶을 어떻게 망가뜨렸으며
내가 어떻게 테르모필라이의 온천처럼
시칠리아의 에트나 화산처럼 불타올랐는가를,
내 슬픈 두 눈이 눈물에 젖었을 때
음울한 빗물은 내 뺨을 적셨다오.

그러나 산정의 이끼 낀 바위 아래서
샘물이 솟아나듯이
바위 계곡 아래로 무섭게 굴러내려
사람들의 발길이 끊이지 않는 길과 만나듯
땅이 갈라지도록 뜨거운 8월의 태양에
지치고 땀에 젖은 나그네의 원기를 돋우듯
아니면 미친 듯한 태풍에 배가 뒤흔들릴 때
바다의 신이 그들의 기도를 들어 준 뒤
선원들에게 불어오는 보드라운 미풍처럼
알리우스가 나에게 준 것은 그런 도움이었네.
담장 안에 갇힌 나를 한길로 보내 주고
나에게 숙녀와 우리가 죽도록 사랑할

그리고 정열을 나눌 가정을 마련해 주었네.
나의 여신은 우아한 걸음으로
윤나는 문턱에서 멈칫거리며
하얀 두 발로 문턱을 밟고 빛으로 조용히 다가왔네.

카툴루스는 연상의 유부녀와 사랑에 빠졌다. 그는 처음부터 자신의 운명을 알았으나 정열에 눈이 멀어 이를 무시했다. 그는 같은 시에서 이렇게 말한다(68).

그녀는 한 명의 애인으로 만족하지 못할 거야.
그러나 나는 요령 없이 굴지 말고(애인들은 많지 않다)
내 여인의 작은 잘못을 참아야 하네.
하늘의 강한 여왕 유노는 스스로
요브가 그를 속였을 때 분노를 누그러뜨렸네.
모든 잘못을 알았으면서도.

그녀는 감송향이 풍기는 잔칫집에
신랑에게 오는 신부처럼 나에게 이끌리지 않았네.
어느 기적의 밤, 그녀는 나에게 호의를 보였지.
남편의 빈틈없는 팔 안에서 슬깃 훔쳐보며
그녀가 카툴루스에게 행복한 나날을 준다면
흰 돌을 정표로 준 것으로 충분해.

그의 유명한 시들이 쓰인 것은 그가 연애를 시작하던 그때였다(5).

나의 레스비아, 우리 사랑하며 삽시다!
늙은이들의 험담에는
털끝만큼도 신경 쓰지 마오.
태양은 사라졌다 다시 뜬다오.
우리의 작은 빛이 타올랐다 꺼지고
어둠이 남아 끝없는 잠을 잘 그 때에.
그러니 지금 내게 천번의 입맞춤을 해 주오.
백번의 입맞춤을, 천번을 더
다시 백번을 그리고 천번을 해 주오.
천번에 천번을 해서
우리가 세기를 잊는다면 숫자는 잊읍시다.
시샘하는 무리들이 우리에게 상처를 주겠지만
우리의 백만번의 입맞춤은 알지 못할 테니.

그러나 곧바로 어조가 바뀐다(70).

내 여인은 말한다. 앞으로 다른 어떤 남자의
연인이 되지 않겠노라고 주피터에게조차도.
그녀는 말한다. 여인이 열중한 애인에게 하는 말은
물 위에 쓴 것, 달려드는 파도에 쓴 것.

시인은 불행한 사랑이 자신의 마음을 여러 갈래로 찢어놓는다는
것을 알았다. 그는 이렇게 쓴다(72).

당신은 누구도 아닌 카툴루스를 사랑했다 말했지.
레스비아, 바로 당신이, 주피터조차도 아니라고.

사랑하오, 레스비아, 단지 연인으로서가 아니라
아버지가 아들을 사랑하듯 당신을 사랑하오.
나는 지금 당신을 아오. 내 욕정은 더 뜨거워지고
아직도 하찮고 가치 없는 당신을 안고 있소.
어떻게 그럴 수가 있어요?
당신이 묻네. 상처받은 연인은
더욱 더욱 사랑하나 사랑은 모두 떠났네.

이 쓰라린 환멸을 느낀 후에 카툴루스는 그의 연인과 한번 더 화해한 듯하다. 그는 정열과 슬픔에 빠져 지푸라기라도 잡고 싶은 심정이었다. 욕정적이고 무정한 레스비아가 그에게 돌아오자 그는 너무 기뻐 당황했다. 이 짧은 환희를 그는 이렇게 노래한다(107).

슬픔과 오랜 절망 뒤의 성취
가장 고귀한 행복은 마음의 것.
그리고 그건 금은보화보다 고귀한 행복
내 원대로 레스비아가 돌아왔을 때
내 슬프고 오랜 절망에서 갑자기 돌아왔을 때
이 기쁜 날 더욱 하얀 돌로 표시했다오.
이보다 더 행복한 사내가 있나? 그리고 어찌 하늘이
우리의 간절한 기도를 이보다 더 감사히 응답할 수 있겠나?

이 불성실한 여인은 그가 어떤 요구를 하든 약속을 했으며, 모든 애인이 그러하듯 그는 그녀를 믿었다(109).

내 사랑, 당신은 약속했지
우리의 열정은 영원히 진실이며 영원히 기쁠 거라고.
오, 신이여! 그녀의 약속과 지조 있는 말이
진실로 지켜지도록 허락하소서.
그 약속을 우리는 일생을 계속해서
영원한 사랑에 대한 성스러운 서약으로 지키겠나이다.

또다시 배반당한 뒤의 불만은 더욱 쓰라리다(58).

친구여! 나의 레스비아, 레스비아, 레스비아!
카툴루스가 자신보다
더 사랑했던 그의 연인은
대로에 서서 골목에 서서
자랑스런 로마인을 잡종이라 조롱하네.

결국 정신을 차리기 위해 마치 자신의 나약한 영혼에게 용기와 결심을 불어넣기 위해 노력하듯이 설교한다(8).

가련한 카툴루스, 바보짓은 그만!
헛되이 잃은 것이 무엇인지 따져보고 그것을 포기하라.
한때 태양이 너의 삶을 밝혀주었지.
한때, 네가 연인을 기꺼이 따랐으며
그리고 다시는 아무도 사랑 못할 듯 그녀를 사랑했을 때
한때 웃음이 있었고, 한때 유쾌함이 있었으며,
한때 너는 평등한 사랑을 나누었지.
그래, 한때 태양이 너의 삶을 밝혀주었지.

이제 그녀는 너를 거부하네. 마음을 굳게 먹고,
아무것도 추구하지 마라. 그러나 자신을 치유하고 견디어내면
단단한 의지로 강건해질 테니.
그러나 혼자 남았을 때 너는 슬퍼지리.
위약자여, 어떤 삶이 너를 기다리는지 생각하라!
누가 너를 칭찬하리, 누가 너를 따르리?
다음엔 누구에게 선택되겠나?
누구에게 입맞출 것이며, 누구의 입술을 애무할 것인가?
카툴루스! 똑바로 서서 결심을 굳게 하라!

　그러나 결심을 한다는 것은 부단한 노력을 의미했다. 그리고 그
노력의 고통을 다음의 2행 대구로 훌륭히 표현했다(85).

미워하며 사랑한다.
당신은 물었지.
어떻게 그럴 수 있어요?
안 되는 걸 알아, 그래서 괴롭다네.

　카툴루스의 후기 시 중 하나는 감미롭고도 지독한 열정과 치열하
게 싸운 후에 결국 승리한 것을 나타낸 것 같다. 그는 레스비아에
대해 거친 언어를 사용할 정도가 되었다.

가라, 친구여, 나의 연인에게
이 흉칙한 인사를 전해주라.
그녀가 태평스레 간통하며 살게 하라.

그리고 수천 개의 팔을 베고
절대 한 남자와 사랑할 수 없게.
그러나 그들의 힘을 뽑아버리는 건 성공하게 하라.
더 이상 내 사랑은 없음을 보게 하라.
그건 그녀 잘못으로 떨어졌네.
꽃잎처럼 초원의 가장자리로 떨어졌네.
보습으로 파헤쳐진 곳으로.

그러나 사랑에 실패하고 사랑하는 마음이 없어졌는지는 의심스럽다. 아마 그의 최후의 생각을 엘레지의 종결의 말로 표현한 듯하다 (76).

오 신이여, 도울 수 있다면
죽을 만큼 절망하는 저를 동정할 수 있다면
이제 내버려두소서! 착한 삶에 대한 보상으로!
저를 이 운명이라는 질병에서 데려가소서.
혼수 상태가 몸으로 엄습하여
내 온 마음에서 행복을 몰아냅니다.

알려진 바와 같이 이 시인은 요절했다. 불행한 사랑이 그의 마음을 무너뜨려 그를 죽게 했을까? 아닐 것이다. 그의 수많은 시에는 클로디아보다 낮은 계급의 여성들과 나눈 성적 경험이 나온다. 그럼에도 불구하고, 이 많은 사건들이 그녀에 대한 그의 사랑과 같지는 않았을 것이다. 그는 오늘날에는 천박해 보이는 강력한 문체로 그들에 대해 묘사한다. 그러나 오비디우스의 시를 특징짓는 고의적인 외설과 동일하지는 않다. 카툴루스는 본질적으로 여성에게로 끌리는 듯하다. 그러나 미소년에 대해 섬세한 시구를 쓴 것은 주목할 만하다. '유벤티우스'라는 이름은, 달리 알려지지 않은, 바로 그의 필명인 것 같다. 유벤티우스에 대한 카툴루스의 애착은 여성을 사랑하기 위한 자연스런 준비라고 설명할 수 있다. 그러나 현대 심리분석 이론은 레스비아와의 사랑에 실패함으로써 그의 본성에서 잠재하고 있던 동성애적 경향이 표출된 것이라고 설명할 것이다.

두 가지 해석이 다 가능하다. 우리는 최소한 그 사건이 순전히 정신적인 것만이 아니라는 것을 확신할 수 있다. 그것은 몇몇의 시의 관능성에서 입증된다(56). 그것은 카토에게 보내는 편지 형식에서인데 카툴루스가 연적이 자신의 애인과 있는 것을 어떻게 포착했는지, 어떻게 그를 벌 주었는지를 말하고 있다. 양성적인 특성을 가지고 있는 남자만이 여성에서 남성과의 행위로 성관계를 바꿀 수 있다.

우리는 여기서 카툴루스가 자신의 연적을 공격하는 내용을 담은 이상하고, 야한 시에 대해 논의할 수는 없다. 다만 그의 색정적인 시에서 나타나지 않는 카툴루스의 특질에 대해서만 암시할 수 있다. 우리는 그의 민감한 본질적인 시나 그리스의 감미로운 번역 작품을 묘사하려는 것이 아니다.

카툴루스의 결혼시를 인용하는 것으로 그에 대한 설명을 마치려 한다. 그 시는 극히 건전하며, 아름답고, 자연스러우며 위선이나 관능으로부터 자유롭다. 이것은 소년과 소녀들이 합창으로 대화를 나누는 결혼 노래의 후반부다(62).

소녀 : 비밀의 정원에서 자란 한 송이 꽃, 야수에게 감추고,

쟁기에 다칠라 빗물과 태양 산들바람이 키웠네.

수많은 소년과 소녀들이 가지고 싶어했다네.

만일 시들었거나 꽃잎이 떨어졌다면,

어떤 소년이 어떤 소녀가 그 꽃을 갖고 싶겠나.

그렇게 자라 처녀가 되어 흠집이 없고 고귀하다네.

한번 그녀 몸의 꽃을 잃어버릴 때 어떤 소년도

그녀와 즐길 수 없고, 어떤 소녀도 그녀를 아낄 수 없지.

소년 : 사막의 땅에서 자란 포도나무는

포도송이가 생기지도 자라지도 않는다네.

밑둥은 제 무게로 구부러지고

마침내 자랄 대로 자라서 덩굴이 그 뿌리에 닿네.

어떤 농부도 어떤 일꾼도 가꾸려고 하질 않는다네.

그러나 나무가 탄탄한 느릅나무와 결혼을 하면,

수많은 농부와 직공들이 가꾸려 한다네.

그렇게 자라 처녀가 되어 흠집 없이 혼자 있다네.

한때 그렇게 무르익어 짝을 만날 때,

부모님은 칭찬을 하고 남편은 사랑을 하네.

처녀들이여, 남편과 싸우지 마오.

싸우는 것은 옳지 않다고 아버지가 가르치셨다면,

당신의 아버지와 어머니는 순종을 받을 만하네.

부모님은 당신 순결에 책임이 있어

어머니가 한 부분, 아버지가 한 부분, 당신은 그 나머지 —

이웃과 싸우지 마오.

그들은 남편에게 지참금과 정의를 주었다네.

결혼, 우리에게 오라, 신성한 결혼!

로마 시인의 거장, 베르길리우스

아이네아스의 사랑 이야기

베르길리우스의 특징은 동성적이 아니라면 최소한 양성적임이 분명하다. 그러나 그런 특질은 장인적 솜씨로 여성과의 연애나 여성의 영혼을 묘사하는 데 장애가 되지 않는다. 팔다무스는 네번째 책 《아이네이드(Aeneid, 아이네아스와 디도의 불행한 사랑을 다룬)》를 라틴 문학의 '베르테르(Werther)'라고 부른다. 이 비교는 정확하지 않다. 왜냐하면 소설과 달리 시는 작가 자신의 경험을 이상화시킨 각색이 아니기 때문이다. 그 속에는 베르길리우스의 생애와 유사한 부분이 조금도 없다는 것을 우리는 안다. 그러나 그렇다 해도 우리가 학교에서 읽은 빈약한 단편으로 베르길리우스의 위대성

디도와 아이네아스(모자이크)

을 깨달을 수 없는 것이 사실이다. 그는 가장 위대하고, 가장 포괄적인 라틴의 시인이다.

《아이네이드》는 재미있으면서도 그 이상인 장대한 서사시다. 그것은 품위와 범위 면에서 세계적 청사진으로 현대의 소설과 맞먹는다. 어째서 현대의 이탈리아가 베르길리우스를 자국의 위대한 인물들 중에서 그토록 숭상하는지를 이해하기는 쉽다. 그러나 우리는 여기서 그의 연애시를 논의하는 것으로 만족해야 한다.

디도와 아이네아스의 사랑 이야기는 오래된 것이므로, 그 이전의 시인들도 그에 대한 시를 썼을 것이다. 그러나 그 이야기를 다룬 단한 작품만이 남아 있는데, 그것이 바로 베르길리우스의 작품이다. 이것은 우연한 일이 아니다. 그 소재는 중요하지 않다. 중요한 것은 거장에 의해 그것이 다루어졌다는 점이다. 우리는 특히 기술적인 문제보다 순전히 인간적인 면과 비극에 있어서의 영구불변의 명확한 요소에 관심을 갖는다. 네번째 책은 이렇게 시작한다.

> 여왕은 쓰라린 상처를 입었네.
> 깊은 열정은 생명의 피에 양분을 주었고,
> 비밀의 불길로 그녀를 태웠노라.
> 그녀는 영웅의 기사도와 귀족의 탄생에 피를 흘렸네.
> 그녀 마음 깊숙이 그의 얼굴과 언약이 남았네.
> 그리고 열정이 사지를 쥐어짰다네.

말을 머뭇거리며 디도는 여동생 안나(자부심이 강한 여인으로, 에우리피데스 비극의 전형적 성격)에게 그에 대한 그녀의 열정을 폭로했다. 그녀는 기꺼이 자신의 모험과 운명에 대한 감동적인 이야기로 자신의 관심과 사랑을 끈 그 이방인과 결혼한다. 그러나 그녀는 몹시 사랑했던 첫 남편의 죽음 이후에 결혼에 대해서는 생각할 수가 없었다. 안나는 그녀의 망설임을 꺾기 위해 노력한다(32).

> 어찌 영원한 젊음으로 시들 수 있나요.
> 홀로 사랑도 없이 아이도 없이?

여왕은 지배자 없는 왕국의 운명을 책임질 의무가 있으므로 신이 왕국을 강력하게 하기 위해 아이네아스를 보냈다고 그녀는 말한다(54).

이 말은 의심하는 마음을 일으키고,
수치심을 잃은 그녀에게 사랑의 불꽃을 일으켰노라.

그녀와 손님인 디도와의 사귐은 더욱 친밀해졌다. 그들은 사원을
함께 찾아가서, 함께 제물을 봉헌하고 왕궁의 보물들을 구경했다.
그때 디도는 그녀의 고독에 대해 다시금 생각에 빠져든다. 무엇 때
문에 그녀는 보물과 사원을 돌보는가?(66)

잔잔한 불꽃이 그녀의 뼈를 갉아먹는데
그동안 잠잠한 상처는 그녀의 숨결 속에 살아 있네.

디도는 아이네아스에게 자신의 사랑을 고백하려 하나, 수줍음이
너무 강해 포기하고 만다. 그들은 저녁 시간에 꾸준히 만나서, 그의
말을 매우 흥미롭게 듣는다(80).

그들이 헤어진 그때, 어스름한 달빛이
그녀의 빛을 숨겨 주고 쓰러지는 별빛이 잠을 부르니,
그녀는 텅 빈 궁전에서 서성거리다
포기하고 긴 의자에 누웠을 때도,
그녀는 그를 보았네.
때때로 그녀는 그의 아들(사랑하는 그를 닮은)을 불러
그를 애무하며 잘못된 사랑을 속이려고 하였다네.

그러는 동안은 그녀의 지위에 대한 의무를 잊었으며, 오직 아이
네아스만을 생각했다. 결국 사냥 여행에서 그들은 폭풍을 만나 동

굴 속으로 피신하게 된다. 그곳에서 그들은 결합을 한다(169).

> 그날은 죽음과 분노의 첫번째 원인,
> 이제 디도는 그녀의 이름과 명성에 아랑곳 않네.
> 더 이상 비밀스런 사랑을 원하지 않아
> 그것을 결혼이라 부른다면 그녀는 그렇게 잘못을 가리려 하네.
> (오비디우스가 이 연애 장면을 어떻게 그렸는지, 그리고 관능적 대사
> 와 묘사를 얼마나 많이 했는지 생각해 보라. 그러면 어째서 베르길리
> 우스가 '수줍어한다'고 말했는지 이해가 될 것이다.)

소문은 전 도시로 퍼지게 된다(191).

> 트로이에서 태어난 아이네아스는 카르타고로 왔다네.
> 그리고 사랑스런 디도는 자신과의 결혼을 허락하셨도다.
> 겨우내 그들은 서로 상대를 그리며,
> 창피스런 욕정에 눈이 멀어 왕궁도 잊었다네.

그러나 곧 아이네아스는 자신의 의무에 묶여 사랑의 결합을 끊는
다. 여왕에게 알리지 않고 출발을 위한 모든 지시를 내린다. 우선,
그는 주저하지 않고 자신의 결정을 그녀에게 알린다(296).

> 그러나 이제 여왕이(누가 연인을 속이겠는가?) 속았음을 예견하며,
> 변화가 다가옴을 느꼈다네.
> 그녀는 자신의 안전만을 걱정했노라.

그녀는 술주정꾼 같은 도시에 격노하나, 결국 아이네아스에게로 화살을 돌린다. 그러나 자신의 여정은 운명이라는 최고의 임무에 의해 결정된다는 그의 저항 때문에 그녀의 분노는 점점 커져만 간다(365).

위약자여! 당신이 태어난 곳은 바위가 빽빽한 카프카스!
암호랑이가 당신에게 젖을 먹였네!
왜 내 생각을 숨기고 더 큰 잘못을 기다리는가?
내가 울 때 그는 고뇌했나, 아니면 눈물을 흘렸나?
눈물을 흘리고 연인을 동정했던가?
아, 먼저 뭐라 말하는가?
분명 유노 경과 하늘의 아버지는 이를 보고 분노하리!
명예와 진실은 아무 데도 없네!
난파하여 주린 그를 구해 주고 그를 왕으로 만들었으며,
잃었던 선단을 되찾아 주고 친구를 죽음에서 구해 주었노라!

결국 그녀는 탄핵을 취소하고 자리를 박차고 나가 버린다. 기절한 그녀를 하녀가 깨웠다. 아이네아스는 슬픔에 떨면서도, 출발 준비를 계속한다. 충실한 안나가 방문했음에도 그의 마음을 풀지는 못했다(440).

운명은 그를 방해하며, 신은 그에게 귀기울이지 않네.
알프스 산의 질풍을 누그러뜨리려 기도할 때처럼
회오리 바람에도 탄탄하고 강한 참나무는
가지는 울고 잎들은 땅 위에 흩어져도

흔들리는 몸통으로 여전히 제자리에 서 있네.
꼭대기는 하늘로 뻗쳐 있고, 뿌리는 지옥 가까이에 있네.
영웅이 말과 동요로 위협받을 때, 그의 마음은 쓰라리다네.
그의 의지는 꺾이지 않네. 눈물이 헛되이 흐르네.
그래서 그녀는 광기 속에서
아이네아스가 자신을 이끌며 늘 자신 뒤에 남아 있음을 꿈꿨네.
그녀는 외로운 길 위에서, 황무지에서
친구를 찾고 있는 버려진 자신을 보았다네.

몇 가지 구실로 그녀는 자신이 무덤처럼 장식한 장례용 연료를 주
문한다(506).

화환과 검게 죽은 잎을 깔고,
그의 의복과 칼과 그의 영상을 그 위에 얹을 때 —
그녀는 미래를 알았도다.

외로운 밤에 그녀는 다시 한번 공허한 미래에 대해 절망적으로 생
각해 보았다. 그래서 결국 그녀는 죽기로 결심했다. 그동안 아이네
아스는 꿈속에서 다시 한번 출발을 서두르라는 머큐리 신의 신탁을
받고 있었다. 그는 닻을 점검했다. 새벽에 디도는 먼 바다에 있는
선단을 보았다. 그녀는 펄펄 뛰며 먼저 복수를 생각했다(602).

추적자를 보낼까?
배를 붙잡을까?
그의 동료들과 아스카니우스를 죽이고

아버지의 연회에서 아들과 함께 벌할까?

그러나 그녀는 너무 늦었다는 것을 알았다(597).

지금이 왕위를 물려주어야 할 때로다.

그녀는 유노, 헤카테, 그리고 푸리에스에게 자신의 복수를 간청했다. 그녀는 신의 없는 연인에게 모든 저주를 내려줄 것을 빌며 그녀의 국민과 그의 계승자 간의 영원한 증오를 기원했으며, 뼛골이 사무치도록 복수할 수 있기를 빌었다. 그리고 그녀는 장례용 연료를 설치하여 아이네아스의 칼로 자신을 찔렀다.

그동안 아이네아스는 멀리 떨어진 배 위에서 장례식의 불길이 치솟는 것을 보며, '불길한 예감'을 느끼며 항해를 계속한다. 후에 땅속 세계에서 그는 디도의 환영과 만난다. 그녀는 죽어서까지도 외면하며 분노를 달래지 못한다.

《아이네이드》의 문학적 가치

바호펜은 아이네아스의 전설을 무조건 받아들일 수는 없다 해도 무척 흥미롭다고 설명한다. 그는 이 서사시가 "동양에 대한 정신적 정복"이라는 고도의 시적 표현이며 세계사의 신기원을 이끌었다고 생각한다.

"카르타고인의 일화는 결정적이다. 그것은 방식에 대한 분할이다. 티리아 여인이 동양의 여왕처럼 보이며 자신의 관능적 예술을 위해 복종할 남자 신하를 찾는다. 옴팔레가 헤라클레스를, 세미라미스가 니누스를, 데릴라가 삼손을 능가하기를 원했듯이 그녀는 아이네아스를 능가할 지배력을 요구한다. 그녀는 인간의 삶을 뛰어넘는 오랜 권리와 자신을 위해 아시아인 창녀를 전유할 최고의 지배력을 요구한다. 디도는 달아난 불성실한 연인을 비난하지만 그녀의 비난은 전통적인 아시아적 권리를 기반으로 하고 있다. 그녀는 아무도 이해하지 못한다. 그러나 아이네아스는 로마에서 도입한 문명화라는 진보된 새로운 태도를 대표한다. 그의 과거의 뿌리는 아시아 문화에 있으며(그가 헤라클레스와 닮았음에도 불구하고), 디도와 같은 종교적 믿음에 닿아 있다.

그러나 그의 시선은 새로운 고향과 자신의 임무가 달성되는 새로운 시대를 향하고 있다. 그는 어떤 감미로운 기억이나, 아시아적 기원에 대한 어떤 생각에도 주춤거리지 않을 것이다. 이탈리아에서는 아시아의 관능은 설 자리가 없다. 왜냐하면 이탈리아는 새로운 시대를 여는 선택을 해 왔기 때문이다.

트로이의 영웅이 티베르의 입구까지 왔을 때, 아시아는 미개했다. 아시아인(헤라클레스와 같아 보이는 사람인)은 아시리아인 조상을 두번 다시 보지 못할 것이며, 방자한 여왕 디도는 지하 세계에서 쿠마이에게 구출된다. 그들은 우상의 환영이 아니라, 아시아적 과거로부터 드러난 것이다. 그들은 라티움의 새로운 땅 안에서 자신들을 위한, 그들의 소멸된 새 세상을 대신할 어떤 새로운 세계도 찾을 수가 없다. 《아이네이드》를 그것이 담고 있는 내용을 사고하기 위해 읽는다면 책 전체를 통해서 동일한 개념을 찾을 수 있을 것이다.

시인은 동일한 결정과 문명의 기초라는 것으로 인간의 기원에 대한 집착과 그 기원에서 이끌어 낸 발전이라는 양 측면을 강조한다. 이 시에 대한 일반적인 독서는 매우 일면적이다. 서양의 친족 관계로 아시아의 친족 관계를 보는 것처럼 그림의 한 면만을 보는 것은 잘못이다. 동양적 전통과 결합한 로마의 노예 해방도 역시 중요하다. 이 서사시의 실질적 도덕성은 서양의 새로운 삶을 위해 동양을 고사시킨 고상한 운명이다. 로마는 아시아에 의해 발견되었다. 그리고 결국 로마는 아시아를 정복했다."

바호펜은 자신에 대한 비평가들에게 이런 무게 있는 말로 응답한다.

"19세기를 사는 우리는 무엇을 먹고, 마시며, 입고, 즐길 것인가를 아는 것으로 충분하다는 것을 발견했다. 우리는 고상한 이상에서 유래된 국가의 강력함을 인정할 수 없으며 아이네아스의 전설은 국가의 발전에 공헌해야 한다는 것 같은 그런 전통을 중요하게 평가할 수는 없다. 우리는 이런 전통이 작가들의 어리석은 창작물이거나, 닳고 닳은 이야기이거나, 역사적 사건에 대한 신화적 작품이거나 문학적으로 논의해야 할 것이라고 생각한다. 그러나 그것은 고대의 삶의 영역이었다. 윌리엄 텔이나 아더 왕 같은 전설은 국민 감정과 민족사에 지속적이고 깊은 영향을 주었다. 베르길리우스의 시는 로마 민족에 호의적인 책이며, 때문에 로마인은 그 속에서 자신들의 운명이나 그들 자신의 이상을 보는 것이다."

호라티우스의 애정관

자유로운 사랑이 주는 즐거움

호라티우스로 넘어가자. 그는 그의 협력자인 아우구스투스의 로마 재건에 그 유명한 송시를 쓰는 것으로 너무 깊이 관련되어 있다고 한다(iii, I-6). 그러나 그의 본성은 친구인 베르길리우스와 크게 다르다. 우리는 회의주의, 쾌락주의, 그리고 삶에서의 허약함과 행위에 대한 표현보다는 그의 시대에 대한 도덕적 설교에서 사실성과 설득력을 발견했다. 현대와 과거 시대의 젊은이는 현명하기 때문에 인생의 한계를 알고 있으며 그들이 이것을 받아들일 것을 계몽하는 소수의 냉철한 젊은 학자들에게 주목하는 것은 당연한 일이다. 맹렬한 청년기를 보냈던 카툴루스와 달리, 그는 주어진 젊음도 청년기의 사랑도 즐기지 않았다. 그의 사랑에 대한 견해는 젊은 노예나, 하녀, 창녀와 즐기면 되지 어째서 사랑과 그로 인한 분노로 괴로워하느냐는 것이다. 아무도 사랑을 이런 식으로 표현하지 않는다. 만약 그렇다면 그에게는 우리를 한없이 기쁘게 하거나 슬프게 만들 힘이 있는 사람이라 평가될 것이다.

호라티우스의 랄라게, 클로이, 리디아, 피라에게 보내는 짧은 연애시 모두는 언어와 구조가 몹시 우아함에도 불구하고, 충격적일 정도로 인위적이며 비현실적인 것이 사실이다. 나는 여기저기에서 미소년이나 젊은이를 향한 시인의 사랑 표현에 다소간의 진실이라도 있음을 밝히려 하였다. 심지어 그가 소년을 좋아하는 것은 실제로는 여자와 깊은 사랑에 빠지는 것을 피하기 위함이라고 주장하는 모험도 해야만 했다. 호라티우스는 강한 동성애적 경향을 지닌 양성주의자였다. 그가 초상화를 그렸거나 편지를 보낸 모든 여성이 활기가 없는 여성이었다는 것이 그 이유이다. 어느 누구도 카툴루스의 연인이 레스비아라는 사실에 대해서는 의심을 하지 않는다. 모든 독자는 호라티우스의 연인이 랄라게, 클로이, 그리고 다른 사람들이라는 사실에 대해 의심한다. 이것은 호라티우스가 여성과 단 한번의 성적 관계도 갖지 않았다는 것이 아니라, 그런 류의 사랑은 절대 그 자신을 위한 것이 아니라는 것이다. "나는 그들을 소유했지만 그들은 나를 소유하지 않았다."라고 그는 말하곤 했다.

하지만 때때로 그의 관심을 끌었던 여성들은 노예나 매춘부 그 이상도 그 이하도 아니었다. 그의 풍자는 실제 경험에 근거한 것 같다. 그 속에서 그들의 우아한, 무상한, 좋아하는 모습이 끊임없이 그려진다. 브룬디시움으로 여행하면서 '거짓말하는 소녀'를 기다리다 잠이 들어 색정적인 꿈의 유혹을 받으며 한밤을 보낸다(Sat., 1, 5, 82). 이 유명한 풍자(12)는 안락함에 대한 방해나 명예에 대한 위험이 없는 짧은 성적 유희를 벌이는 것에 대한 교훈이 냉소적으로 느껴진다. 호라티우스는 이렇게 말한다(i, 2, 78).

> 결혼 상대를 찾으러 다니는 일은 그만
> 실제적 즐거움보다 걱정과 근심이 더 많이 찾아올 테니.

창녀는 항상 쓸모가 있다. 그리고 그녀는 훨씬 예쁘거나 그런 대로 예쁘다.

> 내 곁에 바짝 누워, 기꺼이 내 곁에 있겠다는
> 구식 이름을 자랑하는 그녀는 공주.
> 남편이 훼방 놓을까 걱정할 필요도 없네.
> 기쁨에 겨워 소리치며 자물쇠를 부수는 내게
> 그리고 복마전 같은 소굴에 개는 짖고,
> 문을 쾅 닫고 고함치며 여인이 침대에서 펄펄 뛰네.
> 공포에 질려 긴 의자에서 우는 것은
> 내가 갈까봐, 아내에게 들킬까봐 두려워하는 것.

이것은 명예로운 심지어 여성에게 존경받는 시인의 언어가 아니다. 같은 식으로 호라티우스는 여자와의 불행한 사랑을 사실적으로 표현하지 않았다. 그는 이따금 자신의 변덕을 자랑하기도 한다. 여성과의 깊이 있고 진실되며 정열적인 사랑에 대해 전혀 알 길이 없는 이 사람이 실제로도 여성을 전혀 필요로 하지 않았음을 다시금 확인했다. 그에게 있어 여자는(그가 한 젊은 남자 노예를 사랑했던 것처럼) 일시적인 성적 유희를 즐기기 위한 대상에 지나지 않았다.

그는 젊은 시절에 여성의 불륜으로 쓰라린 경험을 했을 수도 있다. 15번째 서정시가 그 가능성을 보여 준다. 그의 천한 연인 중 하나가 그에게 순결의 맹세를 했다.

밤이 오면 달빛은 고요한 하늘을 밝혔네.
더 작은 별들 가운데서.

그러나 곧 이어 부유한, 더 좋은 구혼자가 생겼다. 호라티우스는 그들이 자신의 운명을 고통스럽게 할 것이라고 예언했다. 그리고 말하기를, 자신의 차례가 되면 웃으리라 했다. 그리고 후에는 사랑에 있어서의 자신의 불운함을 웃어 넘겼다. 그는 젊은 랄라게에게 말하기를 당신은 내게는 덜 익은 포도일 뿐이다, 어린 암소에게 굵은 눈썹을 한 누군가가 청혼을 할 것이라 했다(Odes, ii, 5). 그는 변덕스러운 피라에게 지금은 어떤 말라깽이가 그녀의 연인인지, 그를 위해 그녀가 금발을 묶었는지 물었다. 그는 헛된 약속이라는 폭풍에서 무사히 탈출한 것을 신에게 감사했다(Odes, i, 5).

그는 항상 그를 냉대했던 옛 애인 — 리디아 — 이 버림받아 젊은 남자를 기피하고 거리에서 헛된 모험거리를 찾는 것을 즐거이 기록

했다(Odes, i, 25). 그는 리케가 늙은이가 되자 사라진 매력은 멋진 화환이나 빛나는 보석으로도 되돌릴 수 없다며 기쁨을(Odes, iv, 13) 숨기지 않았다. 그 이전의 애인 키나라는 늙은 모습을 보이기 전에 젊은 나이에 죽어서 다행이었다.

> 횃불의 불꽃을 바라보면서
> 불타는 젊음을 비웃는 것은
> 재로 사라지기 때문이네.

《오데스》(i, 33)에서 호라티우스는 친구 티불루스에게 애인이 더 젊은 남자를 따라 떠나더라도 불평하지 말라고 충고한다.

> 리코리스의 빈약한 이마를 보라.
> 키루스의 불빛,
> 폴로이를 위해 키루스를 비추는 불빛 같네.
> 그러나 염소는 으르렁거리는 늑대와 만나기도 전에
> 늑대를 애인으로 받아들였다네.
> 그래서 비너스는 결정했다네.
> 그녀는 두 짝이 뒤엉켜 사랑하도록
> 잔인도 하도다, 비너스의 희롱.

(그가 '아드리아 해협보다 거친 여인'이라 부른 자유민 여인 미르탈레는 비너스가 그에게 '더 좋은 사랑'을 허락했음에도 그의 관심을 끌었다.)

그는 또 다른 친구(Odes, ii, 4)에게 편지로 하녀를 사랑하는 것

— 트로이의 아킬레스와 다른 영웅들도 그랬다 — 은 죄가 아니라고 했다. 이밖에도 왕족인 듯한 소녀도 있었는데, 그녀는 누구보다도 아름다웠다.

> 팔과 얼굴과 부드러운 다리의 선
> 나는 정신을 차리려고 했다네.

정신을 차리고 40대를 지나니 그는 흥미를 잃어버렸다. 우리는 호라티우스가 나이가 들어감에 따라 인생과 사랑에 대해 더욱더 방관자가 되는 것에 감명받았다. 그는 모든 행위가 철학에 의해 인도되는지 또 철학대로 살려고 하는지에 주의를 기울였다. 그는 그런 매혹적 그림 같은 삶을 시로 적어서 친구인 퀸크티우스 히르피누스에게 보냈다(Odes, ii, II).

> 사려깊은 퀸크티우스,
> 스페인과 야만족 고트인 중
> 누가 더 횡포한지 묻지 말게나(아드리아 해가 그들에게 빚쟁이라네).
> 삶에 필요한 것은 조금이며
> 품위 있는 젊음은 곧 사라질 테고
> 아름다움은 곧 싫증이 날 테지.
> 주름 진 나이는 우리의 방자한 사랑을 끝장낸다네.
> 화사한 봄의 꽃조차도 시들고
> 달의 으스름한 얼굴도 창백해 진다네.
> 곧, 그런데 어째서 변하지 않는 죽음에 대한 생각으로 약해지는가?
> 이제, 이 평탄한 곳으로 내려와 아무렇게나 누워 편안히 쉬고,

꽃으로 만든 화환으로 머리를 장식하게나.

스스로 향기를 맡고 마시고

그러는 동안 신께서 근심을 몰아내시리.

노예에게 뜨거운 포도주를

흐르는 냇물에 담아 차게 식히라 하게.

리데는 기꺼이 그러나 수줍게 다가올 걸세.

스파르타 스타일로 급히 머리칼을 다듬고

상아빛 수금을 가져오라 하세.

이 송시는 나이가 들었어도 여전히 매혹적인 시인의 모든 것을 보여 준다. 우정, 포도주, 정숙한 소녀들의 음악과 그들의 아름다움을 조그만 야외 연회에서 기쁘게 받아들인다. 그러나 마음속으로 호라티우스는 사랑에서 멀어진 지 오래다. 그럼에도 불구하고 아름다운 젊음에 갑자기 매혹되는 것, 그것이 우리가 이미 언급한 송시에서 그토록 감동적으로 그린 열정이다(Odes, iv, I).

결론적으로 호라티우스의 본질은 양성적이다. 그는 여성을 경멸한 적이 없지만 온전하게 절제하며 즐겼다. 그들은 그의 마음을 만족시키지 못했으며, 그는 그들을 전체적인 성생활에서 훌륭한 유머로 대했으며, 그것은 인생의 혼돈과 다양한 현상을 극복하는 신비한 힘을 불어넣었다. 호라티우스는 다른 어떤 로마의 시인보다 상처를 입은 사람에게 말한다. 젊음은 성숙된 지혜를 공격하지는 않는다고.

티불루스의 양성적 인생

여인에 대한 사랑

이제 티불루스의 시를 살펴볼 차례다. 뫼리케는 그를 이렇게 특징짓는다.

옥수수 너머로 이리저리 부는 산들바람,
미묘한 너울거림으로 나긋나긋 고개를 숙이네.
상사병 앓는 티불루스!
너의 가락은 나긋나긋 절묘하게 신의 바람 속을 거니는도다.

호라티우스는 그에 대해서 이렇게 말한다(Ep.,i, 4).

너는 영혼 없는 육신이 아니었네.
신은 즐길 수 있는 아름다움과 부와 힘을 주셨도다.
유모는 자신의 아이들이 더도 말고 덜도 말고
좋은 머리, 능한 언변, 그리고 인기를
명성을 건강을 이 모든 풍족함을,
지갑이 두둑해서 점잖게 살기만을 바랐다네.

티불루스가 지은 상당량의 엘레지가 전해지고 있다. 그것은 내용
이나 중요성에서 매우 다양하다. 가장 훌륭한 것은 티불루스가 직
접 지은 작품인데, 다른 많은 사람들은 그것이 다른 작가가 쓴 것이
라고 한다. 우리는 그런 특성이 학자들에 의해 조작되었다는 것을
인정해야 한다. 그리고 그러한 시인들의 작품에 대해 너무 주의를
기울이지 않도록 해야 한다.

그 시들은 굉장히 다양하며 매우 아름답고 눈에 띄는 여성에 대한
사랑의 마음을 노래하는 남성을 보여 준다. 그리고 그 남자들은 멋
진 외모로 경탄을 자아내는 소년들이다. 이것을 보면 티불루스는
본질적으로 양성적이라는 것이 확실하다.

다양한 그의 삶에서 델리아를 사랑했던 때와 변덕스러운 소년 마
라투스를 사랑했던 때로 분명히 구별하기란 쉬운 일이 아니다. 그
러나 그것은 작은 문제다. 우리는 그의 전체적인 삶에 대해 상세히
알지 못한다. 그는 부유한 기사 가문에서 태어나 지방에서 자랐다.
그는 군대에 몇 년 복무한 듯하나, 항상 말하는 것이지만 군인으로
태어난 것은 아니다(i, I, 73).

나는 즐거운 사랑의 군대에서 출정했다네.

나는 여전히 문을 부수길 좋아하고 법석을 떤다네.

나는 여기서 장군이요 겁 없는 전사

다른 자는 깃발 아래에서 죽게 하든지

아니면 조금만 약탈하게 하라.

나는 굶주린 자와 부자 앞에서 웃음을 터뜨리네.

　티불루스는 여러 해 출정하여 제국의 동쪽에서 서쪽까지 많은 지역을 구경했다. 이 출정 기간 중에 한번은 부상을 입어 한동안 코르키라에서 앓아 눕는 심한 고통을 겪었다. 이 시기에 그는 델리아(그녀의 실제 이름은 플라니아였다)라는 자유민 여성과 연애를 했다. 사랑에 가득 차 그녀를 그리워하며 그는 전쟁과 전리품, 용맹으로 얻은 재산에 대한 생각을 버렸다(i, I, 51).

나를 위해 한 소녀가 우느니 에메랄드와 금괴가 사라져라!

메살라, 바다와 육지에서의 전투가 헛되다는 당신 말이 옳소.

지금 나는 매력적인 연인의 사슬에 묶여 문 앞을 지키는 개처럼 앉아
있네.

나의 델리아, 당신의 칭찬을 바라지 않소.

당신 팔 안에서 그들이 나를 겁쟁이라 부르도록 그냥 두겠소.

최후의 시간이 오면, 당신을 보게 해 주오.

그리고 죽어가는 손으로 당신을 잡게 해 주오.

　그리고 그는 델리아와 함께 영원한 환희에 빠지는 꿈을 꾼다(i, I, 45).

가슴으로 내 연인을 꼭 끌어안고
누워서 바람소리를 듣는 것,
아니면 남풍이 비를 쏟아 부을 때
폭풍우로부터 안전하게 잠이 드는 것은 얼마나 감미로운가.

델리아는 티불루스의 순결한 아내가 되어 가정을 충실히 돌보았다(i, 5, 21).

델리아가 곡식을 지킨다면, 나는 농토가 될 테요.
도리깨질 하는 사람이 열심히 곡식을 털 때,
부지런히 포도를 짓이길 때에
포도가 가득 찬 큰 통을 지켜보리라.
그녀는 가축을 세는 법을 배울 것이며,
재잘대는 노예는 그녀 무릎 위에 앉겠지.
그녀는 농부들의 원기를 북돋으려 포도를 준다네.
포도주를 담그고 곡식에 신경 쓰고,
가축들이 잘 자라도록 잔치를 여네.
그녀는 여주인, 나는 내 집에서 아무것도 아니리.

미래에 대한 그의 꿈은 이렇다. 그것은 불만족스럽다. 델리아는 결코 한 남자의 아내가 될 생각이 없다. 후에 그녀는 재산으로 그녀를 유혹한 남자와 결혼을 했지만, 티불루스와 다른 남자들의 연인으로 남았다. 시인은 자신의 옛 사랑을 잊으려고 노력했으며 환멸감에 술을 마시며 다른 연인을 찾고 있었다(i, 5, 37).

술잔 속에 내 근심을 던져버리려 노력하지만,

눈물로 마신 술이 슬픔으로 돌아오네.

낯선 여자를 만나 기쁨으로 델리아를 생각하네.

비너스가 달아났다.

그녀는 나를 떠났네, 울도록 "마법을 걸어놓고."

　그러나 티불루스는 그녀에게로 돌아간다. 그 당시에는 흔한 일이
기는 하지만 그녀가 결혼을 했음에도 그는 연인으로 용인된다(i, 6,
9).

그녀가 수호자를 속였다고 생각했네.

옴쭉달싹 못하게 나를 묶었네.

혼자 자기 위한 모든 구실과 문을 따는 훌륭한 기술,

허브와 주스로 사랑이 남긴 이 자국을 지우는 법을

그녀는 내게 배웠네.

속이기 잘하는 내 여자의 남편은 나를 내쫓고,

그녀의 순결을 지키려 하네.

조심하라! 그녀는 젊은 날을 이야기 않으리.

그녀의 가슴에 단단히 채워놓고서

당신을 지나칠 땐 눈짓을 하며,

포도주 묻은 손가락으로 탁자 위에 편지를 쓸 수도 있지.

나는 한때 그녀에게 경탄했었네.

나는 그녀 손에 도장을 찍으려고 했었네.

당신을 독한 술로 잠들게 하고

물을 마신 나는 사랑을 했네.

사랑은 명령 했네, 사랑은 저항 않네.

나의 어쩔 수 없는 잘못을 용서해 주오.
당신의 개가 밤새 보고 짖는 사람이
내가 그 남자요(대담하게 말하네).
당신의 아내를 믿지 마오!
당신은 부주의하니 신경 써서 문을 더 단단히 잠그시오.

이 시는 다른 작품들처럼 델리아가 간사하고 아름다운 창녀일 뿐
이라는 것을 알려 준다. 자신의 희생은 한 남자와 결혼한 것이라고
그녀는 생각했다. 그러나 그녀는 부정한 연애의 기쁨을 포기할 수
없었다. 우리는 그녀의 성격을 충분히 이해할 수는 있지만, 숭고하
고 감동적이라고 할 수는 없다.

티불루스의 또 다른 연인은 네메시스였다. 그녀는 그가 죽을 때
(오비디우스에 의하면 30세 무렵), 임종을 지켰다. 티불루스는 심지
어 그녀와 잠깐 동안만 살았다는 것이 기쁘다고 말한다. 그녀는 델
리아보다는 조금 더 정상적인 매춘부였다. 그녀의 유일한 목표는
연인을 찾아내어 그에게 가치 있는 존재가 되는 것이었다(ii, 3, 49)

신이여, 저는 돈을 밝히는 소녀를 보고 있나이다!
당신이 나를 사랑으로 산다면 부자가 될 텐데.
네메시스가 내 보석에 눈을 번득이게 하고,
내 선물에 한껏 감탄하게 하네.
그녀는 반드시 금줄 무늬가 쳐진
코안 여성의 옷만을 입는다네.
그녀는 반드시 하인을 떼거리로 거느린다.

인도의 태양에 너무 가까이 있어 까맣게 그을린 하인들을.

그리고 같은 책 네번째 엘레지에서 불평을 늘어놓는다(ii, 4, II).

이제는 힘들어, 밤이 힘들어.
모든 시간이 공포로 까맣다네.
아폴로와 내 노래도 소용이 없어
그녀는 두 손을 벌려 돈을 달라고 하네.

소년에 대한 사랑

우리는 티불루스가 미소년에게 무감각하지 않다고 말했다. 확실히 그는 마라투스에게 보낸, 달리 어떻게 해석할 수 없는 엘레지 편지 묶음을 남겨 놓았다(i, 9).

우리의 사랑에 상처를 주려고 한다면,
어째서 신에게 맹세를 하고는 약속을 깨 버리는가?
가련하구나! 푸리에스의 소리 없는 발걸음이
헛된 약속을 한 제물을 잡으니 늦은 것이 확실하다.
용서를 빌고 너는 도망간다.
귀여운 거짓말쟁이는 그들이 풀어주는 첫번째 죄니라.

이 시로 결론을 내리자면 마라투스는 소년이 아니라 청년이었다. 그는 돈 많은 남자가 유혹을 하자, 티불루스에게 불성실해졌다(i, 9,11).

내 소년은 선물에 붙잡혔다.
아, 세상에
물과 먼지 같은 그 선물을 모두 돌려주어라!

이 시인은 종종 마라투스에게 충분히 경고를 했다(ib., 17).

황금으로 너의 미모를 타락시키지 마라.
사악한 짓은 가끔 좋은 것으로 보이나니.
나는 그렇게 말했다.
이젠 내가 했던 말과 네 발밑에 떨어진 것이 부끄럽네.
너는 내게 금괴와 보석으로 너의 충심을
살 수 없다고 맹세했었지.

후에 이 시인은 마라투스가 소녀와 사랑에 빠진 것을 목격한다.
티불루스는 자신의 고통에 대한 복수로, 소녀가 마라투스에게 잘못
을 저질러 마침내 부정한 아내를 갖게 되기를 바랐다(ib.,57).

다른 사람들이 네 침대에 표시를 해 놓을 게다.
그리고 연인은 문이 열려진 것을 발견한다.

시인의 경멸로 보아 유혹자가 노인이라는 것이 분명해 보인다
(ib., 67).

머리를 참빗으로 빗은
그녀의 애교머리가 너를 위한 것이냐?

그리고 그녀가 잘생긴 네 얼굴에
금박과 자줏빛 장옷을 강제로 입혔느냐?
아니, 아니! 그녀는 연인을 위해
너와, 집, 가정을 얻기 위해 그랬겠지.
그녀에게 작은 수치심을 보낸다.
우아한 숙녀는 늙은이와의 포옹, 주름 진 손을 싫어해.

이것은 마라투스가 자신을 팔고 젊음을 늙은이와의 포옹에 바친 것이 더 수치스럽다는 것이다(ib., 75).

아직도 내 소년은 그와 누워 있네!
이제는 분명 내 소년이 그 야만적인 짐승을 사랑할 거야.

시의 끝머리에서 티불루스는 세상에는 다른 미소년들이 있다면서 자신을 위로한다.

다른 시에서(i, 4) 그는 소년을 사랑하는 신인 프리아푸스가 그의 숭배자에게 아름답지만 냉정한 미소년의 애정을 받을 수 있는 방법을 가르쳐 준다.

소년을 주의하라!
주의하고 너의 애정을 팽개치는 그 누구도 피하라.
그가 자신의 용기와 기술로 행동하고
몹시 하얗고 깨끗하게 헤엄을 칠 때,
그리고 그가 또다시 무례한 용기를 보일 때,
그의 볼이 겸손하고 단정할 때 주의하라.

그러나 그들이 호의를 기대하면서도
거절할 때, 그들은 곧 항복하리라.

연인은 반드시 소년들이 변덕을 부릴 여지를 주어야 한다(ib.,
39).

그가 어떤 모험을 원하면 수락하라.
복종이 사랑의 길을 여는 것이니.

결국 그 소년은 항복한다(ib., 53).

그때 입맞출 기회를 잡을 수 있네.
그가 싸우려고 할 때, 그러나 여전히 다정할 때.
처음엔 그들을 잡으려 하면 그들은 잡힐 것이나,
마지막엔 그가 네 목을 조르려 할 것이네.

그러나 소년들은 그들의 호의는 보상을 받을 수 있고, 반드시 그
러리라는 것을 알았다(ib.,57).

놀랍도다, 이 영특한 세대!
가장 어린 녀석조차 선물을 달라네.

그들이 시에 감탄했을 때는 사정이 나아졌다(ib., 61).

소년들이 시를 사랑하고 뮤즈를 사랑하니,

황금 선물보다도 시를 받고 싶어하네.
노래는 니수스에게 자줏빛 머리칼을 선물했고,
노래는 펠로프스의 건방짐을 길들였네.
대지엔 참나무가 있고 하늘엔 별이 있으나,
노랫속에 사는 사람은 영원히 그렇게 살려고 하네.

이 시는 티불루스 자신에 대한 언급으로 끝난다(ib., 81).

이제 나에 대한 마라투스의 사랑이 천천히 식어 가니
예술과 노래도 헛되도다.
웃음거리로다! 사랑하는 소년이여,
저런, 내 충고는 공허한 말이로다.

마지막으로 엘레지(i, 8)의 시는 폴로이에 대한 불안한 사랑으로 고통받는 마라투스에게 보낸 편지 일부와 폴로이에게 보낸 편지 일부이다. 티불루스는 늙은이와는 대조적으로 마라투스가 젊은이와 사랑을 하는 것의 유리함을 묘사하고 있다. 이 시는 또한 티불루스는 자신을 버린 마라투스가 수줍은 연인 때문에 고통받는 것에 대한 만족감도 표현한다.

마라투스의 모든 사랑과 성관계는 나머지 시인들의 본성에 비해 온당하지 못한 것 같다. 많은 학자들은 놀랍게도 다른 작가(예를 들어, 호라티우스와 같은)들이 지은 시와의 유사성은 시인의 영혼에 대한 심한 폭로보다는 오히려 해롭지 않은 "기발한 명구"라고 이미 결론을 내린 바 있다.

그러나 나는 이 결론이 마라투스의 시가 다소간 그리스의 수많은 유사한 시들이 다룬 테마에 대한 가벼운 연습이라는 사실을 간과했다고 생각한다. 이 시들은 실제적 경험의 기초가 전혀 없는 정교하지만 시시한 작품으로 보인다. 그 연관을 증명하는 것은 불가능하지만, 독자들은 스스로 결론을 내릴 것이라고 생각한다.

소녀에 대한 사랑

티불루스의 이름이 적힌 세번째 책의 문체에서 동일한 주제를 다룬 작가군의 작은 시 모음이 있다. 이 시들은 모두 케린투스에 대한 술피키아의 사랑을 다루고 있다. 이러한 작은 조각들이 호라티우스의 친구 세르비우스 술피키우스의 딸인 듯한, 술피키아처럼 실제의 로마 소녀에 대한 작품일 것이라고 생각한다. 그리고 하나의 시(티불루스의 것으로 추정되는)가 완전한 연애 이야기로 만들어진 몇 개의 시를 조합하고 있다. 두 집단에서 몇 개의 시를 인용해 보기로 하겠다.

매우 수줍음을 타는 소녀는 자신의 생일을 친구들과 함께 지방에서 보낸다. 그녀는 이렇게 쓴다(Elegidia 2).

지긋지긋한 생일을 따분한 시골에서,
케린투스도 없이 보내니 우울한 시간일 뿐.
도시는 얼마나 감미로운가!
이 시골집들 추운 벌판, 강물은 소녀를 기쁘게 할 수 없다네.

평화로이 나를 떠나라. 메살라, 너는 너무 안달이라
너무 빨리 준비해서 여행을 할 수 없네!
마음은 이미 로마를 떠나고 나는 떠날 거야. 좋아하는 곳으로!
너는 내 의지로 결정을 못하게 하니.

그러나 다행히도 여행은 이루어지지 않았다. 술피키아는 연인과
로마에서 생일을 보내고 이렇게 쓴다(Elegidia 3).

너는 내가 지긋지긋한 여행을 미룬 것을 알았지?
이제 나는 생일을 여기 로마에서 보낼 수 있네.
우리는 생일을 축하해야 해.
너와 나, 이 예기치 않은 즐거움을.

병을 앓는 동안 그녀는 연인에게 이렇게 쓴다(Elegidia 5).

케린투스, 나를 사랑하고 나에게 친절하다면
지금 내 피곤한 사지가 열로 들끓겠니?
내 연인도 그것을 바라는지 알지 않는 한
이 미운 병을 이겨내길 바랄 수 없어.
나의 케린투스가 굳은 마음으로 내 고통을
참을 수 있다면, 병이 낫는 것은 헛될 뿐이지.

다음의 시는 그들의 사랑이 이루어진 것을 사랑스러운 언어로 축
하한다. 그러나 술피키아가 쓴 것인지, 티불루스가 쓴 것인지는 분
명하게 밝혀져 있지 않다. 솔직한 사랑의 표현이 담긴 내용은 다음

과 같다(Elegidia I).

결국 사랑이 여기에! 그것을 숨긴 건
우아함이 드러나는 것보다 부끄러웠기 때문에
우리의 숙녀 비너스에게 시로써 기도했다네.
사랑이 내게 와서 내 숨결 속에 자리하기를.
비너스가 약속을 지켰도다!
그들에게 사랑이 없다면 다른 사람들로 하여금
나의 행복을 말하게 하라.
아니, 나의 어리석음이여! 나는 가식을 싫어해.
내 사랑과 나는 가치 있는 사랑을 가졌다네!

반면에 이 생일 시는 티불루스의 것이 확실하다(de sulp., 5).

생일의 여신 유노시여,
이 향을 받으시고 시인 같은 소녀의 보드라운 손을 주소서.
오늘 그녀는 당신의 것,
그녀의 기쁨, 아름다움은 당신의 것,
당신의 신성한 숨결로 장식해주소서.
여신이여, 그녀는 당신에게 사랑스러움을 기원하나이다.
그러나 그녀가 기쁘기를 바라는 다른 사람이 있나이다.
우리에게 호의를 베푸소서! 우리 사이에 아무도 없게 하시고,
같은 사슬로 제게 젊음을 묶으소서.
행복한 결합 — 그에게 맞는 다른 처녀는 없나이다.
그녀에게 맞는 다른 총각은 없나이다.
그리고 그들의 사랑이 보호자의 눈길에서 벗어나게 하시고,

큐피드가 여러 속임수를 가르치게 하소서.

이를 베푸소서, 자줏빛 옷에 아스라한 빛을 보내소서.

신성한 빵과 포도주를 세번이나 간청합니다.

조심스런 그녀 어머니가 이제 그녀의 기도를 받아쓰나이다.

그녀는 비밀스런 마음으로 다른 것을 기원하나이다.

그녀는 제단 위의 빠른 불꽃처럼 타오르나이다.

그리고 그녀의 불길을 끄지 않도록 하소서.

마치 시들을 대비하듯 시인은 술피키아의 시를 보여준다(de Sulp., 4).

케린투스, 네가 태어난 신성한 날은

항상 내게는 축제 같은 신성한 날일 거야.

네가 태어났을 때, 운명은 모든 여성을 지배하고,

모두가 네 노예가 되리라 예언했었네.

그리고 나는 누구보다 더 뜨겁게 불타올라

내 사랑의 불길로 너를 태울 수 있을까.

네 정신으로 네 눈으로 우리의 사랑스런 속임수로

사랑을 나누게 하라. 너에게 기원하네.

생일의 영혼, 위대한 게니우스여, 이 향을 받으시고

그가 나를 사랑한다면 그의 기도를 들어 주소서.

그러나 그가 다른 사랑에 한숨 쉰다면 바라노니

가장 위대한 영혼이여, 그의 마음에서 떠나소서.

그리고 부드러운 비너스여, 그 둘 모두가

우리의 노예가 되게 하시고, 아니면 제 노예가 되게 하소서.

언제고 언제고 깨지지 않는

쇠사슬로 그 둘을 묶게 하소서.
그의 바람이 저의 바람과 같다면, 그것을 덮어 주소서.
그는 큰 소리로 말하길 부끄러워하나이다.
그러니 모든 것을 다 아시는 생일의 영혼이시여,
그에게 웃어 주소서 침묵의 기도도 기도이오니.

마지막으로 시인은 그들의 사랑이 결혼으로 끝나고 아이들로 축복받기를 바란다(ii, 2, 17).

사랑은 공중을 나는 새 날개에서 여기로 오리니,
결혼으로 묶을 황금 사슬도 가져오리라.
시간의 오래된 손가락이 네 몸에 주름을 짓고,
네 머리에 회색 줄을 그을 때까지 끊어지지 않는 사슬이니.
날개 단 징조가 다가와서, 너희에게 아이를 주리.
작은 녀석들은 너희 발 주변에서 뛰어놀겠지!

이 시들 외에도 전원 생활과 다양한 활동에 대하여 찬양하는 시들을 조합했다. 그러나 이 장에서는 더 다룰 수가 없다.
티불루스의 작품을 빈약하게 모방한 리그다무스의 시로 보이는 그의 작품들은 그냥 넘어가겠다. 그것들은 로마인의 성생활에 대한 어떤 새로운 정보도 주지 못하기 때문이다.

프로페르티우스의 여인

시인으로의 탄생

이제 우리는 로마의 위대한 비련 시인, 프로페르티우스의 생생한 걸작들을 보아야 한다. 그것은 수필이 아님에도 불구하고 고전 교육을 받지 않은 독자들도 성격을 이해할 수 있다. 오히려 호라티우스나 베르길리우스 같은 시인의 작품이 음울하고 사려깊은 라틴의 연설의 대가 프로페르티우스의 묘사보다 더 어렵다. 우리는 프로페르티우스의 작품을 그가 표현한 것처럼 번역할 수가 없다. 다만 신중하게 선택된 비련시의 의미를 독자들이 이해할 수 있도록 평이하게 의역할 뿐이다.

우리는 그가 한 말보다도 그의 일생에 대해서 더 많이 안다. 그는 아시리아 출신이다. 그는 기원전 50년에 태어났으며 부모는 그가 어렸을 때 사망했다. 그는 거의 로마에서 살며 시골의 농장은 세를 주었다. 그는 마케도니아 주변에서 모인 시인들 중의 하나였으며 호라티우스, 베르길리우스와 친교를 맺었다.

프로페르티우스가 30세 무렵에 낸 첫번째 작품이 화제가 되었다. 사람들이 킨티아라고 부르는 이름은 그의 연인의 가명이었다. 전해져 내려오는 그의 전집의 첫번째 책의 주인공은 바로 그들이었다. 그는 유명해졌고, 특히 교양 있는 로마 여성들이 많이 읽었다. 그후로 다른 비련시들이 출판됐으며, 결국 애국적 시로 수집되었다. 그가 호라티우스에게 로마 송시를 쓰도록 격려했듯이 마케도니아는 그런 시를 쓰도록 격려했다.

킨티아에 대한 열정과 찬미의 노래

프로페르티우스의 유일한 연애시는 시인이 킨티아라고 불렀던 한 여인에게서 영감을 얻은 것이다. 그녀의 본명은 호스티아였다. 그러나 만약 그녀의 성격이 프로페르티우스와 그녀가 사랑하는 동안에 발전된 것이라면, 그의 실제 본성은 어떠했는가를 밝히기 위해 큰 비중을 두어야 한다. 시인은 호기심 많은 독자를 물리치는 것을 중요시했다. 그는 명백히 이렇게 밝힌다(iii, 24, I).

결국 나의 숭배함이 더 뛰어나고 자랑스럽게 하지만
아름다움에 대한 당신의 신뢰는 당혹스러움.

나의 정열, 킨티아, 당신에게 명예를 주었소.
내 노래에서 빛나는 것이 부끄럽소?
나는 당신의 천 가지 다른 아름다움을 칭찬했소.
사랑은 아름다움이 없어도 상상하게 한다오.

따라서 우리는 킨티아에게 정확한 형상을 부여하기 위한 시도를 해서는 안 될 것이다. 그녀의 성격은 시에서 보여지듯이 모순되고 상반적이기 때문이다. 그녀는 이 선천적으로 재능을 타고난 정열적인 사람에게 마음을 불태워야 하고, 내면에 숨겨진 시적 열정의 불꽃을 피워 올리며, 또한 그의 뮤즈가 되어야 할 운명이라는 것을 아는 것만으로 족하다. 그녀를 통해서 그는 사랑의 깊이와 넓이, 그것에 담긴 기쁨과 슬픔, 사랑의 가장 높은 황홀감과 가장 처절한 실망감을 모두 알게 되었다. 그리고 그는 그 모든 체험을 잊지 못할 언어들로 기록했다.

프로페르티우스의 사랑은 카툴루스의 사랑처럼 젊지도 않고, 오비디우스의 사랑처럼 천박하거나 경솔하지도 않았다. 그의 사랑은 베르테르나 누벨레 헬로이즈의 사랑처럼 위대한 것으로, 그의 마음을 가득 채우는 진실하고 훌륭한 열정 그 자체였다. 프로페르티우스는 환희와 격노, 승리로 가득 찬 열정적 인생을 살았다. 그러나 그는 사랑의 비극을 알게 되었을 때에도 좌절하지 않았다. 그는 당당하게 고개를 들었으며, 억지로라도 차분한 태도를 취하며 생각을 하고 공부를 했다. 처음부터 그의 사랑은 비극적이었다. 비극 외에는 도저히 다른 형태를 취할 수 없었다. 그의 시적 심상은 불멸의 사랑을 예찬했지만 현실에서는 오직 유한하고 허약할 뿐인 연인들만을 발견했다. 그의 사랑은 로헨그린의 운명이었다. 그는 연인으로서 가장 숭고하고 이상적인 사랑을 불태웠으며, 자신을 완전하게 영원히 바치기를 열망했다. 그러나 그는 사랑하는 사람으로부터 진실한 사랑과 변치 않는 충성을 기대했다. 프르페르티우스의 애인은 평범한 창녀였다. 재치가 있고 세련되어 보이기는 했지만, 어디까지나 창녀였던 것이다. 킨티아의 그러한 모습을 우리는 그녀의 연인의 시에서 읽어낼 수 있다.

그녀는 수부라는 이름의 악명 높은 지역에서 어머니와 자매들과 함께 살았다(iv, 7, 15). 실제로 시인은 그 점에 대하여 다음과 같이 말한다(ii, 14).

> 다른 사람들은 문을 두드리며, 사랑을 부른다.
> 그녀는 나와 함께 소파 위에 나른하게 누워 있다.

그는 킨티아가 하룻밤을 자신과 함께 보내도 좋다고 허락하자, 비너스에게 제물을 바치기도 했다. 그의 일반적인 견해는 다음과 같이 표현되고 있다(ii, 32, 39).

> 만일 그대가 다른 사람들과 하루 또는 이틀 밤을 보낸다면,
> 그것은 크게 욕 먹을 일이 아니라 그저 사소한 일일 뿐이다.

킨티아가 악의적인 가십거리로 자주 등장한다는 것은 이상한 일 아닌가? 불행하게도 프로페르티우스가 주장하는 가십은 전혀 사실

무근한 이야기가 아니었다. 그에게는 질투를 할 만한 충분한 이유가 있었다. 특히 그녀가 도덕적으로 문란하기로 소문난 바이아이로 여행을 떠나거나, 우리가 흔히 사랑의 밀회나 은밀한 희롱이라고 말하는 신전을 방문하는 일을 했을 때는 특히 그럴 만했다. 심지어는 돈을 주고 그녀의 몸을 살 수도 있었다(ii, 16).

> 킨티아는 권력을 사랑하지도 않으며,
> 명예를 쫓지도 않는다.
> 그녀는 지갑으로 모든 연인들을 판단한다.

킨티아는 여러 사람들 중에 부유한 집정관과도 관계를 맺었다.

물론 킨티아는 그녀처럼 낮은 계급의 여인들을 귀부인들과 구분하는 다방면의 교육을 받았다. 그녀는 그녀와 같은 부류의 여성들처럼 춤추고, 노래하고, 비파를 읊을 수 있었을 뿐만 아니라, 시를 비평할 수도 있었다. 그녀는 직접 시를 짓기도 했다.

프로페르티우스는 다음과 같이 말하고 있다(iii, 20).

> 그대는 빼어난 아름다움, 팔라스의 우아함을 지니고 있으니,
> 그대의 시적 재능은 그대의 집을 명성으로 가득 채우고 있구나.

우리는 킨티아의 인간적 풍모에 대한 얘기를 거의 듣지 못했지만, 아마도 자존심이 강하고 꽤나 고집스러운 여인이었을 것이다. 시 속에서 그녀를 '옹고집쟁이'라고 부르며, 사랑에 있어서 모질게 임하는 그녀의 모습을 강조하는 경우가 자주 눈에 띄기 때문이다.

그녀는 대단히 독립적이었다. 그녀는 공공 장소에서도 얇고 투명한 옷을 입고 다니곤 했으며, 직접 말을 몰고 아피안 거리를 달리기도 했다(iv, 8). 연인이 그녀의 기분을 언짢게 할 때면 불같이 화를 내기도 했다. 그러나 그녀의 이러한 행동은 시인의 열정을 더욱 불러일으킬 뿐이었다. 프로페르티우스의 거의 대부분의 진술들은 그가 마치 마조히스트적 기질이 있는 것처럼 들린다.

예컨대 다음과 같은 시를 보자(iii, 8).

> 지난 밤 나는 등잔불 밑에서 그대와 다투며,
> 그대의 격렬한 저주를 들으며 위안을 받았네.
> 그대는 술에 취해 광기가 발동할 때면
> 왜 나를 향해 탁자를 밀어 넘기고,
> 거칠게 술잔을 집어던지는가?
> 오라, 어서 오라.
> 그대의 사나운 분노로 나의 머리카락을 잡아뜯어다오.
> 그대의 어여쁜 손톱으로 나의 몸에 상처를 내다오!
> 그대여, 나의 눈을 잿더미로 만들어 버릴 듯 위협하며,
> 나의 옷을 활짝 찢어 버리고 나의 가슴을 벗겨다오!
> 이 모든 것이야말로 분명한 열정의 증표니
> 그러한 열정이 없다면 여인에게 고통도 없으리라.
> 사나운 발작의 광기가 있는 여자는 사랑의 신의 진실한 신봉자이다.
> 그녀의 감시의 나래 안에서 그대는 온갖 여행을 떠나고,
> 광기어린 여인의 관심으로 그대의 뒤를 쫓으리라.
> 그녀는 소름끼치는 꿈과 환상으로 고통받고,
> 소녀의 초상을 증오하고 두려워한다.

이제, 나는 그러한 정신적 고통을 진단할 수 있으니,
나는 진정한 사랑의 증상을 알고 있기 때문이다.
결코 격렬해지지 못하는 사랑은 불확실한 것.
나의 가장 악랄한 적은 점잔을 빼는 소녀이리라!
나를 아는 사람들은 행복한 사랑을 배반하는
멍과 물어뜯긴 자국을 보게 되리라!
사랑 속에서 나는 흐느끼고 싶고,
흐느끼며 고뇌하는 그대의 모습을 보고 싶으며,
처절한 신음소리를 듣고 싶다.
나는 한숨소리에 의해 결코 방해받지 않는 순탄한 잠을 증오한다.
그리고 나는 화를 내는 소녀를 언제나 애타게 그리워하리라.

  사랑하는 관계 속에서 프로페르티우스는 거의 여성적 입장(여성
이라는 어휘의 일상적 감각에 견주어볼 때)을 취한다.
  다음과 같은 예를 들어보자(ii, 5).

그대가 나를 배신했어도 나는 그대의 옷을 찢지 않았으며,
또한 분노에 가득 차 그대의 빗장 걸린 문을 두드리지도 않았고,
사나운 기세로 그대의 머리카락을 헝클어놓지도 않았으며,
우악스런 손길로 그대의 부드러운 피부에 상처를 내지도 않았다.
이런 싸움은 시인의 명예로운 관을 한번도 써 본 적이 없는
시골 무지랭이에게나 어울리는 일이다.
그리하여 나는 그대의 생명을 지속시키기 위하여 이런 글을 쓴다.
"킨티아는 아름답다, 킨티아는 거짓이다."
나를 믿어라. 비록 그대의 명성을 조롱할지라도,
이 짧은 구절은 그대의 정조 없는 뺨을 창백하게 하리라.

이것이 킨티아와 프로페르티우스의 사랑이다. 그녀는 자존심이 강한 정부였으며, 그의 행복은 그녀의 호감이 비록 영원한 사랑을 약속하는 것은 아니었을지라도 다만 그러한 그녀의 호감을 즐기는 것에 달려 있었을 뿐이다. 그는 행복의 선물을 거의 겸손하게 받아들였다.

그녀도 불성실하기는 마찬가지였지만 이따금 나타나는 그의 불충실은 그녀를 극단적인 분노로 몰아가기도 했다. 시인은 그러한 정황을 대단히 사실적으로 묘사하고 있다. 그것은 우리가 구할 수 있는 다른 어떤 언어보다 그들의 진정한 사랑의 성격을 더욱 분명하게 해 준다. 킨티아는 한동안 어디론가 잠적하곤 했지만, 시인은 그 원인을 정확하게 짐작한다.

유노도 원인이지만 비너스는 더욱 큰 원인이다.

한번은 그가 애인 없이도 즐거움을 누릴 수 있다고 마음먹은 적이 있었다. 그래서 그는 예쁜 아가씨 두 명을 저녁 식사에 초대했다.

내가 초대한 이 아가씨들, 나의 저녁을 즐겁게 하는구나.
미지의 사랑과 신선한 모험.
우리는 비밀의 정원 안에 세 개의 침대를 놓았다.
배열은? 둘 사이에 내가 있다!

즐거운 식사를 위해 모든 것이 준비됐다. 몇병의 포도주도 마련되었으며, 리그다무스가 시중을 들었다. 그러나 빛은 희미했고 분위기는 음침했다. 프로페르티우스는 킨티아가 그 자리에 없다는 생각으로부터 자유로울 수 없었다. 그리하여 그는 다음과 같이 읊는다.

경첩이 소리를 내고 문이 갑자기 삐걱거렸다.
방 밖에서 웅성거리는 소리가 들렸다.
즉시, 킨티아가 문을 활짝 열고 달려 들어왔다.
머리 모양은 엉망이었지만, 화를 내는 그녀는 멋지다.
힘을 잃은 나의 손가락에서 술잔이 굴러 떨어졌다.
흠뻑 취한 나의 입술이 갑자기 창백해졌다.
눈을 반짝이며, 그녀는 여자의 분노를 폭발시켰다!
그녀는 함락당한 도시처럼 정말로 기이한 모습이었다!

두 명의 아가씨는 겁에 질려 덜덜 떨었으며, 격노한 킨티아에 의해 얼굴을 쥐어뜯긴 채 쫓겨났다. 그리고 나서 그녀는 다시 돌아와 프로페르티우스를 공격한다.

그녀는 성을 내며 나의 얼굴에 마구 주먹질을 해 댄다.
나의 목덜미에는 온통 멍이 들고,
그녀의 이빨은 선명한 핏자국을 남기고,
무엇보다도 큰 죄를 지은 나의 눈을 세차게 두들긴다.
나를 응징하느라고 팔에 힘이 빠지자,
그녀는 침대 뒤편에 숨어 있던 시동을 붙잡았다.
소년은 부들부들 떨며 나에게 자비를 베풀어달라고 애원하건만,
그러나 난들 어쩌란 말인가, 똑같은 죄인 주제에?
마침내 싹싹 비는 나의 손길이 그녀의 자비를 불러일으켜,

마지못해서 그녀는 내가 그녀의 발을 만지도록 내버려두었다.

그녀는 외쳤다.

"당신이 평화와 용서를 원한다면,

당신이 꼭 받아들여야 할 약속이 여기 있어요.

광장에서 또한 사람들로 붐비는 폼페이의 콜로네이드에서

결코 멋을 부리고 다니지 말 것.

커튼이 드리워진 가마를 타고 아가씨들이 있는 곳을 기웃거리며,

결코 눈길을 주지 말 것.

그리고 말썽의 원인인 리그다무스에 대해서는

그의 발에 족쇄를 채워 팔아 치워 버릴 것."

이것이 법이었다. 나는 대답했다.

"그것의 구속을 받겠소."

그러자 그녀, 나의 오만한 군주는 기뻐하여 웃어댔다.

이제 낯선 여인들의 손길이 스친 모든 곳에,

그녀는 향을 뿌려 정화했다. 그리고 문지방을 싹싹 씻어냈다.

그리고 나에게는 두번이나 옷을 갈아 입으라고 명령했고,

설파향의 연기로 나의 머리카락을 세번이나 감겼다.

또한 침대를 바꿨으며, 모든 침구도 바꿔 버렸다.

그리고 나서야 그녀는 나의 품안에서 평화를 허락해 주었다.

그들의 사랑은 이러했다. 이것은 프로페르티우스가 어처구니없을 정도로 헌신적인 연인이며, 멋지기는 하지만 불성실한 매춘부의 노예라는 것을 잘 보여 준다. 그러나 그 모든 것에도 불구하고 그는 행복했다. 그리고 무엇보다도 중요한 것은 그가 그의 열정을 통제하는 주인으로 남아 있었다는 것이다. 그는 언제나 자신이 바보 취

급을 받고 있다는 것을 제대로 의식하고 있다. 그것이 그의 사랑의 비극이다. 그러나 시인이 그러한 상황이 그를 파괴하도록 용인했다면, 그것은 비참하고 맥이 빠지는 일이 되어 버렸을 것이다. 그는 굳건하게 버텨 냈다. 그의 질투심 많은 정부는 그가 그녀에게 가까이 다가오는 것을 오랫동안 금했다는 것은 사실이다. 그것은 분명히 비슷한 상황을 또다시 발견한 뒤였을 것이다(물론 우리는 이러한 정황에 대한 정확한 증거를 가지고 있지는 않다). 그는 킨티아가 요구한 별거로 인해서 분명히 고통을 받았다(iii, 16, 9).

  한번의 배신으로 열두 달을 내몰리다니!
  나의 여인의 손길은 나에게 너무나도 무자비하구나.

그렇게 열두 달을 보낸 뒤, 프로페르티우스는 애정을 회복했으며 다섯 해 동안 관계가 지속되었다. 그러나 킨티아는 마음에 들 때, 또한 마음에 드는 사람에 대해서는 누구에 대해서든지 자신의 호감을 나타내는 위험스러운 여인이었다. 예를 들어, 한번은 그녀의 변덕이 발동하여 프로페르티우스에게 (편지로) 한밤중에 티부르에 있는 그녀의 별장으로 찾아오라고 명령을 했다(iii, 16). 시인은 그녀에게 다가갈 수 있게 된 것을 기뻐하며, 심지어는 길을 가다가 죽더라도 연인의 옆에서 죽게 되리라는 생각에 기뻐, 위험한 밤길을 황급히 달려갔다. 비록 그 자신도 가끔은 바람을 피웠지만, 그는 정부의 행실에 대하여 꽤나 질투심을 느끼고 있었다(ii, 6, 9).

젊은이들의 초상, 씩씩한 이름들, 나를 짜증나게 하는구나.
나는 아이들을 키우는 요람이 싫다.
나는 어머니가 아이들에게 입을 맞출 때면
그들의 어머니가 싫어진다.
그들의 자매도, 그녀와 함께 잠을 자는 여자아이도 싫다.
나는 그들 모두가 싫다 — 나를 용서해달라 — 나는 소심하고
그리고 나는 모든 사내가 의심스럽다.

프로페르티우스는 결혼에 대한 아우구스투스의 법안이 그들 두 사람에게 결혼과 이별 둘 중에 하나를 강요하게 될지도 모른다고 킨티아와 함께 두려워했다. 유명한 시인과 창부의 결혼은 수많은 난관이 없이는 가능할 것 같지가 않아 보였던 것이다. 하지만 그 둘 모두 결혼에 대해서는 전혀 신경을 쓰지 않고 있었다(ii, 7, 1).

나의 킨티아는 그 법이 폐지될 때 기뻐했다.
우리 두 사람에게 눈물을 가져다 주었던 그 엄한 명령의 법.
그것은 우리를 갈라놓을 수도 있었지만,
그러나 연인들 사이는 하나님 자신도 갈라놓을 수 없다.
카이사르는 강력하다.
그렇다, 하지만 전투에서나 강력할 뿐이니,
그의 정복의 능력도 사랑에 대해서는 아무런 소용이 없다.
합법적인 신부에게 불 같은 나의 정열을 소비해야 했다면,
곧장 나의 머리와 목뼈를 분리시키고 말았을 것이다.
아니면 그대의 문 앞을 지나쳐
결혼한 남편은 흐느껴 울며 배신하는 것을 지켜봐야 했을 것이다.

나의 결혼식 피릿소리는 장례식의 나팔 소리보다 더 구슬펐으리라.
그 소리들은 그대를 짜증나는 잠 속으로 몰아넣었다!
내가 어떻게 가족의 융성을 위하여 아이들과 살 수 있겠는가?
나의 피는 결코 군인이 될 자식에게는 전해지지 않으리니,
내가 킨티아의 야영지를 따라다니지 않는다면,
카스토르의 군마가 나를 맥빠지게 하리라.
나의 성공과 명예는 킨티아로부터 오는 것이며,
그 명예는 극단에 가 닿으리라.
그대는 나의 유일한 사랑이니, 이제 나만을 사랑해다오.
이제 사랑은 나에게 부성애 이상의 것이다.

만일 프로페르티우스가 그토록 갈망했던 진정한 사랑의 여인이
킨티아였다면, 그녀의 다음과 같은 행동에도 신경을 쓰지 않으려고
했을 것이다(i, 2, 1).

머리를 땋아내리고 당당하게 앞으로 걸어 나가며,
비단 옷을 입고 세련되게 움직이도다.

그리고 프로페르티우스는 그녀의 변덕에 대해서 쓸쓸하게 그녀를
탓한다. 하지만 그것은 그녀의 아름다움에 대한 일종의 보상과 같
은 것으로, 마음을 상하게 하지만 않는다면 오히려 그런 비난들은
그녀를 즐겁게 한다.
프로페르티우스는 이렇게 말한다(i, 2, 3).

왜 값비싼 시리아 향수로 머리카락을 흠뻑 적시고,

외국의 장신구로 그대를 자랑하는가?
왜 돈을 주고 산 장식으로 그대의 자연스러운 아름다움을 죽이고
그대만의 사랑스러움이 빛을 발하지 못하게 하는가?
나의 말을 믿어라, 아름다움을 가꿔 준다는
그 따위 것들은 모두 쓸모 없는 것들이니,
나체의 신은 인위적인 우아함을 증오한다.
한 명의 연인을 기쁘게 하는 데에는
그대로 보여 주는 것만으로도 족하다.

　잠자고 있는 킨티아의 모습을 그리고 있는 이 엘레지는 유명해질
만한 충분한 값어치가 있다(i, 3).

나는 조용히 쌔근거리며 잠자는 킨티아를 보고 있다.
부드러운 팔에 머리를 베고
내가 바쿠스로 인해 비틀거리며 집으로 기어오는 동안,
시동들은 횃불로 어둠을 밝혔다.
나에게는 아직 의식이 남아 있었다.
나는 푹신한 침대 위에 부드러운 무릎을 꿇고,
그녀에게 다가가려고 했다.
사랑과 바쿠스 ― 엄격한 신들이 ― 가
함께 우리 둘을 붙들어 주고 있으니,
증폭된 열기가 나를 가득 채우고 있다.
그들은 나로 하여금 나의 팔을
그녀의 밑으로 부드럽고 가볍게 밀어넣고,
손을 움직여 그녀에게 입을 맞추고 일을 시작하게 했다.
그러나 나는 감히 그녀의 숙면을 방해할 수 없었다.

그녀의 그 무서운 증오와 사나운 저주의 말들이 두려웠기 때문이다.
나는 움직임을 멈추고 덧없이 망설이며 그녀를 응시했다.
아르구스는 이오의 괴물스러운 나팔을 울리고 있다.
이제 나는 나의 이마로부터 화관을 벗어,
그녀가 잠자는 동안 그녀의 관자놀이에 올려놓았다.
그리고는 그녀의 늘어진 머리카락을 이리저리 꼬아보거나
그녀의 홀쭉한 손에 사과를 얹어놓아 본다.
그러나 나의 모든 선물은 헛된 일이 되었으니
잠은 결코 고마운 것이 아니다.
그것들은 그녀의 잠자는 가슴 위에서 힘없이 굴러 떨어졌다.

마침내 달빛 때문에 킨티아가 잠에서 깨어난다. 그녀는 질투를 부리며 화를 낸다. 그녀는 비파를 연주하며 시간을 때우다가, 억지로 잠이 들었던 것이다. 시인은 우리에게 어떻게 평화가 이루어졌는지 짐작할 수 있도록 해준다.

다른 시에서 프로페르티우스는 킨티아가 혼자 잠자고 있는지 확인하기 위하여 아침 일찍 그녀를 찾아간다(ii, 29, 23).

아침, 나는 확인하고 싶다.
사랑하는 연인이 혼자 잠자고 있는지.
나는 내가 바라던 그녀의 모습을 보았다.
나는 놀란 채 서 있었다.
그녀는 그 어느 때보다도 사랑스러웠다.
언젠가 자줏빛 저고리를 입었을 때보다도 훨씬 아름답다.
거룩한 베스타에 대한 꿈에 대하여 얘기하기 위해

그녀를 찾아갈 때에는
그 꿈이 그녀와 나에게 불길한 예감을 주었다.
그녀는 지금 너무나도 사랑스러우며,
잠으로 인하여 더욱 상큼해지리라.
순수한 아름다움의 감미로운 힘이여, 비할 데가 없도다!

그러나 프로페르티우스는 환영을 받지 못한다. 킨티아는 그의 의심과 염탐에 대하여 분노를 터뜨린다. 그녀는 그의 입맞춤을 뿌리치고 달아나 버린다. 그녀의 계속되는 분노는 그와 같은 식으로 시작되는 경우가 아주 많았음에 틀림없다.

우리는 프로페르티우스의 애정 행각의 상세한 내력을 제시할 수는 없다. 그것은 그의 사랑과 시의 생생한 색상을 퇴색시킬 뿐이다. 사실 이 사랑의 엘레지들이 킨티아에 대한 것인지, 아니면 다른 여자에 대한 것인지 의문을 품는 것은 무의미한 일이다. 영혼의 편린에 대한 번역을 살펴보고, 당시의 한 로마인이 그의 절정의 황홀감을 어떻게 묘사했는지 들어 보라.

행복, 행복이여! 축복받은 밤이여!
그대의 침실에 축복이 있으니,
나의 행복함이 천국으로 바뀌게 했도다.
우리가 나눈 행복한 대화, 우리 옆에 놓여 있는 등잔!
어둠 속에서 벌어지는 투쟁은 또 얼마나 행복한가!
이제 그녀는 나와 함께 씨름하며 그녀의 가슴을 품는다.
이제 그녀는 속임수를 끝내고 휴전을 했다.

나의 눈은 졸음으로 무겁다.

그녀는 그 위에 입을 맞추며 눈을 뜨게 하고는 속삭인다.

"게으름뱅이, 아직 누워있다니!"

우리의 팔은 또 얼마나 자주 새로운 포옹을 엮어냈던가!

나의 입맞춤은 또 얼마나 오래 그녀의 입술 위에 머물렀던가!

어둠 속에서 그녀의 시중을 드는 것은 비너스의 기분을 망쳐놓았다.

당신은 분명히 알고 있다. 눈에 보이는 것은 사랑의 오솔길이다.

파리스가 헬렌이 남편의 방 안에 남아 있는 것을 보고,

그 벌거벗은 모습 때문에 한숨을 내쉬었다고 사람들은 말한다.

벌거벗은 엔디미온은 정숙한 다이아나를 사로잡았고,

여신은 옷을 벗고 그의 품에 안겼다.

만일 그대가 옷을 벗고 나이트 가운을 입고 잠을 잔다면,

그 옷은 찢겨져 나가고, 그대는 나의 주먹질을 느끼게 될 것이다.

나의 정당한 분노가 나를 좀더 사로잡는다면,

그대는 멍이 든 채 집으로 돌아가게 될 것이다.

늘어진 가슴이 그대의 과거를 가로막아서는 안 된다.

그대는 비밀스럽게 아이를 가졌으나 신경을 쓸 필요가 없다.

운명이 우리에게 허락하는 동안은 열정적으로 우리의 눈을 즐기자.

다가올 밤은 길고 결코 새벽은 오지 않으리니.

오, 사슬이 우리를 꽁꽁 묶을 것이고,

그리하여 우리의 포옹은 결코 풀릴 수 없는 것이리라!

아, 느릿느릿한 거북이들, 비둘기들,

결혼하여 완벽한 한 쌍을 이루는 그들로부터 본보기를 찾자!

우둔한 자는 이 뜨거운 열정의 끝을 보려 하지만,

진정한 사랑은 결코 종말에 도달할 수 없도다.

곧 대지는 기다리고 있는 농부를 기만해야 할 것이니,

곡식은 바꿔치기 되고 태양은 훨씬 더 빠른 군마가 되고,
강은 그 원천으로 다시 거슬러 올라가고,
물고기들은 바싹 마른 대양의 바닥 위에서 파닥거리리라.
곧 나는 그녀로부터 나의 불타는 열정을 바꿀 수 있으리라.
나는 이제 생과 사를 걸고 그녀에게 봉사한다.
그러나 만일 그녀가 내일 밤과
또 다른 밤들에도 나의 뜻을 이루어 준다면,
한 해는 행복한 한 평생만큼 늘어나리라.
그녀가 많은 것을 준다면 나는 불멸의 존재가 되리라!
하룻밤 사이에 그 누구라도 신권을 부여받을 수 있기 때문이로다.
모든 사람들이 그처럼 조용한 인생을 원하거나
게으름뱅이처럼 잠을 자고 포도주에 취해 산다면,
잔인한 무기는 하나도 남지 않을 것이며, 끔찍한 전쟁도
우리의 뼛골을 흔들리게 하는 악티움의 바다도 없을 것이며,
전쟁의 승리를 딛고 선 우리의 도시도 없어질 것이니,
도시는 머리를 풀어헤치고 통곡하게 되리라.
후손들은 이러한 삶을 정당하게 칭송하리라.
우리의 포도주 잔은 불경스럽지도 잔인하지도 않다.
오직 명심하라. 한낮의 향연에서 떠나지 마라!
만일 그대가 모든 입맞춤을 끝낸다면,
모든 것들도 거의 남지 않으리라.
꽃잎이 시든 화관에서 떨어져 내팽개쳐진
술잔 위에서 둥둥 떠다니는 동안,
이제 우리의 모든 희망은 아마도 내일까지도
우리의 짧은 인생과 긴 꿈에 종말을 고하게 되리라.

이러한 시들이 지니는 마력은 번역을 통해서는 재현될 수 없다. 어떤 번역자도 이러한 시들이 라틴 언어권에서 사용된 가장 숭고한 사랑의 언어로 쓰여졌다는 것을 매우 상상력이 풍부한 독자들에게 보여줄 수 있을 정도밖에는 안 되며 빈약한 의미만을 전달할 수 있을 뿐이다. 우리는 묘사된 감정이 지니는 열정과 집착에도 불구하고, 그 시들이 육체적 쾌락이나 부정함을 지닌다는 인상은 전혀 주지 않는다는 점을 덧붙여 언급해 두어야 할 것이다.

이별의 고통과 슬픔

우리는 킨티아와 프로페르티우스의 밀회가 우리가 내막을 전혀 알지 못하는 다툼으로 인해서 1년 동안 깨졌다고 말한 바 있다. 마침내 5년 동안 끊이지 않은 킨티아의 불성실에 프로페르티우스는 영원히 그녀의 곁을 떠나 버리고 말았다(iii, 25).

나는 저녁 식탁에서 그대의 친구들의 웃음거리였다.
모든 사람들의 거나하게 늘어진 혓바닥이 나에 대해 지껄여댔다!
그러나 나는 그대의 충실한 하인으로 다섯 해를 보냈다.
이제 그대는 나를 기억하면서, 그대의 손톱을 물어뜯으며 살아가게 될 것이다.
이제 눈물도 나를 감동시키지 못한다.
그대는 눈물로 나를 사로잡았으니
그대의 흐느낌과 눈물은 유일한 전략이었다.
나는 떠나가면서 흐느껴 울 것이다.

그대, 행복한 우정을 깨뜨려 버린 그대에 대한 분노의 눈물을.
안녕, 문지방도 나의 신음소리를 듣고 흐느꼈으니.
그러나 나는 분노에도 불구하고 결코 그것을 깨뜨리지 않으리라.
다만 그대, 쓰디쓴 노년의 나이와 세월이 그대를 공격하리니,
숨기려 애쓰는 주름살이 그대의 얼굴에 드러나리라!
그리하여 거울이 시들어 버린 그대의 아름다움을 비웃는 동안,
그대가 족족 뽑아내는 흰 머리카락이 몇 배로 불어나리라!
나이 든 그대가 그대의 건방졌던 젊은 시절을 후회할 때까지,
오만한 연인들은 그대 앞에 빗장을 질러 문을 닫아 버리리라!
그대의 아름다움에 드리워진 복수의 음영을 조심하라.
나의 노래에 담긴 저주가 드리운 그림자를.

니벨룽겐 이야기의 옛 구절 속에서 이러한 열정은 고통으로 끝을 맺고 있다. 프로페르티우스의 영혼은 깊은 상처를 받았다. 그는 킨티아를 잊을 수 없었다. 켈러의 아름다운 언어가 그의 열정을 보여준다.

사랑, 마침내 그대가 죽을 때,
그대의 연인은 여전히
감미로운 꿈속의
한 순간 진실처럼 보이리라.

나중에 그녀가 죽은 후 그는 용서를 구하는 슬픔의 시를 썼다(iv, 7). 그 시 속에는 무덤 속에서 잠깐의 시간을 보내고 있지만, 아직 레테의 강물 속에 깊이 빠져들지 않은 킨티아의 망령이 나타나고

있다. 그녀는 자신의 장례식에 아무런 신경도 쓰지 않은 것에 대해서 그를 질책한다.

> 오, 배신자여! 언제나 충실한 연인이더니!
> 그렇게 쉽게, 그렇게 빨리 죽음 앞에 굴복할 수 있나?
> 내가 떠날 때 그 누구도 나의 눈을 감겨주지 않았으니
> 그대가 뜨거운 눈물에 젖은 검은 옷을 입고,
> 나의 육신 앞에서 머리 숙여 흐느껴 우는 것을 대체 누가 보았는가?
> 그대는 내 뒤를 따라 문을 지나는 것이 부끄러운가?
> 그곳에 이르기까지
> 나의 영구 마차는 그렇게 빨리 길을 재촉할 필요가 없었다.
> 아니면 그대는 나의 분노의 불길을 부채질해 줄
> 바람이라도 불게 해달라고 기도했던가?
> 오, 덧없음이여!
> 나를 태울 장작더미 위에 향수라도 뿌려놓았는가?
> 쓸모 없는 꽃다발을 던져주는 건
> 포도주를 부어 나의 무덤을 거룩하게 해 주는 건
> 모두 지나친 일이 아니었던가?

그녀가 말하듯이 그녀의 충실한 하녀들은 이제 죽어버린 여주인을 생각나게 할 정도로 그들을 박해하는 다른 사람의 소유가 되어버렸다. 감동적인 애원을 통해서 그녀는 적어도 그녀의 늙은 유모와 가장 아꼈던 하녀만이라도 새로운 주인의 학대 속에서 구해내달라고 그에게 요청한다.

야속한 프로페르티우스여!

그러나 나는 아직 그대를 탓할 수 없네.

그대의 시 속에서 나는 오래도록 지고한 존재로 남으리니.

그러나 하나의 위안거리가 아직 남아 있다.

이제 다른 사람들이 당신을 소유하고 있다.

내가 곧 당신을 소유하게 될 것이다.

당신은 나의 것이 될 것이며, 당신의 뼈를 나와 섞을 것이다.

이 아름다운 엘레지로 미루어볼 때, 시인은 자신의 삶이 그리 많이 남아 있지 않다는 것을 알고 있었던 것 같다. 그는 마흔의 나이에 죽은 것이 분명하다. 의심할 여지 없이 그는 로마의 가장 위대한 사랑의 시인이었다.

프로페르티우스에 대한 평가

이 책에서 우리는 현대의 후계자들에 대한 고대 시인들의 영향을 논할 수는 없다. 그러나 우리는 프로페르티우스가 괴테에게 대단한 흥미를 불러일으켰으며, 그리하여 《로마의 엘레지(Roman Elegies)》에 나오는 어떤 시들은 프로페르티우스의 작품들에서 모범을 구했다는 사실에 주목해야 한다.

괴테는 다음과 같이 프로페르티우스에 대해서 언급한 적이 있다.

"나는 프로페르티우스의 대부분의 엘레지들을 재독하고 있다. 대개의 작품들이 그렇듯이, 그의 엘레지는 나에게 깊은 영향을 주었으며, 나 자신이 그러한 작품을 창작해내는 데 몰두하도록 했다. 그러나 나는 나름대로 다른 계획을 가지고 있기 때문에 그러한 일을 피해야만 할 것이다(1798년 11월 28일)."

괴테는 그의 친구인 크네벨이 그의 요구에 따라 번역해 낸 작품들을 읽은 뒤에 위와 같은 말을 썼다. 그리고 괴테는 《헤르만과 도로테아(Hermann and Dorothea)》라는 그의 엘레지를 소개한 한 운문에서 프로페르티우스를 회고하고 있기도 하다.

내가 아직도 프로페르티우스에 의해 천국을 드나들고 있다면?
내가 우아한 악당, 마르티알을 친구로 받아들인다면?
내가 교실 안에 웅크리고 있는 옛 시절을 포기하지 않는다면?
나의 동료들이 나와 함께 로마로부터 삶 속으로 살아 돌아온다면?
그것은 죄악인가?

위의 언급들은 로마의 위대한 시인들이 괴테에게 고대의 연구를 위한 단순한 주제 이상의 의미를 지니고 있었다는 것을 분명하게 보여 주고 있다. 그들은 과연 우리에게 무엇인가? 학교에서는 오비디우스에 대해서 가르치고 있다. 그러나 로마의 엘레지 시인들 중에서 가장 위대하고 가장 인간적이었던 사람, 즉 프로페르티우스는 오늘날의 교양인들에게도 상당히 생소한 이름이다. 바로 그러한 이유 때문에 나는 이 책에서는 그를 가능한 한 지극히 상세한 부분까지 다루어야 할 필요가 있다고 생각했던 것이다.

오비디우스 시의 외설미

시에 반영된 사랑의 경험

　로마의 연애시에 관한 연구를 계속하기 위해서는 사람들에게 보다 많이 알려져 있고 널리 읽히고 있는 오비디우스에 대해서부터 알아보는 것이 좋을 것이다. 그렇다면 오비디우스는 왜 그의 친구인 프로페르티우스보다 많이 알려져 있고, 또 보다 널리 읽히고 있는가? 사람들은 아마 자신의 열정을 비극적이고 번뇌에 가득 찬 것으로 표현하는 프로페르티우스보다는 오비디우스처럼 약간은 경박하고 천박한 아름다움과 구미를 당기게 하는 감각적인 문장으로 다루어진 연애시를 더 즐겨 찾기 때문일 것이다.

　그러나 오비디우스가 표현한 바와 같이 사랑에 관한 그의 생생한 묘사를 전체적으로 살펴보기 전에는 어떠한 비평도 삼가하기로 한다. 단 우리는 다음과 같은 언급으로 그에 대한 평가를 예견할 수 있을 것이다. 오비디우스의 경우, 자기 나름대로의 방식대로 성공한 성애적인 시인이지만, 카툴루스나 프로페르티우스에게서 보여지는 자연적인 경험과 문학적 깊이, 그리고 진실적인 번뇌 같은 것은 그의 작품에서 찾아볼 수 없다. 그는 많은 성 경험을 갖고 있고 그에 대해 많이 알고 있을 뿐더러 사랑을 깊숙이 즐겼을 것이다.

그러나 다른 시인들의 작품에서처럼 사랑은 일생의 경험이라는 사실이 그의 시 속에서는 느껴지지 않는다. 사랑이 그의 영혼을 흔들고 감명시켜 그 깊은 곳에서 울려나오는 심연의 목소리 같은 것이 그에게서는 없다는 뜻이다. 이러한 그가 육체적인 사랑의 방법에 관한 적나라한 포르노 사진첩에 가까운 정교한 쾌락주의의 교본과 같은 《사랑의 기술(The Art of Love)》이라는 책을 저술하였다는 것은 그의 개성을 이해하는 데 있어서 매우 의미심장한 것이라 하겠다. 이 책에서 사랑은 더 이상 남자의 생활을 경건하게 하거나 폐허로 만들 수 있는 위대하고도 불가항력적인 신성함으로 묘사되어 있지 않다. 그런 생각은 오비디우스에게는 단지 웃음거리에 불과하다. 사랑은 차라리 지긋지긋한 필요성으로부터 일시적인 쾌락을 획득하는 수단일 뿐이었다. 이러한 태도는 절대적인 천박함, 그 이상도 이하도 아니다.

사랑을 이루는 시인의 기교

이제 오비디우스의 가장 유명한 성애적인 작품을 살펴보도록 하자. 오비디우스가 스물두 살의 젊은 나이일 때, 비록 표피적이긴 하지만 그의 첫 작품인 《연애(Amores)》(기원전 43년)를 완성했다. 이것이 정신적인 깊은 감동으로부터 작성된 작품이 아니라 천박하고 부드러운 비가라는 것은 모든 사람이 다 인정하는 바다. 작가는 이 책에서 한 여주인공을 설명하고 있는데, 그녀는 〈코린나(Corinna)〉라는 그리스의 서정시에서 유래된 필명을 갖고 있었다. 코린나는 오비디우스가 다른 곳에서 설명했듯이 그녀를 지칭하는 여러 이름 가운데 하나이다. 기교적이고 우아한 이러한 시들은 로마의 연애 시인들에게 광범위한 영향을 끼친 알렉산드리아의 시가들로부터 그 주제들을 수집하여 작성한 것에 불과한 것들이었다.

오비디우스의 작품에서는 의도적으로 자기를 희생한다고 여기는 어떤 포주의 긴 연설을 담은 그리스의 희극과 유사한 작품이나(i, 8), 자신이 누누이 이야기하듯이 그녀의 다른 연인들의 이름을 알기 전에는 그녀의 정숙성을 믿지 못한다는 냉소적인 시 같은 것들을 쉽게 찾아볼 수 있다(iii, 14). 그리고 탐욕과 욕심은 여자를 사악하게 만들며(i, 10), 허영은 그녀의 연인을 실망시켜 사랑과 애증의 고리를 파괴시키는 결과를 초래하기도 한다는 상투적인 표현도 나타나 있다(ii, 9 ; iii, 11b). 더구나 젊었을 때(ii, 9), 즉 자신의 힘이 넘쳐흘러 도저히 한 여자로는 만족을 느끼지 못할 만큼 욕정이 강할 때 인생을 즐기라고 충실히 권유까지 하고 있다(ii, 4). 사랑이 시작되는 그 순간의 찰나(i, 13), 그리고 사랑하는 사람을 멀리 떠나 보내는 등의 사랑에 대한 일반적인 주제를 작가는 빼놓지 않고 다루고 있다(ii, 11). 어느 시에서는 자신을 발기불능의 가련한 남자의 역할로 묘사하는 등 거의 외설에 가까운 작품을 내놓기도 했다.

장황한 요약과 설명을 늘어놓기보다는 이들 시 중에서 하나를 인용하여 살펴보도록 하자. 이것은 프로페르티우스의 시(ii, 15)와 같이 사랑의 절정에 대한 최고의 환희를 다루고 있다. 이 시는 프로페르티우스의 고상한 열정과 오비디우스의 기교적인 육체주의를 상호 비교하여 그 차이를 인지하는 데 있어서 어느 비평문보다 뛰어나다고 할 수 있다. 그 시는 다음과 같다(i, 5).

무더운 여름 날, 태양은 오후의 극점을 넘어갔고
나는 침대에 기대 앉아 있다.
창문은 부분적으로 닫혔다 열렸다 하고 있으며,
숲에서 반짝거리는 엷은 빛을 반사하고 있고,
황혼이 지면서 어슴푸레한 노을을 흩뿌리며,
어둠이 내리고 마치 새벽이 오지 않을 것처럼
짙은 적막을 내리깔고 있다.
하지만 이것은 정숙한 처녀에게는 매우 친절한 것이다.
즉, 그녀의 부끄러움을 감추어줄 수 있기 때문에.
코린나여, 어서 이리로 오라. 속옷을 입지 않은 채
너의 부드러운 머리결을 상아빛 목 뒤로 늘어뜨리면서,
사랑스런 숙녀 세미라미스처럼
그리고 모든 남성이 사랑하는 라이스처럼 말이다.
나는 그녀의 옷을 비록 얇은 속옷일지라도,

그리고 코린나가 그것을 거절한다 할지라도 하나씩 벗겨낸다.

비록 그녀는 저항하지만 — 계속 저항할 뜻이 없이 — 쉽게 자신의

팔을 늘어뜨리고 결국 나의 뜻에 굴복하고 만다.

이제 그녀는 내 눈 앞에서 아무것도 걸치지 않은 채 서 있으며,

나는 아무런 장애도 없이 그녀의 온몸을 샅샅이 살펴볼 수 있다.

그녀의 팔은 얼마나 아름다우며 어깨는 또 어떠한가!

그녀의 가슴은 한 손에 안아쥐기에 얼마나 탐스럽게 솟아올라 있는가!

허리 밑의 곡선미와 그 계곡은 얼마나 부드럽게 펼쳐져 있는가.

그녀의 허리선은 얼마나 율동미가 넘쳐흐르며

허벅지는 얼마나 호리호리한가!

그녀의 아름다움을 굳이 잴 필요가 있는가?

그녀는 완벽하다.

발가벗은 그녀의 몸을 내 것으로 만들어야겠다.

그 다음에는 무엇을 하냐고?

그것의 끝은 편안한 잠자리다.

오! 나의 황홀한 오후여!

모든 것을 종합해 볼 때, 이 《연애》 시의 경향은 오비디우스의 후기 걸작인 《사랑의 기술》과 매우 유사하다. 작가는 자신을 다음과 같이 표현하고 있다(ii, 1).

신랑을 얻고자 하는 소녀들은 반드시 내 시를 읽어야 한다.

그래서 애송이 청년들은 그들의 첫사랑의 감동을 느껴봐야 한다.

소녀들이여 이리로 와서 얼굴을 돌리고,

나를 인도하고 있는 밝은 '사랑'의 노래를 들어라.

《연애》(i, 8, 43)에서 오비디우스는 자신의 여성관을 요약하고 있다.

구혼자가 없다면 그녀는 아마 정숙했을 것이다.
그러나 그녀가 시골뜨기가 아니라면 스스로 구혼했을 것이다.

마지막으로 젊은 시인은 과감하게 자신의 바람을 표현한다(ii, 10).

군인들이 그들의 칼과 화살로 가슴과 얼굴을 베도록 하게 하자.
그리고 그 피로 영원의 영광을 얻게 하자.
구두쇠로 하여금 부를 위해서 사냥과 거짓말을 하도록 내버려두자.
타락과 부패의 물결을 그들의 배로 헤치고 나가도록 내버려두자.
비너스와의 사랑에 나른해지게 하소서.
내가 죽을 때
성행위 속에서 죽어갈 수 있도록 하소서.
그리고 내 친구가 나의 주검 위에서 울음을 터뜨리면서
이렇게 얘기하도록 하소서.
"그는 살아 있을 때처럼 그렇게 죽어갔다."

이러한 표현들은 사랑에 대한 오비디우스의 태도가 육체적인 탐닉주의에 빠져 있음을 보여 주는 것이라 할 수 있다. 그러나 실제로는 그렇지 않았다. 자신이 이야기하듯이 결혼을 세번이나 하였으며, 그것도 처음 결혼은 아주 어렸을 때의 일이었다. 그러나 그의 결혼 생활은 행복하지 못했으며, 귀족 출신의 젊은 미망인과 세번

째로 결혼했을 때야 비로소 행복을 느낄 수 있었다. 그가 《트리스티
아(Tristia)》(ii, 353)에서 주장하듯이, 우리는 어떠한 혼외 정사도
그에게서 목격한 적이 없다.

> 나의 가슴은 내 노래와는 사뭇 다르다, 나를 믿어달라.
> 나의 시가는 방탕할지라도 내 생활은 정숙했다.
> 대부분의 내 작품은 거짓이며 상상의 산물이고
> 그 작가보다 더욱더 음탕하다.
> 책은 반드시 영혼의 거울은 아니다.
> 그것은 솔직한 즐거움과 밝음 그리고 순수함을 가져다 준다.

우리는 이러한 주장의 진실성 여부를 판단할 만한 어떠한 자료도
가지고 있지 않다. 오늘날 모두 알고 있듯이, 강력한 성애적인 욕망
의 충족은 자주 도덕적인 측면과 상반되는 경우가 많기 때문에 그
러한 색욕이 다른 측면으로 승화되는 것에 보다 더 관심을 기울일
필요가 있다. 그리고 이러한 승화는 예술적 작품의 창조로 완성되
기도 한다. 오비디우스의 많은 천박한 시 구절은 바로 이러한 종류
의 정신적 필요성에 의해서 만들어졌음을 우리는 쉽게 추측해 볼
수 있을 것이다.

오비디우스는 《트리스티아》의 제2권에 있는 다소 긴 연가에서,
작가들이 가상의 상황에서 살인이나 다른 종류의 범죄를 저지르는
것을 묘사하고 있다는 것을 증명하기 위해 스스로 다른 시인의 작
품을 예시하고 있다. 현대의 심리학자들은 더 나아가, "만일 오비디

우스가 그러한 것들을 저지르고자 하는 강한 욕망과 싸우지 않았고 또 그것을 예술적 작품을 창조하는 것으로 승화시키지 않았다면, 이토록 인상적인 서술을 전개할 수 없었으리라는 점에서 그것은 사실이라 할 수 있다."고 이야기한다.

오비디우스 작품의 기본 성격

간단히 말해서 오비디우스는 자신의 첫번째 시에서 서술한 것 같은 음흉한 탐닉주의자나 방탕한 존재가 아니라, 실제로는 매우 다른 사람이었다고 추측할 수 있다. 그는 뜨거운 피가 끓는 젊은 로마인이었으며, 커다란 환희 속에서 한 시대를 살았고 여성의 심리를 깊이있게 이해하며, 천성적으로 생생한 성애적 상상력을 소유한 뛰어난 시인이었다. 만일 어느 누가 개인적인 경험의 결과 없이는 그러한 것들을 생생한 리얼리즘으로 서술할 수 없다고 주장한다면, 그는 아마도 예술의 진정한 본성에 대해서 아무것도 모르는 사람이라고 대답할 수 있다.

이밖에 오비디우스는 알렉산드리아의 시인들뿐만 아니라 카툴루스나 티불루스, 그리고 프로페르티우스 등과 같은 시인들을 자신의 모델로 삼았으며, 이는 쉽게 증명할 수 있다. 그러므로 오비디우스의 천성적인 성격이 성애적인 시에 정열적인 관심을 갖도록 했다는 단서를 전제로 한다면, 그의 성애적인 시는 단순히 상상의 유희에 불과하다는 그의 주장을 우리는 아마 받아들일 수 있을 것이라고 생각한다.

그러나 이런 종류의 위대한 오비디우스의 작품들은 우리가 이미 토론했던 것처럼 단순히 소년적인 유치함만으로 이루어진 것은 아니었다. 팔다무스는 오비디우스의 작품 《사랑의 기술》에 대해 다음과 같이 정확하게 지적하고 있다.

"오비디우스는 사랑의 기술에 대하여 완벽한 교본을 우리에게 제공하고 있다. 연인들은 마치 체스 게임의 두 사람과 같이 묘사되어 있다. 그들은 둘 다 게임에서 만족을 느끼며, 상대편의 약점을 찾아내어 '장군'을 부르는 데 그들의 정력을 집중한다."

그러나 오비디우스가 같은 장에서 많은 강조를 하며 이야기하듯이 이 작품은 결혼한 여자나 정숙한 소녀들을 위해서 쓰여진 것이 아니라, 경박한 여자들을 쫓아다니는 데 필요한 일정한 정보를 주기 위해서 쓰여진 것이라는 사실을 잊어서는 안 된다. 이 책은 좋은 아내를 선택하는 방법을 보여 주기보다는 즐겁게 즐기는 상대를 어떻게 사귀며, 정복하고, 즐기며, 관계를 유지하는가와 실수를 하지 않으면서 여자가 지루해하지 않도록 하는 방법을 보여 주기 위한 것이다. 이 책의 요점은 결국 순수한 에로티시즘이다. 여성을 즐기는 기술은 ― 솔직히 말하면 여성의 육체를 즐기는 기술은 ― 가능한 한 모두 다, 육감적으로 서술되어 있다. 아마 이 정도로 솔직하고 대담하게 고대인들의 성애적인 행위의 목표가 바로 성교의 기쁨에 있다는 것을 보여주는 고전 저술은 없을 것이다. 이것은 여성에 대한 심리학적 이해가 전제로 되어 있으며 그 시인이 제공하고자 하는 모든 재치있는 충고를 목적으로 하고 있다. 오비디우스가 오로지 한 명의 '친구'하고만 성관계를 맺는다고 시에서 표현하는데, 이 같은 그의 모든 토론, 조언, 경고, 권고들은 아마도 한 남자가 사랑하는 어떤 여자와도 관계를 맺었다는 식으로 이해하는 것이 확실할 것이다.

그러나 오늘날 이런 사랑의 교본은 비록 그 속에 많은 보석 같은 시와 진실한 휴머니즘이 포함되어 있다 하더라도, 우리에게 별로 좋은 인상을 심어주지 못한다. 이러한 불유쾌한 인상은 이 책의 전체적인 기조가 남성은 단지 성애적인 존재에 불과하며, 여성이 인생에서 남성의 중요한 협력자일 뿐더러 매우 영혼적인 존재라는 사실을 인정하지 않고 있다는 점에서 비롯된다고 할 수 있을 것이다. 오비디우스가 여성에 대해 이야기하는 모든 것은(폭넓은 개인적인 경험으로부터) 여성이 단지 남성에게 기쁨을 주는 존재이고, 극대한의 만족을 제공하는 대상으로 바라본다는 관점을 전제로 설명된 것이다. 시인은 여성이 동등하게 남성과의 성적인 생활을 분담하는 독립적인 정신적 존재라는 것을 망각하고 있다.

그렇다고 로마 사람들 전체가 관능적인 만족을 위해 성적인 행위를 즐겼고 여성이 남성의 노리개로 취급되었다고 비난할 수는 없다. 앞에서 언급한 태도는 오비디우스 자신의 것이었을 뿐이다. 바로 여기에서 오비디우스의 침착하고 성실한 결혼 생활과 천박하고 정교한 탐닉주의에 기초한 그의 성격과의 사이에 괴리가 존재한다. 그의 이러한 성격은 《연애》《사랑의 기술》에서 추론해 볼 수 있다.

이런 측면에서 오비디우스의 결혼 생활은 그가 원했던 것보다 성생활의 관점에서 보았을 때, 성공적이거나 즐거움을 갖지 못했다고 추측할 수 있다. 그렇기 때문에 충족되지 않은 강력한 그의 관능적인 천성에 현실적인 그 무엇을 공급하기 위해 이러한 책들을 저술하는 데 열중했다고 볼 수 있다.

우리는 로마의 문학사에 관한 일반적인 설명에서 다른 많은 시인들도 성애를 '오락'과 유사한 것으로서 언급하고 있으며, 앞의 두 시들도 이것들보다 더 뛰어나다고 할 수는 없다는 식의 해설을 자주 접해 왔다. 이것은 편리주의적인 해석에 불과할 뿐이므로 나는 이것에 동의할 수가 없다. 이런 시의 이면에서 살아 숨쉬는 천성에 의해서 강제된 시인의 생명력을 느낄 수 있으며, 이로 인해 현란한 철학적 논문보다도 우월한 《연애》와 《사랑의 기술》이라는 저술을 가능케 하였던 것이다.

사랑과 성의 지침서

사랑과 성에 대한 지침서인 《사랑의 기술》은 여러 현대적인 언어로 번역되기도 하였다. 우리는 여기서 이 책에 대하여 상세히 설명할 수는 없다. 그러나 독자들에게 그 배경과 성격을 이해할 수 있도록 약간 길게 인용해 보도록 하겠다. 첫번째 책은 한 여성이 사랑을 쟁취하는 과정에 대해서 설명하고 있다. 몇 구절만 옮겨 보도록 하겠다(i, 93 sq.).

마치 개미들이 입에 자그마한 먹이를 물고
일렬 종대로 길게 왔다갔다 하는 것처럼,
마치 향기로운 목초지를 날고, 백리향의 냄새와 풀잎,
그리고 꽃들을 스쳐 지나가는 꿀벌들처럼
남달리 아름다운 여성들은 투기장에 몰려든다.
그들의 숫자는 종종 많거나 적어질 수 있다.
그곳은 정직한 아름다움을 보고
또 보여질 수 있는 그런 운명적인 장소다.

다음에 시인은 전설적인 사비네인들의 강간에 대해서 생생하고도
약간은 과장되게 설명하고 있다(여기에 대해서는 리비우스가 보다
상세하게 설명했다). 오비디우스가 로마인들의 고전으로서 신성화
되어 있는 신화들을 어떻게 다루고 있는가에 대한 사례로서 중요한
의미를 가지고 있는 전체 문장을 인용해 보도록 하자.

사로잡힌 사비네인들이 외로운 남자들을 즐겁게 해 주었을 때
처음으로 로물루스는 서커스를 위험한 장소로 만들었다.
거기에는 대리석과 차일로 장식된 극장도 없었으며,
샤프란의 향기가 은은하게 날리는 무대로 없었다.
나무로 만들어진 궁전은 그 잎이 다 떨어졌으며,
아무런 장식도 없고 투박한 무대 분위기를 연출하고 있었다.
잔디를 깎아 앉을 자리를 만들고,
앉아 있는 젊은 로마인들은 잎사귀로 덥수룩한 머리를 덮어씌웠다.
그들은 주위를 둘러보고 각각 그들이 좋아하는 여성들을 점찍어놓고,
그들의 비밀스런 계획을 만들고 있었다.

투스카나의 피리 연주자가 연주를 시작하고,
동시에 무희들은 땅을 두드리며 춤을 추기 시작하였다.
박수 갈채가 울려퍼지는 속에 ―
예술적 감동 속에 박수를 치지는 않지만
계획의 책임자는 그 친구들에게 자신들의 뜻대로 할 것을 명령한다.
그들은 환희와 정열의 소리를 지르면서 앞으로 달려나가
조바심나는 손으로 자신들이 찍은 소녀들을 껴안는다.
독수리 앞에서 겁 많은 비둘기들이 흩어지는 것처럼,
마치 늑대 앞에서 어린 양이 날뛰는 것처럼,
소녀들은 열렬한 구혼자들로부터 도망치기 시작한다.
아무런 동요 없이 의연히 앉아 있는 사람은 아무도 없었다.
각각 표현하는 모습은 달랐지만 느끼는 공포는 모두 똑같았다.
어떤 사람은 자신의 머리를 쥐어뜯었으며,
어떤 이는 어리벙벙하게 앉아 있었고,
어떤 이는 어머니를 부르거나 조용히 순응하기도 하였고,
일부는 기절하거나 울음을 터뜨렸으며,
일부는 도망치고 일부는 남아 있었다.
이렇게 강간당한 소녀들은 곧바로 결혼하게 되었다.
매우 부끄러워하는 그녀들의 모습은 더욱 아름답게 보였다.
자신을 사로잡은 사람에게 심하게 저항하면,
그는 열정적인 팔로 그녀를 감싸안으면서 다음과 같이 말한다.
"왜 당신의 아름다운 눈을 값싼 눈물로 망치려 드는가?
당신의 아버지가 어머니를 가졌던 것처럼
나 또한 당신을 갖는 것 뿐이다!"
아, 로물루스여. 군인의 전리품으로 전락하였구나!
나도 그 군인처럼 전리품을 다오.

이로 인해 현재까지도 극장과 서커스는
사랑스런 소녀들에게 위험스러운 곳으로 알려지게 되었다.
조심하시길!

오비디우스는 소녀들의 사랑을 얻는 것은 매우 쉬운 것이라고 믿고 있었다(A. A., i, 271).

봄에 새들은 노래하지 않고,
여름에 귀뚜라미는 벙어리가 되며,
강아지가 산토끼로부터 도망을 치듯이,
기교적인 구혼자로부터 여자들은 도망을 친다.
마치 그녀가 뜻이 없는 것처럼 보일지라도
결국 그녀의 속마음은 그렇지 않을 것이다.

계속해서 이런 구절도 나온다(ib. 343).

이리로 와서 마음을 받아들여라.
당신은 모든 여성들을 정복할 수 있다.
만 명 중의 한 명이라도 당신을 거절하지 못할 것이다.
그들이 거절하든 거절하지 않든, 아마 당신이 바라는 것보다 더 많은
사랑을 받게 될 것이니.

사랑하는 연인의 개인적인 외모에 대해서 오비디우스는 재미있는
충고를 하고 있다(ib. 509).

남성들의 아름다움에서 의복은 무시하라.
청결함을 유지하도록 하고 갈색 피부의 건강함을 유지하라.
외투는 항상 말쑥하게 차려입고 얼룩이 들지 않게 하라.
말을 나긋나긋하게 하고 이는 항상 하얗게 빛나도록 한다.
신발은 항상 발에 꼭 맞는 것을 신어야 한다.
약간 어색한 머리 모양이라도 크게 신경 쓸 필요는 없다.
단, 능숙한 솜씨로 턱수염만은 말끔히 잘라야 한다.

오비디우스는 여성들에게도 그와 비슷한 조언을 들려준다(iii, 105).

신경을 쓰면 아름다워지지,
비너스보다 더욱 아름답다 할지라도 신경을 쓰지 않으면 소용이 없다.
우리의 어머니들이 아름다움을 무시할 수 있었다면,
그것은 우리의 아버지들이 무례했기 때문이리라.
그때는 소박한 시절이었다.
지금 로마는 정복한 세계의 보화들로 가득 차 있다.
남자들은 우아함에 눈이 멀고 — 그대 이발사의 끈질긴
관심으로부터 아름다움을 얻어내야 한다.
유행은 다양한 것. 거울에게 물어 그대를 가장 잘 장식해줄 수 있는
분위기를 선택하라.
얼굴이 좁으면 머리를 양쪽으로 땋고
동그스름한 얼굴에는 이마 위로 매듭 짓던 머리를 묶어
귀를 드러내는 게 좋을 것이다.

오비디우스는 계속해서 머리를 가꾸는 방법에 대해서 상세히 설

명하고 있으며, 여성들이 옷을 입을 때 자신의 머리색과 알맞은 색의 옷을 입을 것을 권고하고 있다. 또한 향수와 화장에 대해서까지 이야기하고 있다(iii, 209).

당신의 연인이 로션으로 뒤덮인 화장대를 보지 않도록 하라.
진정한 예술은 재료를 숨기는 것이다.

자연적인 결함을 감추는 것에 대해서도 소개하고 있다(iii, 263).

키가 작다면 앉아라.
그래도 드러내고 싶으면 서 있어라!
종종 길게 드러눕기도 하라.
기대어 서거나 당신의 다리에 씌워진 것을 벗어 던짐으로써
작은 키를 보충할 수 있다.
호리호리한 소녀들은 뻣뻣한 느낌의 천을 입고,
목부터 흘러내리는 느슨한 옷을 입어라.
얼굴빛이 창백한 소녀들은 분홍빛의 옷을 입어야 한다.

웃음이나 눈물까지도 교양 있고 기술적으로 연기하여 아름다움을 증가시켜야 한다(iii, 281).

믿어라, 웃음의 형태와 모습도 연구해야 한다.
웃음으로써 너의 우아함을 증대시킬 수 있다.
두 개의 보조개를 활용하여 너무 크게 웃지 말고
중간 정도로 밝게 웃어야 한다.

그리고 입술로 이가 드러나는 것을 막아야 한다.
너무 길게 웃어 주변의 사람들을 긴장시키지 말고
가볍고 여성스럽게 웃어라.
어떤 여성은 입을 비틀면서 기분 나쁘게 낄낄 웃거나,
어떤 사람은 마치 우는 것처럼 웃기도 한다.
도 어떤 사람은 말울음 소리처럼 밉살스럽거나,
제분소에 있는 불결한 원숭이처럼 웃는다.
예술은 모든 것의 여왕이다!
심지어 울음에도 지켜야 될 때와 장소와 예의와 기교가 있다.

걸음걸이는 아름다운 여성이라면 반드시 가지고 있어야 할 매우 중요한 기교이다(iii, 299).

우아하게 걷는 기교를 결코 무시해서는 안 된다.
당신의 걸음걸이는 전혀 낯선 사람을 사랑에 빠뜨릴 수 있다.
여성들은 우아하게 움직이면서,
마치 산들바람을 잡는 것처럼 외투를 살랑거리면서
당당하고 자신만만하게 걸어야 한다.
어떤 이들은 단정치 못한 농부처럼 거들먹거리며 걷거나,
대담하게 두 팔을 벌린 채 온길을 휘젓듯이 걷는다.
항상 온화하게 걸어야 한다, 항상!
어떤 이는 너무 촌스럽거나 또 어떤 이는 너무 세련되어 있다.

오비디우스는 남자에게 있어서나 여자에게 있어서나 세련미와 문화성에 커다란 중요성을 두었다. 그는 의심할 바 없이 그리스의 매

춘부들은 재치있고 교양을 잘 갖추었다는 것을 기억하고 있었으며, 그런 종류의 세련미가 이탈리아에도 도입되기를 간절히 바라고 있었다.

오비디우스는 남자들에게 이렇게 충고하고 있다(ii, 112).

몸을 아름답게 가꾸는 것만큼 재치를 훈련시켜라.
아름다움은 마치 계절이 지나가면 사라지듯이 덧없는 것.
인생이 끝나면 죽음이 찾아오듯이
이성과 교양으로 너의 영혼을 풍성하게 하라.
그리고 두 가지 이상의 언어를 익히도록 하라.

여성에 대해서도 마찬가지다(iii, 329).

칼리마쿠스에 대해서도 배워야 하며,
코안의 시인도, 늙은 아나크레온의 주정뱅이 노래도, 그리고 사포 ―
모든 가수 중에서 가장 방탕한 ― 도
주인과 노예의 모든 희극적 요소도 알고 있어야 한다.
프로페르티우스의 달콤한 노래도 읽어야 하며,
갈루스와 티불루스도 역시 알아야 한다.
바로의 피리수스와 그의 여동생의 슬픔에 관한 이야기와
이상한 금빛 양털에 관한 이야기,
추방된 아이네아스와 로마의 건국 신화,
라틴에서 가장 널리 알려진 시 등을 알아야 한다.

결국 오비디우스는 모든 여성들에게 춤과 노래, 그리고 다른 여러 종류의 놀이 기교를 익힐 것을 권유하고 있다. 그러나 그는 격렬한 논쟁이나 분노, 사나운 질투 등은 사회 생활에서 절대 용납될 수 없으며, 연인 사이의 관계에도 발을 들여놓게 해서는 안 된다고 충고한다(ii, 155).

> 아내들의 불평!
> 이는 그들이 결혼할 때 가져오는 필수품과 같은 것.
> 여인네들은 항상 즐거워하고 유쾌해야 한다.
> 단순히 잠자리만을 같이하는 사람으로서가 아니라
> 사랑의 힘으로 서로 어울려야 한다.
> 그녀가 재잘거리고 부드럽게 잡담을 할 수 있도록
> 만날 때마다 부드러운 말로 그녀를 행복하게 해 주어야 한다.

사랑에 있어서 속이기는 항상 정당화될 수밖에 없다(i, 611).

> 그대가 그녀를 사랑한다는 것을 보여 주어야 하며,
> 그대의 열정을 말하고, 그녀가 믿을 수 있도록 온갖 아름다운
> 언어를 구사해야 한다.
> 모든 여성들은 자신이 사랑받을 만하다고 생각한다.
> 비록 그녀가 매우 흉칙한 모습을 하고 있다 하더라도 자신을
> 매우 사랑한다.
> 겉과 속이 다른 사람일지라도 때로는 솔직해지면서
> 그가 추측하는 사랑의 감정을 느끼려고 노력한다.
> 그대의 사기꾼을 속여야 한다.
> 그러다가 그 맹세를 깨뜨릴 뿐더러 자신이 놓은 덫에

자신이 걸려 넘어지기도 한다.

　연인에게 위험한 순간이 나타나면 남자는 부끄러움을 집어던져야
한다(i, 663).

　능숙한 연인은 달콤한 말과 함께 입맞춤을 한다.
　따라서 그대도 그녀가 비록 받아들이지 않는다 하더라도
　이처럼 해야 한다.
　아마 처음에 그녀는 저항을 하면서,
　무례한 짓이라고 할 것이다.
　그렇다 하더라도, 그녀는 자신이 실패하기를 바랄 것이다.
　단지 이것만 조심하면 된다.
　지나치게 격렬히 키스하거나,
　그대의 야만스러움에 울음을 터뜨리지 않도록만 하면 된다.
　그리고 키스를 한 다음에 더 진척시키지 못한다면,
　차라리 하지 않느니만 못하다.
　확실히 키스는 가장 마지막으로 충족되어야 한다!
　거기에서 그만둔다면 그것은 정숙함이 아니라 우둔함일 것이다.
　여자들이 이것을 완력에 의한 것이라고 비난할지라도,
　그녀들은 이 완력을 좋아하며, 강제적으로 당하는 것을 즐겨한다.
　만일 비너스가 강압적으로 한 소녀를 소유한다면,
　그녀는 그것을 좋아할 것이며,
　기쁘게 이러한 무례를 받아들일 것이다.
　그리고 만일 열렬한 구애자로부터 소녀가 도망친다 해도
　외관상으론 행복해 보일지 몰라도 실제로는 슬픔에 빠질 것이다.

어디에서거나 오비디우스는 "사랑은 게으름을 증오한다."고 말하고 있으며, 종종 군대 내에 있는 군속들의 연애 사건과 비교하곤 한다(e. g. A. A., ii, 233). 오비디우스는 성실함을 별로 중요하게 여기지 않았다. 만일 어떤 여자가 불성실하다고 비난 받는다면, 그는 그녀의 남편을 비난하곤 했다(ii, 367).

> 당신이 그녀에게 불성실할 수 있는 시간과 장소를 제공하였다.
> 아마 불성실한 아내는 당신의 충고를 잘 따른 것일 게다!
> 무엇이 그녀를 그렇게 만들었는가?
> 남편이 없는 무도회의 손님처럼,
> 그리고 독수공방의 공포가 그렇게 만들었을 것이다!
> 그녀가 편안하고 공손한 사람을 찾게 된 것은
> 바로 남편에게 잘못이 있으며, 아내에게는 아무런 잘못이 없다.

오비디우스는 심지어 간통을 한 여자일지라도 그녀가 "남편에게 무시당하는 여자"였다면—그 당시 대부분의 경우가 그러했지만—용서를 하곤 했다. 이것이 남성의 도덕성에 관한 오비디우스의 관점이었다(ii, 387).

> 한 여성에게만 속박되라고 할 수는 없다.
> 그것은 신랑일지라도 불가능하니까.

그러나 질투심 많은 아내에게 들켰을 경우, 이는 매우 민감한 사안으로서 잘 처리되어야 한다고 오비디우스는 말하고 있다(ii, 391).

그대의 아내가 눈치채지 못하도록 모든 선물을 주어라.
간통하는 시간대를 매우 다양하게 변화시켜야 한다.
아내가 그대의 비밀을 알았을 경우를 대비해서
다양한 장소에서 정부를 만나라.
아내가 다른 곳에 한눈이 팔려 있을 때
그녀와 편지를 주고받아라.
그녀에 관한 어떠한 비밀이라도 발각되었을 경우,
그녀가 명확하게 알고 있다 할지라도 완강히 부정하라.
그대의 평상시 행동보다 부드러워지거나 온화해지지 않도록 주의하라.
그런 것들은 종종 죄악의 표시로 받아들여지기도 한다.
그녀를 안아줌으로써 그녀에게 평화를 주고,
거기에 온 정력을 다 바쳐라.
그녀를 껴안으면서 다른 사랑이 있다는 것을 모두 부정해야 한다.

오비디우스는 또 아주 심하게 다투었을 때도 성관계를 가지면 화해할 수 있는 것이 보통의 남성이라고 말한다(ii, 461).

전쟁이 시작되고 심한 분노가 오고가게 된다 하더라도,
포옹은 곧바로 휴전을 가져온다.

남자는 사랑하는 여인의 정부에 대해서 많은 관심을 기울여서는 안 된다. 이와 관련해서 오비디우스는 마르스와 비너스의 유명한 간통 사건을 상세하게 설명했다(ii, 561). 그 교훈은 가정을 유지하기를 바란다면 불성실한 아내에 대하여 감시자를 심어둘 필요가 없다는 것이다. 원래 의도와는 반대로, 비너스와 마르스는 간통이 들

통난 이후에는 아예 공개적으로 이전보다 더욱더 깊은 사랑에 빠져 들었다.

> 그들은 부끄러움이 살아 있을 때보다
> 더욱 자유롭게 간통을 하였다.

마지막으로 제2권과 제3권의 끝머리 부분에서, 작가는 성행위와 모든 전희적인 행동에 대해 의미심장한 충고를 던지고 있다. 이러한 시들로 인해 오비디우스는 그 명성을 후세에까지 떨치게 되었다. 현대의 도덕적 관점에 따르면 이것들은 시라기보다는 차라리 성애적인 지식을 얻는 교과서에 더욱 가까울 것이다. 이런 책을 길게 인용하는 것은 우리의 관심사를 벗어나는 일이다.

그 가운데 한 구절에서 오비디우스는 동성 연애를 다루고 있다(ii, 683 sq). 그러나 오비디우스는 동성 연애의 성애적인 즐거움이 서로간에 주고받는 것이 아니라 일방적인 것이라는 점에 그다지 큰 관심을 보이지 않았던 것 같다. 이러한 표현으로 미루어 로마의 시인들이 동성 연애에 대해서 냉정하고 부도덕적인 것으로 취급했음을 알 수 있다.

여기에서 오비디우스의 《사랑의 기술》에 나오는 몇 구절을 발췌해보도록 하자. 짧은 인용에도 불구하고 독자들은 아우구스투스가 고대의 엄격한 도덕적 규율이 무너지는 것에 대해서 긍정적인 평가를 하면서도, 실제로는 그 규범을 재구성하려고 시도했던 시기에 오비디우스의 이 작품들이 얼마나 큰 반향을 불러일으켰는지를 명확히 판단할 수 있을 것이다. 오비디우스는 때로는 자신의 작품이 경박한 여자의 문란한 사생활만을 묘사했다고 주장하는 등의 나약한 모습을 보이기도 하였다. 이 책은 즉시 베스트셀러가 되었으며, 아우구스투스의 결혼 문화 재구성 사업이 대중적 호감을 얻지 못하게 하는 데 결정적인 역할을 하였다.

오비디우스는 그의 작품 《사랑의 기술》에 대해서 일반인들이 전적으로 동의하지 않는다는 사실을 알고 있었다. 자신의 다음 작품 《사랑의 치유(Remedies for Love)》에서 ― 불건전하고 저속하며 어리석기까지 한 ― 다음과 같은 말을 한다(361).

    그들은 나의 시를 방탕하고 음란한 것이라고 비평함으로써
    나의 작품을 웃음거리로 만들었다.

오비디우스는 그러한 비평이 단지 트집을 잡는 것에 불과하며, 자신에게 아무런 영향을 끼치지 않을 뿐더러, 오히려 자신의 명성을 높이고 있을 뿐이라고 자위하기도 했다. 그러나 기본적으로 그의 《사랑의 치유》는 어떤 "양심의 가책이나 불편함" 때문에 저술하게 된 것처럼(리베크가 표현하듯) 보인다.

이 시의 기본적인 기조는 천박하고 때로는 익살맞을 뿐만 아니라 넌더리가 나기까지 한다. 작가는 자신의 연인을 육체적으로 더럽히는 것이 중요하다고 연인들에게 충고까지 하고 있으며, 자신의 연인 앞에서는 발기 불능이 될 정도로 다른 여성과의 성관계를 통해 자신의 성적인 힘을 모두 낭비하거나, 자신이 지긋지긋해질 때까지

연인과의 성관계를 지속하거나, 그와 유사한 음란한 행동을 계속할 것 등을 권유하고 있다. 오비디우스의 이러한 추잡한 작품에 대해서 길게 설명할 필요는 없을 것이다. 그것은 시라기보다는 성적인 생리학에 보다 근접해 있기 때문이다.

《변신 이야기》

오늘날까지 오비디우스의 작품이 읽히고 있고 세상에 널리 알려져 있는 것처럼, 이 다재다능한 시인의 가장 사랑스러운(?) 작품은 바로 《변신 이야기(Metamorphoses)》라고 할 수 있다. 이 작품들이 그리스의 전설적인 신과 영웅들로부터 유래된 성애적인 내용들을 소개하고 있으므로 보다 상세하게 언급하도록 하겠다.

오비디우스는 여기에서 상상력으로 가정할 수 있는 모든 상황과 성격의 묘사에서 생생한 설명과 사실적인 정확성, 그리고 설득력 있는 이야기 구성력 등에 있어 그의 능력을 유감없이 보여 주고 있다. 이런 방대한 분량의 작품을 상세하게 분석하는 것은 우리의 연구 목적이 아니므로, 몇가지 예를 통해서 작가가 작품 속에서 성애적인 이야기를 어떻게 효과적으로 전개하고 있는가만을 살펴보도록 하자.

월계수로 변한 다프네

《변신 이야기》라는 작품 속에 있는 풍부한 시들 중에서 우리의 교과서에 인용되어 있는 것은 거의 아무것도 없다고 할 수 있다(교과서의 편집자들은 오늘날까지도 도덕적인 고려로 인해서 성애적인 내용을 주장하는 시들은 싣지 않는 듯하다). 그러면 종종 그림과 조각품 속에서 표현되기도 하는 거드름피우는 다프네(Daphne)에 대한 아폴로(Apollo)의 사랑과 그 헛된 구혼에 대한 아름다운 이야기를 예로 들어보기로 하자(Met., i, 463 sq.).

큐피드는 그에게
"포이부스, 너의 화살은 모든 것을 꿰뚫을 수 있지만,
나의 화살은 너 자신에게 상처를 줄 수 있다.
모든 살아 있는 것들은 너의 신성함에 무릎을 꿇지만
너는 나에게 무릎을 꿇을 것이다!"라고 말하면서,
장밋빛 날개를 휘저으며 파르나르수스의 어둡고 신성한 꼭대기로
날아 올라갔다.
거기에서 운명적인 두 개의 화살 중 하나를 선택해야 한다.
그 하나는 사랑을 가져오는 화살이고,
다른 하나는 사랑을 버리는 화살이다.
하나는 금빛의 화살촉으로 장식되어 있으며,
또 하나는 단조롭고 차가운 느낌으로 만들어져 있다.
그 단조로운 빛의 화살은 다프네의 심장을 뚫고 지나갔으며,
다른 하나는 아폴로의 심장부를 정확히 꿰뚫었다.
그 길로 아폴로는 사랑에 빠졌으며,
그녀는 도망치게 되었다.
그녀는 숲속의 은밀한 곳을 좋아하여,
그곳에서 야생 동물들을 사냥하면서 지내곤 했다.
즉, 처녀 사냥꾼이 되었던 것이다.

리본을 단 그녀의 머리가 바람에 가볍게 흩날렸다.

많은 구애자들을 피하고,

남자를 싫어하여 아무런 인적도 없는 숲속을 외로이 방랑하면서

사랑과 결혼에 대해 전혀 신경을 쓰지 않으면서 살아갔다.

그녀의 아버지는 종종

"딸아, 얼른 네 남편을 구해 나에게 손자를 안겨줘야지."

하고 권유하기까지 했다.

그녀는 마치 결혼을 죄악처럼 피했으며,

겸손함에 얼굴을 붉히면서 아버지를 팔로 부드럽게 감싸며

"다이아나가 그랬던 것처럼 나도 평생을 처녀로 살게 해 주세요.

네, 아버지."라고 대답했다.

아버지는 허락할 수밖에 없었으나

그녀의 아름다움은 그녀를 홀로 놔두지 않았다.

포이부스는 그녀를 사랑했으며,

그녀의 남편이 될 수 있도록 해달라고 간청했다.

그러나 그의 신은 그를 받아들이지 않았다.

타작을 하고 난 이후의 밀짚처럼 날카롭게 화를 내던 그는

아침에 자신의 신전에다가 불을 질러 노여움을 달랬다.

신의 모습은 불 속에 점차 사라져갔으나

사랑과 헛된 바람은 점점 타오르게 되었다.

그는 그녀의 머리카락이 멋대로 흩날리는 것을 보고

"잘 빗겨지고 아름답게 꾸며졌구나!" 하고 탄성을 질렀으며,

그녀의 눈이 마치 샛별처럼 빛나고 있는 것을 보게 되었다.

그리고 그녀의 입술도

너무나도 작고 귀여운 손과 손가락 그리고 팔,

늘씬한 다리를 보고 또 감탄했다.

더구나 보이지 않는 곳은 더욱더 아름다워 보였다.

그러자 그녀는 산들바람보다 더 빨리 멈추지도 않고

도망치기 시작했다.

그는 그 뒤를 따라가며 소리쳤다.

"잠깐만, 요정님! 아무도 당신을 해치지 않아요. 멈추세요, 제발!

늑대 앞의 어린 양처럼

사자 앞의 강아지처럼

독수리 앞의 비둘기처럼 그렇게 도망만 가시는군요.

저는 당신을 사랑하는 사람이랍니다.

아! 죄받을 짓이지만 돌부리에 걸리거나

찔레꽃에 다리가 찔려 넘어져서라도 제발 멈춰주십시오.

당신이 달려가는 곳은 거치른 사막과 같은 곳이랍니다!

조금만 천천히 가시면 저도 보다 부드럽게 따라갈 텐데.

도대체 당신을 사랑하는 사람이 누군지 물어보기라도 하십시오.

저는 양치기도 아니고 등산가도 아니며,

털이 많은 시골뜨기도 아니랍니다.

급하게 달려가는 요정이여,

당신을 쫓는 사람을 알아보시고 제발 멈춰주십시오.

델포이의 땅도 클라로스, 테네도스, 파타라도 다 제 것이랍니다.

나의 아버지는 주피터이고,

저는 사물의 과거, 현재, 미래를 모두 알 수 있답니다.

그리고 그들의 운율을 노래하지요.

내 마음속에 들어온 모든 것은

나의 화살에 의해서 다른 그 어떤 것보다도

확실하게 수호해 주고 있답니다.

모든 치료약과 약품들을 내가 발견하였으며,

모든 풀들을 관리하는 구원자의 이름을 갖고 있답니다.

아! 그러나 어떤 치료약도

저의 사랑의 열병을 낫게 할 수는 없군요!

다른 것들을 구하는 것처럼 제 자신만은 구할 수가 없습니다."

그는 계속 말을 붙여보려고 노력하였으나

재빠른 요정은 멀리 사라져

결국 그의 구원은 실패하고 말았다.

바람에 날려 그녀의 옷이 벗겨지고,

그 옷이 산들바람에 부딪혀 밀착될 뿐더러

마치 날개같이 머리카락이 흩날리는 모습조차도

너무나 아름답게 보이고 있었다.

그녀가 달릴수록 아름다움은 더욱 커져갔다.

사랑에 불타는 신은 그렇게 이야기하고 나자 더욱 화가 치밀었고

용기를 더하여 한층 더 열심히 따라갔다.

사냥개 한 마리가 빈 공간에서 산토끼를 발견한 것처럼

개가 피를 보고 달려들듯이 목숨을 걸고 뛰었으며

개가 떡 벌어진 입으로 산토끼의 뒤에서 달려들어

왈칵 무는 그 순간에 그 턱이 자신을 물까,

아니면 그 포악한 입으로부터 달아날 수 있을까를 두려워하는 것처럼 어정쩡해하면서,

요정은 두려움에 떨고 있었고

그의 신은 추적을 계속하고 있었다.

그렇게 뒤따르는 신 때문에 그녀는 거의 쉴 수가 없었으며,

그녀의 날리는 머리결에 바짝 다가갈 정도로 가까이 접근하게 되었다.

힘을 거의 다 소진하게 되자,

그녀는 점점 기운이 빠지고

아폴로와 다프네
(로반니 로렌조 베르니니. 보르게세 미술관,
로마, 이탈리아)

격렬한 추격에 지치게 되었다.
그녀는 페네우스의 시냇물 신에게 소리쳤다.
"강물의 신이신 아버지시여! 저를 좀 도와주세요.
나를 괴롭히는 아름다움을 다른 것으로 바꿔주세요!"
그러자 사지가 점점 나른해지기 시작하였다.
그녀의 부드러운 가슴에 나무 껍질 같은 것이 생겨나기 시작하였으며,
그녀의 머리는 잎사귀로 변하고 팔은 가지로,
다리는 점차 뿌리로, 그리고 아름다움이 남아 있는 채로
얼굴은 나무의 꼭대기 부분으로 변하게 되었다.
그럼에도 신은 그녀를 사모하고 있었다.

그의 손은 나무 껍질의 촉감 아래로
그녀의 가슴을 느꼈으며, 나뭇가지에 자신의 팔을 뻗쳐
안고 또 입맞춤을 하였다.
그 나무는 움츠리면서 약간 뒤로 물러섰다.
"다프네여, 만약 나의 배우자가 될 수 없다면,
나의 나무라도 되어주시오.

나의 머리, 화살통, 수금 등을
모두 당신의 월계수 잎으로 화환을 삼으리다.
라틴계의 지도자들은 거리에 나서거나 수도에 들어가
승리의 큰 함성을 지른다고 하오.
아우구스투스는 자신의 광장 정문에
호위의 일종으로 참나무를 심어놓았소.
그러므로 나의 젊은 머리카락을 한번도 깎지 않고
항상 당신의 아름다운 잎사귀들로 장식하고 다니겠소."
신의 이러한 말이 끝나자, 새로이 만들어진 월계수는
그 가지와 머리 부분의 잎사귀를 가볍게 흔들고 있었다.

  이러한 이야기를 통해서 우리는 시인이 보여주고자 하는 두 가지
의 사실을 감지할 수 있다. 하나는 매우 높고 고상한 웅변술이며,
다른 하나는 《사랑의 기술》과 같이 여성의 아름다움에 대한 생생한
묘사다.

  요정 포모나
  이와는 대조적으로 자신이 원하는 대로 자유자재로 변할 수 있는
베르툼누스와 정원사의 요정 포모나에 대한 그의 구혼과 같은 아주
재미있는 이야기도 있다(xiv, 623 sq.).

  프로카스의 시대에 포모나라고 불리는 요정이 살고 있었다.
  자신의 정원을 돌보는 라틴계의 나무 요정으로서,
  과실수를 키워 그 열매를 따는 데 열중이었다(그녀의 이름도 거기에

서 유래되었다).

그녀는 평범한 나무나 강에는 관심이 없었으며

오로지 열매를 맺는 작은 유실수만을 좋아했다.

던지는 창을 전혀 사용하지 않고,

오직 고리 모양의 낫을 이용하여 옆으로 삐쳐나온

나뭇가지를 잘라내었으며,

나무를 잘라내고 접목을 시켜 나무의 수액을 마시기도 하였다.

나무를 한번도 말라죽게 하지 않았고,

시냇물을 틀어서 메마른 나무에게 물을 공급하였다.

오로지 여기에만 관심이 있었고 사랑을 피했으며

야비한 강간을 막기 위해 울타리를 치고

과실수 속에서 남자와 얼굴을 마주치지 않고 숨어 지냈다.

어떤 호색한이 가시 덮인 잎으로 둘러싸여 있고,

소나무로 덮여 있으며, 나이보다는 젊어 보이는

늙은 실레누스가 굉장한 허리살과 풀 베는 낫으로

약탈자를 위협하고 있는 이곳에 들어가 포모나를 잡으려고 하겠는가?

그러나 베르툼누스는 이런 것에도 아랑곳하지 않고 들어갔으며

결국 불행하게 되었다.

몇 해를 그는 거칠고 투박하게 곡식을 거두고 수확하였던가!

때론 잘 말려진 건초로

그의 신전을 장식하는 노동자의 역할도 하였다.

때론 마부가 말들의 안장과 멍에를 모두 벗겨놓아

울퉁불퉁한 손으로 직접 곡식을 운반하기도 하였으며,

고리를 들고 전정사의 일을 하기도 하였고

사다리를 사용할 때는 과수 수확자로,

검을 들 때는 군인으로,

막대기를 들 때는 낚시꾼으로 보이도록 일을 하였던 것이다.
이러한 고생을 함으로써 그는 그 정원에 들어가
자신의 사랑을 즐기고 획득할 수 있었던 것이다.

마침내 그는 늙은 노파로 변장하여, 미혼일 때보다 결혼을 하게
되면 어떤 이득이 오게 되는가를 노파의 경험적인 결과로 각색하여
포모나에게 이야기하기까지 하였다. 그 내용은 다음과 같다.

네 주위의 모든 구혼자들을 멀리하고 경멸하여라.
몇 천의 남자일지라도 반신반인이거나 신이라도,
그리고 알바 언덕의 모든 신성을 다 경멸하라.
만약 현명하게도 우아한 결혼을 하고 싶다면,
다른 사람보다도 더욱 너를 사랑하고 있는 내 이야기를 경청하여라
(네가 생각하는 것보다 더 너를 사랑한단다).
보통 구혼자를 버리고 '베르툼누스' 같은
녀석을 너의 반려자로 삼아라.
내가 너에게 그를 보증하마.
그 자신이 자기를 알고 있는 것처럼 나도 그를 잘 안단다.
그는 세상을 떠돌고 있는 것이 아니고 바로 여기에 있단다.
그는 너의 구혼자처럼
너의 항상 신선한 아름다움만을 사랑하지 않는단다.

그는 처음부터 끝까지
자기 생의 정열을 다 바쳐서 너를 사랑할 것이다.

이 같은 인상적인 연설에도, 그리고 변신한 신의 신화적인 얘기에도 불구하고 포모나는 아무런 동요도 없었다. 그러자 그는 젊고 눈부신 신성함으로 가득 찬 자기 본래의 모습으로 돌아와서 이렇게 말한다.

구름을 헤치고 맑게 타오르는 빛나는 태양처럼
그의 전지전능이 시작되고 그의 아름다움이 그녀를 압도하자
그녀는 그의 정열을 받아들였다.

이 인용문은 로마인의 웅변술을 훌륭히 보여준다고 하겠다.

신들의 사랑

이 다음의 내용은 고대 희극의 한 구절과도 같다. 질투심 많은 부인 유노와 이오와 연애하는 주피터가 그것이다. 신은 아주 사랑스런 소녀를 발견하게 되며, 그녀를 붙잡아 두고 사랑을 즐기기 위해 짙은 어둠으로 주위를 둘러싸게 한다. 항상 질투심 많은 유노는 부자연스럽게 두드러지는 땅 위의 어두운 부분을 얼핏 쳐다본다.

그녀는 남편의 바람기에 대한 오랜 경험으로 인해서,
자신의 배우자를 열심히 관찰하고 있었다.
그리고 그가 하늘에 없다는 것을 발견하였다.
"이것을 내가 폭로하지 않는다면 내 잘못이다."라고 하면서
땅 위로 내려왔으며, 어두운 구름을 걷어버렸다.
주피터는 그녀가 오는 것을 깨닫고

사랑스런 이오를 어린 황소로 변하게 하였다.

또 다른 예도 있다. 헤르메스와 사랑에 빠진 머큐리는 그의 연인이 올 때가 되면 젊은 로마의 신사처럼 말쑥하게 몸을 씻는다(ii, 731).

그는 자신의 아름다움을 잘 알고 있으며,
그것을 변조하지 않고 주의력과 깊은 사려로 고상하게 한다.
자신의 머리카락을 부드럽게 하고,
외투를 오른쪽에 우아하게 걸치며,
옷의 끝에 아름다운 술을 달고,
지팡이를 깨끗하게 닦아 사용하고,
자신에게 꼭 맞는 날개 달린 신발을 신곤 한다.

헤르마프로디토스 이야기
《변신 이야기》에는 연인에게 실연당한 요정 살마키스와 숙맥인 소년 사이의 결합으로 만들어진 남녀 양성을 다 가지고 있는 자웅동체의 인간에 관한 기묘하고 재미있는 이야기도 소개되어 있다. 이 얘기는 요약되어 전해져 내려오므로 산문 형식으로 인용해 보기로 한다. 이야기는 다음과 같다(iv, 288 ff.).

"물의 요정들은 머큐리와 신성한 키테레아에서 태어난 한 소년을 이다 언덕의 동굴로 데려왔다. 그 소년으로부터 어머니와 아버지를 추측해 보는 것은 쉬운 일이다. 그의 이름이 헤르메스와 아프로디테에서 딴 헤르마프로디토스(Hermaphroditos)이기 때문이다. 그는 열다섯 살이 되자 조상 때부터 살아왔고 자신을 돌보아준 이다 언덕을 버리고 떠나 알려지지 않은 지역과 산천을 행복하게 돌아다니게 되었다. 그의 열정은 지칠 줄을 몰랐다. 그가 카리안의 이웃인 리키아에 도착했을 때였다. 거기에서 그는 물이 맑아 바닥까지 훤히 들여다 보이는 연못을 발견했다. 그 속에는 갈대 늪 같은 것도 없었으며, 황량한 모래 식물이나 파피루스 같은 것도 없었고 물은 수정처럼 맑았다. 호수 주위에는 잔디가 멋있게 깔려 있었고, 상록수가 심어져 있었다. 거기는 바로 어느 요정의 집이었다. 그녀는 화살을 쏘거나 사냥을 하거나 경주를 즐기지도 않았다. 그녀는 민첩한 다이아나에게 알려지지 않은 유일한 물의 요정이었다. 그녀의 자매들은 자주 '살마키스, 창과 화살을 잡고 하릴없이 보내는 시간들을 사냥을 하면서 먹고 살아야 될 것 아니야.'라고 충고하곤 했다. 하지만 결코 자신이 창과 화살을 잡고 사냥을 하지는 않았다. 연못에서 사랑스런 몸을 씻거나 머리를 빗고, 자신의 아름다움을 가꿀 그런 물을 찾아다녔다. 그리고 투명한 긴 옷을 입고 낙엽이나 부드러운 잔디 위에서 휴식을 취하곤 했다. 때론 꽃을 꺾어 들면서 그녀가 처음으로 그 소년을 보고 사랑을 느낄 때도 이와 같이 행동했다."

"그러나 그녀는 직접 달려가고 싶었지만 자신을 아름답게 가꾸고, 옷매무새를 다듬고, 아름다울 정도로 어울리는 인상을 갖추고 나서야 그에게 다가가서 말을 걸었다.

'당신은 신처럼 귀공자 티가 나는군요. 만일 당신이 신이라면 아마 큐피드일 겁니다. 인간이라면 당신의 어머니나 아버지, 당신의 형제, 여동생이 있다면 그녀가, 당신을 길러준 보모 역시 당신의 아름다움으로 인해 매우 축복을 받았을 것입니다. 그러나 만일 당신이 약혼을 했거나 결혼할 생각이 있다면, 아마도 당신의 신부가 가장 행복해할 겁니다. 만일 아내가 있다면, 나를 당신의 정부로 삼아주세요. 만일 총각이라면 결혼식에 함께 입장할 수 있게 해주세요.'

그리고 요정은 말을 잇지 못했다. 그 젊은 친구가 얼굴을 붉혔기 때문이다. 그는 사랑에 대하여 아무것도 모르고 있었다. 그러나 빨갛게 달아오른 얼굴이 그의 미모를 한층 더 아름답게 만들었다. 요정은 그를 한번 더 쳐다보고 나서 입맞춤을 하고 싶어졌다. 그녀는 팔을 들어 그의 흰 목 위에 걸쳤다. 그러자 그가 소리쳤다.

'당장 그만둬요, 그렇지 않으면 당신과 이 땅을 떠나버리겠어요.'

요정은 두려워하면서 중얼거린다.

'이 땅은 당신 거니까 마음대로 하세요.'

그리고 뒤돌아 물러서면서 그 소년을 힐긋힐긋 쳐다보았다. 자신의 몸을 수풀 뒤로 숨기고는 더 자세히 쳐다보면서 무릎을 꿇고 말았다. 혼자 남게 되었다는 생각이 들자 소년은 어린아이처럼 여기저기 뛰어다니기 시작했으며, 재미있다는 듯이 물속에 발을 담그기도 했다. 얼마 안 되어 물의 따뜻함과 부드러움에 매료되어 자신의 옷을 벗어 던지고 물속으로 들어갔다. 그 소녀는 소년의 발가벗은 몸의 아름다움에 놀라움을 감출 수 없었으며 한 순간에 감동을 받았다. 그녀의 눈은 맑은 수정에 반사된 태양빛처럼 불타올랐다. 그녀는 황홀하여 미칠 지경이었으며, 자신의 욕망을 억제하기가 매우 힘들 정도였다. 그 소년의 몸을 껴안고 싶어 견딜 수가 없었다. 그런 소녀의 열망에 아랑곳하지 않고 소년은 종려나무 잎사귀로 자신의 몸을 두드렸으며, 물속에 자맥질을 하고 팔을 뻗쳐 수정 같은 물속에서 헤엄을 치며 놀았다. 이것은 마치 푸른 잔디 위에 하얀 백합이나 상아빛 물체가 뛰노는 것처럼 보였다. 바로 이때 요정은 '그래! 그는 내 거야!' 라고 소리치며, 옷을 모두 벗어 던지고 저항하는 소년을 붙잡고 강제로 입맞춤을 했다. 손으로 그를 만지고 그의 가슴을 애무했으며, 계속 몸부

림치는 그를 가능한 모든 수단을 다 써서 껴안았다. 결국 요정은 달아나려는 소년을 완벽하게 에워쌀 수 있었다. 마치 뱀이 독수리를 휘감듯이, 높은 나뭇가지 위에 상아를 감아놓은 듯이, 그리고 바다 밑에서 여러 개의 팔로 뚱뚱한 적을 감싸버리는 낙지처럼 말이다."

"헤르마프로디토스는 끈질기게 저항했다. 요정이 열망하는 그 즐거움을 그는 거절했다. 그러나 그녀는 그를 놓아주지 않았다. 그녀는 몸 전체로 그를 휘감고 찰싹 달라붙은 채 이렇게 말했다.

'무심한 친구야! 너는 방어하려고 하지만 결코 나를 빠져나갈 수는 없어. 오, 신이시여! 그가 결코 나를 떠나지 않도록 하옵시고, 저 역시 그를 버리지 않도록 하옵소서!'

신은 그녀의 소원을 들어주었다. 두 개의 몸이 하나로 합쳐져, 본래의 모습은 찾아볼 수가 없었다. 작은 가지들이 똑같은 조각의 나무 껍질에 휘감겨 하나의 가지로 성장하는 것처럼 그들의 사지는 점차로 밀착하여 하나로 변해갔다. 거기에는 이제 두 사람이 존재하는 것이 아니라, 두 개의 성을 가진, 그래서 남자라고도 여자라고도 불리기 어려운 한 인간이 탄생한 것이다. 이제 그들은 더 이상 떨어질래야 떨어질 수가 없었다."

"그러나 헤르마프로디토스는 자신이 그 연못 속에 들어갈 때는 남자였으나, 그 후에 반이 여자가 되어버린 것을 깨닫고 두 팔을 뻗쳐 두 개의 목소리로 소리쳤다.

'어머니 아버지시여! 당신 아들의 소원을 들어주소서. 이 연못에서 목욕을 하는 어느 누구라도 반은 여자로 만들어버리시고, 이 물에 접촉하는 누구라도 여자 같은 성격으로 만들어주십시오.'

그러자 그의 부모는 그 양성 아들의 소원을 들어주었고 그 연못에 무서운 능력을 부여하였다."

헤르마프로디토스의 신화를 다루는 것만큼 오비디우스의 양성적인 성향을 명확하게 보여주는 시는 없다. 이 신화는 그 기원보다 실제로 훨씬 더 오래 되었다. 오비디우스는 기본적으로 여성들에게 다정다감해 보일지라도, 동성 연애적 경향으로부터 완전히 자유롭지는 못했다.

나르키수스 이야기

성 심리학과 성 생리학을 배우는 현대의 학생들은 매우 중요한 특징 중 하나로 자기 자신을 사랑한 나르키수스(Narcissus)를 발견하게 될 것이다. 이 나르키수스 신화는 정말로 오래된 신화로서 일반화된 심리학적 사실에 대한 공통의 인식에 기초해 있는데, 자기 어머니를 사랑하여 아버지를 죽인 오이디푸스와 같은 성 경험에서 발생했다고(현대의 심리 분석가들은 충분히 이를 증명할 수 있다고 한다) 알려져 있다. 결국 이 나르키수스의 신화는 "이 같은 에고를 밖으로 투시하여 본다면 성적인 욕망의 대상으로서 선택된 것이다."라고 하는 것을 알려주고 있다[Kaplan, 《심리 분석학의 개요 (Outlines of Psychoanalysis)》(1914), 209].

오비디우스는 그 신화를 매우 매혹적으로 다루었다. 이 이야기의 전체적인 개요를 알 수 있는 몇 개의 구절만 인용해 보기로 한다 (iii, 344 ff.).

나르키수스는 어릴 때부터 요정이 그의 아름다움에 반할 정도였다. 그가 어릴 때 한 예언가는 그의 운명을 이렇게 예견했다.

"어린 친구는 만일 자기 자신을 보지 않는다면 원숙한 나이까지 살
수 있을 것이다."

이 수수께끼 같은 문장 속에서 우리가 오늘날 나르시즘이라 부르
는 것이 무엇인지에 대한 진정한 의미를 명확하고 의미심장하게 발
견할 수 있다. 이러한 자아 도취자들은 거의 전적으로 자신만을 돌
아보며, 그가 사랑할 수 있는 다른 모든 가능성들을 완벽하게 무시
한다.

오비디우스는 다음과 같이 말하고 있다.

나르키수스가 한 살을 더 먹어 열다섯 살이 되자,
이제 어엿한 청년의 모습을 갖추게 되었다.
그를 선망하는 많은 남자와 여자들은
그의 부드러운 아름다움에 매료되었으나,
그 어느 누구도 그러한 아름다움을 가지지는 못하였다.

요정 에코(Echo)는 그를 보자마자 사랑에 빠지게 된다.

황량한 들판을 거닐고 있는 나르키수스를 보았을 때,
그녀는 사랑을 느꼈으며, 그의 뒤를 따르기 시작했다.
아주 여러 번 기꺼이 그에게 다가가서 구혼하고
감미롭게 사랑을 간청하려고 하였다.
그러나 자연스러운 기회가 주어지지 않아 에코는 시작도 할 수가 없
었다.

그녀는 자신에게 그가 먼저 사랑의 말을 건네오기를 기다렸다.

언젠가 나르키수스가 그의 친구를 쳐다보면서 소리쳤다.

"거기 누구야?"

그때 에코는

"저예요"

하고 대답했다.

그런 일이 있고 난 다음에, 그녀는 그가 중얼거리는 것을 따라하는 방식으로 그를 찝쩍거리며 괴롭히다가 결국은 감정을 못이기고 그의 목을 끌어안고 말았다.

그는 당황해 도망치면서 소리쳤다.

"그만, 중단하지 못해!

내가 만일 죽어서 썩어 없어지면,

그때 가서야 나를 소유할 수 있을 거다!"

이에 대해 정신과 의사들은 "이 젊은 친구는 사랑을 억누르고 있다. 시인이 여기에서 표현하듯이, 그는 자신의 사랑에 대한 최초의 감성적 느낌으로부터 도망치고 있는 것이다."라고 말할 것이다. 오비디우스는 사건의 전개에 대하여 나름대로의 논리적 결론을 내리고 있다.

그는 에코를 조롱하였으며,

산과 강들의 다른 요정들뿐만 아니라

그를 사랑했던 남자들까지 조롱했다.

그가 비난했던 어떤 사람은 그를 저주하며, 하늘에 기원했다.

"그가 만일 사랑에 빠진다면,

그 사랑이 그를 속여 현혹되게 하소서!"

이 기원자의 소원처럼

실제로 그의 운명은 그렇게 되고 말았다.

　오비디우스는 자아 도취에 빠진 그에 대한 저주를 전체적으로 이야기하고 있다.

어느 곳에 밝고 투명한, 그리고 은빛같이

빛나는 샘이 흐르고 있었으며,

이곳은 양치기 소년도 산양들도 가축을 다루는 목동들도

한번도 접해본 적이 없는 곳이었다.

또한 어떠한 야생 동물이나 새들도 그곳에 범접하지 못했으며,

나뭇가지 하나도 떨어지지 않았다.

주위에는 그 샘물을 먹고 사는 늘 푸른 잔디가 깔려 있었고,

나무들은 작열하는 태양으로부터 그곳을 지켜주고 있었다.

바로 이곳에 사냥에 몸과 마음이 지쳐 있는 한 소년이

휴식을 취하기 위하여 여장을 풀다가,

그 아름다운 샘물에 매혹되었다.

그의 갈증은 물로써 가라앉힐 수 있었으나,

다른 것에 갈증을 느끼게 되었다.

그는 자신의 아름다움을 보고 황홀경에 빠지게 된 것이다.

형체가 없는 꿈과 같이 자신의 그림자를 사랑하게 된다.

신기한 눈초리로, 아무런 움직임도 없이
파리안의 돌로 만든 열중하는 조각상처럼 자신을 쳐다보았다.
그는 물에 비친 자신을 바라보면서,
마치 별같이 빛나는 자신의 눈동자와,
아폴로의 머리결처럼 밝고 귀족적인 머리카락,
부드러운 볼과 상아빛의 목덜미를 겸비한 사랑스런 얼굴,
그리고 하얀 눈 위에 진홍빛의 물감을 섞어놓은 것 같은
피부빛에 매료되고 말았다.
그는 자신의 신비한 사랑스러움에 감동되었다.
그는 그 자신을 원하게 되었으며, 자기의 연인으로 삼고자,
구혼을 간청하며, 자신의 열정을 불태웠다.
부질없을지라도 얼마나 자주 그 물에 입맞춤을 했던가!
비록 잡을 수는 없었지만 그 샘물에 손을 넣어
그의 목을 껴안으려고 얼마나 많이 노력했던가!

결국 자신의 환영을 사랑했을 뿐이라는 사실을 깨달았으나 그래
도 "그는 자기가 원하던 바로 그런 사람이었다."고 생각한다. 그는
이제 "사랑하는 그 자신의 몸으로 돌아가려고" 했다.

이상한 사랑의 희망이여!
나의 사랑하는 사람이 나를 떠나가기를 바라는구나!
나의 모든 육체적인 힘은 심신의 고통으로 점차 희미해지고,
내 인생은 이미 오래 전부터 나약해졌다.
만일 죽음이 나의 슬픔을 끝낼 수 있다면,
아마 잔인한 것은 아닐 것이다.

그리고 그는 죽었다.

노란 양초가 자그마한 불꽃 앞에서 용해되듯이,
점차 강렬하게 불타오르는 태양빛에 아침 서리가 녹아내리듯이,
사랑의 힘이 그를 점차 시들게 하여,
은밀한 사랑의 열병은 그를 침식하게 된 것이다.

그가 죽은 자리에서 "하얀 잎으로 둘러싸인 노란 수선화"가 피어
났다. 이것이 바로 나르키수스다.

사랑의 독백

연인과 사랑에 빠진 여성의 마음 상태와 변화를 꿰뚫어 볼 수 있
었던 오비디우스의 뛰어난 식견은 메데아에게 보낸 독백에도 잘 나
타나 있다(vii, 12).

바로 이것을, 혹은 이와 유사한 그 무엇을
우리는 사랑이라고 부른단다.
왜 나의 아버지의 명령이 너무 지나치게 보이는 것일까?
바로 사랑이 깔려 있기 때문이다.
매우 짧은 시간 동안밖에 떨어져 있지 않았는데
왜 그의 삶이 걱정이 되는 것일까?
할 수만 있다면 너의 소녀적인 가슴에서 사랑의 불꽃을
아예 없애버려라, 불쌍한 소녀여.
내가 보기에 가장 좋은 방법은 그것을 인정하고

고통이 따를지라도 따라가는 것이다.

공주여, 왜 외국인을 사랑하느냐?

다른 세상에서 살았던 사람과 결혼하려고 그러느냐?

너의 나라에서도 연인은 얼마든지 구할 수가 있다.

한편, 그를 죽이고 살리는 것은 신에게 달려 있단다.

하지만 결국 그는 살아 돌아올 것이다.

그런 기도는 사랑에 별로 필요하지 않단다.

도대체 그가 무슨 죄를 저질렀단 말이냐?

야손의 젊음, 고상함, 용기 등에도 감동받지 않는 사람이 있느냐?

또 그의 미모는 어떠하고?

그의 다른 장점이 중요한 것이 아니다.

나의 마음이 움직이는 것이 중요하다.

나는 기도하는 것보다는 행동하기를 더 좋아한다.

내가 아버지의 왕국을 팔아,

잘 알려지지 않은 외국인을 죽음에서 구해내고,

거친 풍랑으로부터 그의 항해를 안전하게 지켜주었음에도

야손이 다른 사람을 사랑한다면

메데아는 무척 고통스러워하겠지?

만일 그가 나를 떠나 다른 사람을 사랑한다면,

그런 은혜를 모르는 배은망덕한 녀석은 죽어야 한다!

그러나 그의 얼굴이 귀족적이고,

우아한 성품과 신비로운 아름다움을 가지고 있다면

사기와 후안무치에 대한 나의 분노는 잠시 유보될 수도 있다.

그리고 그는 자신에 대하여 서약을 해야 한다.

신의 이름과 증명으로 우리의 동의를 받아야 한다.

모든 것이 안전하다. - 왜 두려워하는가?

그리고 기다리게 하지 마라.
야손은 너에게 모든 것을 약속할 것이고,
가능한 한 빨리 신성한 결혼식을 올려라.
그러면 그리스에 있는 많은 어머니들은
아마도 너를 구원자라고 부를 것이다.

　결국 메데아는 연인인 야손에게 의심을 품는 잡념을 버리게 되었고, 사랑의 눈으로 야손을 바라볼 수 있게 되었다. 오비디우스가 이야기하듯이 그녀의 마음속에 있는 "정직성, 어버이 같은 사랑, 그리고 정숙성"에 대해서 자신의 연인이 서약할 것을 놓고 둘은 대립 상태에 들어갔던 것이다. 이처럼 강한 욕구가 사랑을 깨뜨리는 것처럼 보일지라도, 결국 사랑의 힘은 서약을 쟁취하여 원래의 상태로 되돌아가게 한다.

그를 보자마자, 죽어가던 불꽃이 되살아났다.
그녀의 볼은 진홍빛으로 붉어졌으며,
얼굴은 뜨겁게 달아올랐다.
자그마한 불꽃만 일으켜도 모든 것이 재로 뒤덮여 버릴 것 같고,
스쳐 지나가는 산들바람으로부터 힘과 열정을 얻은 것처럼,
메데아의 핏기 없고 창백한 얼굴은 야손의 아름다움에 힘을 얻어
이제 다시 생기가 돌기 시작했다.
그는 그녀가 원했던 것보다 훨씬 더 미남이었으며,
그날은 너무 미남이어서 그의 연인을 비난할 수 없을 정도였다.

이미 오래 전에 에우리피데스에 의해서 연극화되었던 메데아의 이야기는 오비디우스에 의해 비극으로 각색되기도 했으나, 불행하게도 우리에게 전해 내려오지 않는다. 그가 역사에 기록되고 상당히 중요한 그 무엇을 완성할 수 있었음에도, 여성의 가슴 깊숙이 존재하는 심리적 현상에 대한 연극적 작품화에 커다란 노력을 기울이지 않았다는 것은 매우 유감스러운 일이라 하겠다. 그러나 《변신 이야기》에는 연극의 일정 부분에서 사용되는 여성의 독백이 상당히 포함되어 있다.

이와 유사한 것으로 오비디우스는 자신의 《영웅들(Heroides)》에서—연극이나 웅변의 형태로—사랑에 빠진 여성들의 정신적 현상에 대한 묘사를 시도하고 있다. 그 속에는 예를 들어, 아이네아스가 버린 연인인 디도가 그에게 보낸 편지라든가, 파이드라가 히폴리투스에게, 메데아가 야손에게 보내는 등의 편지가 포함되어 있다.

이러한 상상의 편지는 오비디우스 자신이 에우리피데스, 소포클레스, 베르길리우스 같은 그리스와 로마의 모델들에 대한 사려깊은 학습에 기초한 자신의 본래적 능력에도 훨씬 못 미치는 졸작이라고 일컬어진다. 이것들은 실제로 쓰여진 것이 아니고 임시적으로 연극에 사용될 일종의 습작처럼 보여진다. 하나의 예를 드는 것만으로도 족할 것이다.

파이드라의 비극적 사랑
순결하고 냉정한 그녀의 의붓아들 히폴리투스와 사랑에 빠진 파이드라의 비극은 에우리피데스와 라신느에 의한 처리로 유명하다.
오비디우스는 자신에게 전달하듯이 그녀를 표현하고 있다(Her., iv, 7 sq.).

말을 하려고 하는 순간 어쩔 수 없이 멈춰버리고,
그 순간 모든 단어는 나의 혀 속에서 굳어버렸다.
바로 이 때 가능하다면, 그 부끄러움과 열정을 대비시켜라!
그러면 열정은 도대체 뭐가 부끄러워 말을 못하느냐고 할 것이다.
열정이 이렇게 명령할진대, 누가 이에 순종하지 않을 것인가?
열정은 왕이며, 신도 다스릴 수 있는 것이다.
내가 주저할 때, 열정은 명령한다.
"기록하라! 아무리 강철 같은 사람일지라도 결국은 녹아내리고
말 것이다."
사랑의 신은 나에게 불꽃을 천천히 태우고 있다.
이제 그는 갑작스런 화살로 당신의 가슴을 꿰뚫을 것이다.
결혼 생활을 깨는 것은 결코 방탕한 일이 아니다.
주위에 물어보아라,
내 이름과 관련하여 어떠한 스캔들도 발견할 수 없을 것이다.
사랑은 천천히 그리고 강력하게 찾아온다.
이제는 내 마음의 은밀한 곳에서 그가 살아 숨쉬고,
아무도 모르게 내 마음에 상처를 입히고 있다.
황소에게 처음으로 멍에를 씌울 때
그의 어깨에 상처를 입힐 수밖에 없듯이,
길들여지지 않은 말은 그 멍에 조각을 몹시 싫어하듯이,
나의 익숙하지 않은 마음은
마음속에 새로운 열정이 타오르는 것을 증오하기까지 한다.

또한 나의 모든 정신은 어려운 사랑을 거부하고 있다.
사랑은 어릴 때일수록 가벼운 책임이 따르지만,
나이가 들수록 그것을 시작하기가 더욱더 어려워진다.
당신이 내 사랑의 최초의 성과물을 갖게 한다면,
우리의 원죄를 저지르는 즐거움을 나누어 갖는 것이 될 것이다.

그녀는 자신의 종족이 기괴한 사랑을 하도록 운명지워졌다는 생각을 함으로써 스스로를 위로했다.

아마도 사랑은 내가 물려받은 채무인 것 같고,
비너스는 우리 민족에게서 일종의 공물을 받고 있는 것이다.
나의 가족은 주피터와 황소를 닮은 유로파의 사이에서 생겨났다.
그리고 파시파이는 그 황소를 배반하였고
나의 어머니는 그녀 자신의 불륜으로 고통을 당하였다.

파이드라는 히폴리투스를 보는 순간 거대한 사랑의 힘에 압도당하게 된다.

바로 그 순간 이후 내가 당신을 사랑하고 있음을 알 수 있었다.
열정이 내 마음의 가장 깊은 곳에서 서서히 움직이기 시작했다.
당신은 하얀 옷을 입고,
꽃으로 장식된 화환을 머리에 두르고,
햇볕에 그을린 불그스름하고 밝게 빛나는 얼굴을 하고 있었다.
그 얼굴을 다른 사람들은 매정하고 야만적이라고 부를지 모르지만,
결코 그렇지 않았으며,

파이드라에게는 용맹으로 보였다.
마치 여자처럼 모양을 내는 젊은 친구들은 모두 멀리 사라져라.
절제 있는 우아함만이 남성을 만든다.
소박하고 유행에 관계 없이 머리를 다듬고,
적당한 운동을 하는 것이 당신을 훌륭하게 만들 것이다.
아! 당신의 사랑하는 종마의 목을 가볍게 구부리게 할 때,
링에서의 맵시 있는 승마 기술을 나는 사랑하며
아주 건장한 근육을 통해 창을 휘두를 때의 당신은
그 용기와 건강함이 나의 시선을 매료시키고,
쇠촉으로 만들어진 투창을 집을 때
당신이 하는 모든 행동은 나의 눈을 기쁘게 합니다.
숲속에서 당신이 피로를 풀 때
당신의 창과 건강함으로 나를 사라지게 하지는 마소서.
왜 하필 다이아나(수렵의 수호신)는
이처럼 대담한 예술을 전개하도록 하여,
비너스의 필수적인 권리인 사랑을 약탈하려는 것일까?

파이드라는 그녀의 남편 테세우스가 자신을 거의 돌보지 않는다는 불평도 덧붙이고 있다.

테세우스는 아주 오랫동안 집을 비우고 있다!
그는 페리토우스의 집에 머물고 있다.
테세우스는 — 우리가 부정한다 하더라도 이것은 사실이다 —
파이드라보다는 페리토우스를 더 좋아한다.
당신은 이러한 아버지를 존경할 수 있는가?

그가 잠자리를 박차고 나간 것이 그 혼자만의 행동이었는가?

의붓아들과 의붓어머니의 사랑을 금지해놓고,

차차 항렬에 따르지 않는 이름들이 증가하게 되는 것은

당신을 매우 공포스럽게 만든다.

명예를 중시하는 이 같은 엄격함은 곧 폐지될 수밖에 없으며,

사투르누스의 황금 시대에도 이는 어리석은 것으로 취급되었다.

한편 주피터는 근친상간을 정당화함으로써

모든 종류의 사랑을 명예롭게 즐기기도 하였다.

만일 비너스가 자기 스스로의 힘으로 가족 관계를 고정시킨다면

그것은 더욱더 단단히 고정될 것이며,

그렇지 않고 보다 가볍고, 비밀스럽게 처리된다면

혈연 관계의 이름은 우리의 일상적인 범죄 속에 묻혀버릴 것이다.

연인이 하는 입맞춤을 본 사람이라면 어느 누구라도

마치 의붓어머니가 진짜 의붓아들에게 하는 입맞춤 같다고

이야기할 것이다.

바람을 피우는 남편에게 문을 쾅 닫고

더 이상 화를 낼 필요가 없으며,

어둠 속에서 그가 돌아오기를 걱정하면서

얼간이처럼 서 있을 필요도 없다.

하나의 집이 우리에게 있고, 우리가 아직 소유하고 있으니까.

네가 나에게 종종 입맞춤하듯 계속 그런 관계가 유지되고 있다.

나는 너를 편안하게 안아 줄 것이며,

설사 네가 내 침대에서 발각된다 해도 범죄는 영예로운 것이다.

더 이상 머뭇거리지 말고 우리의 의견에 따르라.

그가 나를 학대했던 것만큼 나의 사랑을 나누어 줄 것이다!

나는 당신이 겸손하게 간청하는 것을 꾸짖지는 않을 것이다.

차라리 비굴한 자존심과 오만함을 나무라야 할 것이다!

내가 범죄자로 몰리는 것에 굴복하기보다는

당당하게 맞서 싸울 것이다.

사랑은 그 어떤 것도 할 수 있다는 것은 사실일 테니까.

나는 이제 모든 것을 정복했다.

나의 간절함을 들어보라!

나는 여왕이며, 연인도 부끄러워하지 않는다.

이 싸움의 끝에 정숙함은 더 이상 존재하지 않는다.

이 사실을 용서하고

당신의 완고한 견해를 길들이기를 바란다!

이 긴 인용문은 파이드라의 장문의 편지 가운데 일부에 지나지 않는다. 그러나 이러한 실험의 기조에 대해서는 충분히 살펴볼 수 있었을 것이라 생각된다. 이 같은 여성들의 편지에는 개성이 세밀하고 명확하게 드러나 있다. 그것은 그리스 비극의 여주인공들보다는 바로 아우구스투스 시대의 로마 매춘부들에 의해서 더욱더 확실하게 나타난다. 이러한 표현들 중 많은 부분이 《사랑의 기술》에 보존되어 있다.

피그말리온 이야기

오비디우스의 개성적 특질을 모두 보여주며, 마치 웅변을 보고 듣는 것처럼 명쾌하고 신랄한 감동을 주는 《변신 이야기》에서 나타난 한 구절을 인용함으로써 오비디우스에 대한 간단한 조명을 마치도록 하자. 그것은 다름아닌 피그말리온(Pygmalion)의 이야기다

(Met., x, 244 sq.).

피그말리온은 천부적으로 여성의 마음속에
주어져 있는 악습에 진절머리를 느꼈으며
세상과 떨어져 혼자 살면서,
결혼과 배우자에 대한 생각을 지워버리게 되었다.
그 동안 그는 하얀 백색의 상아로 정교하게 조각품을 만들었다.
그는 세상에 있는 어느 여자보다도 훨씬 아름답게 조각한
그 소녀와 금세 사랑에 빠지게 되었다.
그는 정숙함을 이유로 소녀의 조각상을 감히 이동시키지 않았다.
이로 인해 많은 예술 작품들이 숨겨져 왔던 것이다.
그 조각가는 큰 감동을 받았으며,
아름다움을 이유로 그것을 사랑하게 되었다.
그는 종종 그것이 상아인지 살결인지를 구분하지 못하는 상태에서
그 몸체를 어루만졌으며
이후에 그것이 상아가 아니라고 확언하기까지 이르렀다.
마치 그것이 반응을 하는 것처럼 입맞춤을 하였으며
그것을 껴안고, 손가락으로 그녀의 몸의 감촉을 느끼면서
혹시나 그가 만지는 동안 사지에 상처가 나지 않을까 하는
두려움 속에서 어루만졌다.
때때로 그는 아첨을 하면서 구애를 하고,
매혹적인 선물도 주곤 하였다.
조개와 둥그런 돌, 작은 새들,
여러 종류의 색으로 어우러진 꽃들,
백합, 갖가지 색의 공,
나무에서 만들어진 호박 같은 보석 등등.

훌륭한 옷감으로 옷을 해 입히고,

손가락에 반지도 끼웠으며,

가벼운 진주 귀고리와 가슴까지 늘어지는 목걸이도 걸어주었다.

모든 것이 아름답게 꾸며졌다.

여성의 나신은 더욱더 사랑스러웠다.

그는 그 조각상을 잠자는 침구 중의 일부인 분홍빛의 긴 의자에 눕히고

목에는 마치 그가 느끼는 것처럼 깃털 베개를 깔아놓았다.

비너스의 축제를 위해 많은 사람들이 사이프러스로 모여들었으며

수많은 금빛의 경적들이 그녀의 명예를 찬양하여 울어댔고,

제물로 하얀 눈빛의 어린 암소가 바쳐지면서

그녀의 제단에 향이 피워지기 시작하였다.

이때 피그말리온은 제사를 지내면서

"당신이 원하는 것을 무엇이든 할 수 있다면

나에게 아내를 선물로 주십시오."라고 기도하였다(대담하게도 "나의

상아빛 소녀"가 아니라 "그녀와 비슷한"이라고 표현하였다).

전지전능한 권좌에 앉은 여신은

그 기도가 무엇을 뜻하는지를 금방 알아차렸으며,

그녀의 관심을 즉시 표현하였다.

향락에 지친 여신의 제단 불꽃은

즉시 하늘 높이 치솟아 올랐다.

집으로 돌아온 그는

긴 의자에 누워 있는 상아빛 조각을 찾았으며,

거기에 입맞춤을 하였다.

그러자 점차 따뜻해지기 시작하였다.

다시 입맞춤을 하고 상아빛의 가슴을 만져보았다.

그러자 점차 상아가 부드러워지면서 그가 만지는 곳은 어디든지

단단한 조각품의 느낌이 사라지고 마치 손가락의 움직임에 따라
수천 가지의 모양으로 햇볕 속에서 변화하는 양초와 같이
인간의 살결로 변화해 갔다.
피그말리온은 혼비백산하여 잠시 주춤거리다가
연인의 몸을 어루만지는 것처럼 그의 연인을
다시 사랑스럽게 만지기 시작하였다.
몸체가 심장 박동 소리와 함께 움직였다.
그제서야 그는 자신의 열렬한 기도가
비너스에 의해 받아들여졌음을 믿게 되었다.
그가 입을 만지자 그 입은 살아 움직이게 되었다.
그 소녀는 입맞춤을 느낄 수 있었으며
얼굴이 붉어지고 움츠러들었다.
그녀가 눈을 뜨자
연인의 모습과 하늘의 불빛을 동시에 볼 수 있었다.

이 신화는 고대에 있어서 사랑에 대한 기본적인 사상은 아름다운 육체에 대한 쾌락에 있다는 것을 정확하게 보여주고 있다고 할 수 있다.

오비디우스의 마지막 운명

사랑의 시인 오비디우스가 그의 사랑의 시로 인하여 황제의 분노를 샀다는 사실이 그렇게도 특별한 아이러니는 아니지 않은가? 아우구스투스의 주된 분노는 단지 오비디우스에게 중대한 영향을 끼친 것으로만 알려져 있는 어떤 사건과 《사랑의 기술》에 맞춰져 있

었다. 이로 인해서 오비디우스는 인생의 전성기에 로마 생활의 안락함을 버리고, 다누베의 표현대로 사르마티안의 항상적인 침략 위협에 대응하고, 개척자들을 보호하기 위해 몇 개의 식민지 군대만이 상주하고 있는 황폐한 땅인 흑해로 추방당하게 되었다. 이러한 오비디우스의 추방에 대해서는 아우구스투스의 딸인 율리아의 역사에 대해 이야기할 때—오비디우스가 이러한 운명에 처하게 된 것은 그녀와 어떤 관계가 있는 것이 분명하므로 — 이와 관련하여 상세하게 설명하도록 하겠다. 그는 추방된 후 10년이 지나서, 흑해의 한 도시 토미에서 죽었다. 그가 부인과 친구들과 황제에게 보낸 많은 편지들도 결국 아무런 효과가 없었던 것이다. 이렇게 해서 비록 방탕하긴 했지만 매우 다재다능하고 풍부한 천재적 감성을 지녔던 한 남자의 인생이 막을 내리게 되었다.

오비디우스의 성격과 종말은 오스카 와일드의 종말과 종종 비교되기도 한다. 즉, 자신들의 인생을 이토록 일찍 마감짓게 했던 불행한 성적인 경향들만 아니었더라면, 아마 위대한 그 무엇을 창조했을 것이 틀림 없다는 점에서 말이다.

아우구스투스 시대의 시인들

예술로 표현되는 성

《프리아페이아(Priapeia)》라고 알려진 몇 안 되는 작은 시모음집에 대한 언급을 빼놓는다면, 아우구스투스 시대의 시에 대한 우리의 설명은 불완전할 수밖에 없을 것이다. 이 장의 주제인 종교적이고 성적인 생활에 대하여 다루면서, 신들과 프라아푸스의 정신 세계에 관해 그 자연성과 기능에 대하여 약간은 언급한 적이 있다. 음란한 이야깃거리를 즐기는 남자들은 자주 성당이나 외설적인 신성을 대표하는 조각이나 작품이 있는 곳을 찾아가곤 하며, 거기에서 그러한 작품에 고무되어 거의 외설적인 농담에 가까운(일반적으로 카툴루스의 경우와 같이) 시를 짓곤 했다. 이러한 시 구절들은 성당의 벽에 흩어져 있으며, 심지어 조각 자체에도 쓰여져 있다. 마치 오늘날 후미진 곳의 벽에 지저분한 낙서가 새겨져 있듯이.

이러한 시들 중에 가장 훌륭한 것들의 모음집은 1469년 베르길리우스의 로마판 부록에 최초로 인쇄되면서부터 지금까지 만들어지고 보존되어 왔다. 이와 같은 보기 드문 시의 수집은 아우구스투스 시대의 성생활에 대한 연구에 있어서 매우 중요한 자료가 된다. 그러나 우리의 현재 단계에서는 이것에 관해서 아무런 예도 들 수가 없다. 단지 이것의 목차가 말쑥하게 시적인 형태로 전환된 기록을 통해서만 그 내용을 추측할 수 있을 뿐이다. 그것들은 거대한 남근을 가진 신들이 자신들의 정원에 침입한 도둑들에게 어떤 외설적인 방법으로 벌을 주는가를 주로 설명하고 있다. 오늘날에는 일반적으로 티불루스, 오비디우스, 페트로니우스, 그리고 아마도 카툴루스 같은 유명한 시인들이 이러한 외설적인 농담의 작가 가운데 한 사람인 것으로 추측되고 있다. 이것은 충분히 가능성이 있는 추측이다. 괴테도 때때로 아주 조잡한 시를 쓴 적이 있을 뿐더러, 당시의 로마에서는 성적인 문제에 대한 예술적인 취급이 덜 엄격했기 때문이다.

파이드루스

이제 로마의 우화 작가 파이드루스(Phaedrus)에 대하여 간단히 언급하도록 하자. 그는 마케도니아에서 태어났으며, 아우구스투스 황제 시대의 로마에서 노예로 태어나 해방된 평민으로 살았다. 나중에 그의 인생은 티베리우스의 총애를 받는 실력자 세야누스의 적의에 의해 거의 피폐되었다. 그가 작성한 우화에는 몇 가지 재미있는 성애적인 문제가 담겨져 있으므로 굳이 그에 대해 말하고자 하는 것이다.

예를 들면 출산 중에 있는 여성이 침대로 올라가기를 거부하는 것 등이다(i, 18).

자신이 상처를 입은 곳에는
어느 누구도 가려고 하지 않는 것이 일반적이다.
어떤 여자가 출산의 진통이 시작되자,
땅바닥에 누워 견딜 수 없는 통증을 호소하기 시작하였다.
아기의 분만을 보다 편안한 상태에서 하도록 하기 위하여
남편이 그녀를 침대로 옮겨놓으려 하였으나,
"배반의 장소를 내가 어떻게 믿을 수가 있겠어요?"라고 하면서
"이런 고통의 씨를 뿌린 곳이 어딘데?"라고 덧붙이는 것이었다.

또한 한 남자를 사랑한 두 여자의 희극적인 일화도 소개된다(ii, 2).

우리는 사례를 통해서 여성들에 관하여 이런 사실을 알 수 있다.
그들은 사랑을 하는 남자건
자신들을 사랑하는 남자건 간에 모두 강탈한다는 것을.
한 중년의 여인이 말쑥함과 세련미로 자신의 나이를 속이고
연인을 사귀게 되었는데
그 사이에 아름다운 소녀도 그를 유혹하였다.

이 두 여인들은 그를 좋아한다는 것을 서로 보이려고 했다.

자신들의 노력을 보이기 위해 그들은 순서대로 그의 머리카락을

하나씩 하나씩 뽑기 시작하였다.

그는 자신을 세련되게 보이게 하기 위한

여성적인 감각일 거라고 생각했다.

그러나 중년 여인은 그의 검은 머리카락을 뽑았고,

소녀는 흰 머리칼만을 뽑았으므로

그는 결국 대머리가 되고 말았다.

다시 살펴보면 다음과 같은 통찰력도 나타나 있다(iv, 15).

어떤 사람이 어떻게 해서

여자 같은 남자와 남자 같은 여자가

=냐고 물어온 적이 있었다.

늙은 이솝은 다음과 같이 대답하였다.

"티탄 프로메테우스는 사람(운 좋게 선택된)을 진흙으로 빚어 만든다.

그리고 조신함이 없이 그것을 분리하여,

각기 따로따로 만들어놓은 다음에

날을 잡아서 그것을 한번에 맞춘다.

그러다 갑작스런 바쿠스의 초대로 저녁 식사를 하러 간다.

그러면 그의 혈관에 알콜이 거의 가득 찰 정도로 마시고 나서

비틀거리는 걸음걸이로 아주 늦게 집에 돌아온다.

술에 취해 정신이 몽롱하고 눈이 반쯤 감겨진 상태에서

남성의 것을 여성의 부위에 맞추거나,

여성의 부위를 남성의 것에 섞어서 혼합해 버리게 된다.

그리하여 그르친 욕망과 쾌락이 나오게 된다."

마지막 예로 다음과 같은 것이 있다(Appendix i, 27).

어느 나쁜 마음씨를 가진 매춘부가
자신의 연인에게 아첨을 떨고 있다.
그도 이전에 몇 번 상처를 입은 적이 있음에도 불구하고,
그녀의 아첨을 차분히 듣고 있었다.
그러자 그 사기꾼은 말하기를
"다른 사람들이 나를 갖은 선물로 유혹한다 해도
나는 당신만을 사랑할 거예요."
그 연인은 그녀의 잦은 사기 행각을 생각해 내고는 대답하기를,
"당신의 그런 공언을 듣는 것을 내가 얼마나 좋아하는 줄 아시오!
비록 그것이 사실인지 믿을 수는 없지만,
당신은 아주 매력적이군요."

이러한 예들은 파이드루스의 잘 알려진 동물 우화를 제외한다면
그가 우아하고도 희극적인 성애적 작품을 작성할 수 있는 능력이
충분히 있다는 것을 보여 주는 것이라고 하겠다.

네로 시대의 시인들

페트로니우스

페트로니우스의 작품의 탄생 배경

페트로니우스(Petronius)는 "아우구스투스 시대 이래 사랑을 노래한 진정한 시적 감성과 영혼을 소유한 유일한 사람"이라고 팔다무스가 지은 《로마의 성생활》이라는 책에 소개되어 있다. 타키투스(Ann., xvi, 18)가 다음과 같이 페트로니우스에 대해 설명한 내용은 일반적인 사실로 통용되어 있는 것이라고 할 수 있다.

"페트로니우스의 지난 생활에 대하여 반드시 몇 마디 하고 넘어가야겠다. 그는 대낮에는 잠을 자는 것으로 소일하였고, 밤이 되어서야 생활의 활력과 기쁨을 찾을 수 있었다. 다른 사람들은 근면함으로 이름을 날릴지는 몰라도 그는 게으름으로 보다 유명하였다. 그는 대식가거나 돈을 헤프게 낭비하는 그런 종류의 사람은 아니었으며(재산을 탕진한 많은 사람들이 그러하듯이), 단지 사치스러운 탐미주의자였다. 자신의 방종함과 부주의함은 아무런 여과 과정 없이 그의 말과 행동으로 그대로 표출되었다. 비티니아의 총독과 영사를 지내면서는, 그가 정력적이고 능력 있는 사람이라는 사실을 보여 주기도 하였다. 그러나 그 후에, 그는 본래의 악습으로 되돌아가게 되었고, 그 영향에서 헤어날 수가 없었다. 한편 네로 황제의 친밀한 친구들 사이에서는 품위 있는 취미 생활로 그가 자주 거론되기도 하였다. 그러나 그 황제는 공교롭게도 페트로니우스의 시에서도 불쾌하게 다루어지는 주제처럼 대단한 대식가였으며 세련미나 우아함 등과는 전혀 상관이 없는 사람이었다. 그러므로 티겔리누스는 쾌락에 관한 지식 면에서 자신보다 경험이 많은 경쟁자로서 그를 증오하였다."

결국 네로는 페트로니우스가 자신에게 반대하는 역모를 꾸몄다는 의심을 하게 되었으며, 본의 아니게 일종의 죄의식을 느끼게 된 페트로니우스는 자신의 기질을 스스로 해명하지 않으면 안 되었다. 그는 "황제를 외설적인 소문과 유행에 휩싸이게 한 남녀 공범과 함께, 그리고 불륜의 모든 행동이 서술되어 있는 소설과 같이"라는 솔직한 표현을 구사하면서 황제를 떠난다고 해명하였다. 따라서 그가 단지 부도덕적인 소설을 썼다는 것만을 제외하고는 상당히 뛰어난 작가였다는 사실에는 의문의 여지가 없다.

또한 니체가 극찬한 이 소설은 《풍자의 책(Book of Satires)》이라는 제목 아래 우리에게 전해 내려온다. 이 작품은 매우 방대한 분량임에도 불구하고 15장과 16장의 일부만이 보존되어 있다. 그러나 이 부분만 가지고도 이 책이 매우 천재적인 작품이라는 사실을 쉽게 짐작할 수 있다. 네로 시대의 이 불완전한 작품에 대해서 과연 무엇이 그토록 뛰어나고 주목할 만하다는 것인가? 이에 대하여 리베크는 다음과 같이 서술하고 있다.

> "서기 1세기의 사람들이 가졌던 생활 습관과 다양한 사회 계급, 계층의 개성과 특징을 광범위하게 실물 그대로 보여 주기 때문이다."

사실 이 책은 로마의 벼락부자인 천민 출신의 갑부 트리말키오 (Trimalchio)—셰익스피어에 나오는 팔스타프 기사 같은 혹은 세르반테스의 돈키호테 같은 성격의 인물이다—에 대해서 놀라울 정도의 사실적이고 생생한 묘사를 하고 있다. 그러나 이 책이 로마인의 광범위하고 다양한 측면의 성생활에 대한 묘사를 하고 있다는 사실을 고려한다면 오히려 이것은 별로 중요한 내용이 아니라고 할 수 있다. 그 속에는 프로페르티우스의 작품에서 볼 수 있는 고상하고 귀족적인 정열이 있는 것도 아니며, 오비디우스 같은 정교한 세련미를 보여 주는 부분이 들어 있는 것도 아니다. 그것은 차라리 나이와 성별을 고려하지 않는 무제한적인 성애주의를 보여 준다. 다른 성적인 행동으로 위장함이 없이 널리 퍼져나가, 오늘날의 유럽인들이 육체적으로 불가능한 것까지 완벽하게 속속들이 규명하게 할 수 있을 정도로 생생하게 묘사되어 있다. 폭풍우 같고 회오리바람 같이 널리 퍼져가는 이 충동에 도덕적인 기준을 적용한다는 것은 아마 우스운 일일 것이다. 우리는 우리 자신의 목적에 맞게 이것을 연구하고 이야기할 수밖에 없다.

"이것은 한때 남자들이 어떻게 살았는가 하는 것을 보여주는 것이고, 단지 그들의 기쁨과 만족을 보여주는 것일 뿐이다."

비록 이것이 제국 초기의 성생활에 대해 짧은 논문을 작성할 수 있을 정도로 흥미를 끄는 것일지라도, 프로페르티우스의 작품에서 드러난 성생활에 관한 모든 서술을 상세히 토론하기에는 부적합하므로 이는 다른 기회에 다루기로 한다. 다른 장에서 이것에 관한 토론이 한번도 이루어지지 않았기 때문에, 다른 내용의 비중에 상응하는 정도의 필수적인 것만을 언급해 보기로 하자.

《풍자의 책》에 나타난 동성애

내가 보기에는 페트로니우스가 동성 연애를 여성에 대한 사랑과 비교하여 아무런 차이나 비교 하위의 위치에 두지 않고 거의 똑같은 비중으로 간단하고 자연스럽게 서술했다는 것이 이 책의 가장 크고 놀라운 특징인 것 같다. 이 책의 전체적인 진행자인 엔콜피우스(Encolpius)도 동성 연애자다. 원래부터 죄를 저지른 범죄자인 그가 투기장에서 도망쳐 나와(이전에 설명된 문장에서 그는 검투사로서 싸운 적이 있다) 많은 범죄를 저지르고 다니다가 그의 친구이자 동료인 아스킬투스와 저질의 불량배 생활을 시작하게 된다. 그들은 자신들의 욕망을 채우기 위해 귀여운 소년 기톤을 납치하여 서로 누가 더 쾌락을 즐기는가를 경쟁이라도 하듯이 서로 돌아가면서 소년을 윤간했다. 페트로니우스는 이러한 쾌락을 때로는 아주 즐겁게, 때로는 매우 대담하고 솔직한 산문의 형태로 그려내고 있으며, 심지어 시적인 형태로 찬미하기까지 하고 있다.

이러한 세 명의 이야기 외에도, 이 소설에서 가장 대중적인 성격의 소유자인 트리말키오도 역시 경험 있는 동성 연애자로 등장한다. 그는 젊었을 때, 로마에서 오랜 기간 동안 부자로 유명했다. 그가 죽을 때 그의 전재산을 물려줄 것이므로 사치스럽고 탐욕적인 생활을 즐기기 위해, 마치 그의 아내처럼 탐닉하는 몇 명의 아름다운 소년들을 항상 곁에 데리고 있었다. 그는 아내의 질투에도 아랑곳하지 않았다. 전체적인 상황을 간단히 요약할 수 있는 결론적인 광경 중의 하나를 인용해 보겠다(74).

"새로 들어온 시동 중에서 젊고 아름다운 소년이 있었다. 트리말키오는 그에게 달려들어 온몸에 입맞춤을 하곤 했다. 이에 그의 부인 포르투나타는 자신에게도 그런 사랑을 줄 것을 요구하였으며, 자신의 권리를 주장하였다. 그녀는 자신의 말이 무시당하자 그를 비난하기 시작하였으며, 그런 쓰레기 같은 음란함에 자신을 묶어두지 말라고 요청하였다. 더 이상 참지 못하고 마침내 자신을 더러운 개에 비유하자, 그의 분노가 폭발하고 말았다. 트리말키오는 침착성을 잃고 그녀의 얼굴에 잔을 집어던져 버렸다. 그녀는 한쪽 눈을 잃은 것처럼 비명을 지르면서 손으로 얼굴을 감싸쥐고 밖으로 뛰쳐나갔다. 그녀의 친구인 스킨틸라는 당황해하면서 아직까지 흐느껴 울고 있는 포르투나타를 팔로 부드럽게 감싸안았다. 한 하인이 차가운 접시를 그녀의 얼굴에 대라고 갖다주자, 포르투나타는 거기에 얼굴을 묻고 괴로움에 흐느껴 울기 시작했다. 그러나 트리말키오는 계속해서 말했다.

'도대체 그 거리의 부랑자는 자신의 위치를 모른단 말이야? 내가 자신을 거리에서 데려와 거두어 주고, 상당한 수준의 명예와 생활을 주었는데도, 이 굴러들어온 복을 동화 속의 개구리처럼 훅 불어버려! 도대체 어느 순간에 그만두어야 한다는 것을 모른단 말이야! 그 여자는 여자가 아니라 꼭 나무에 달라붙은 딱정벌레 같은 존재야. 빈민가에서 태어나서 언제 이런 궁전 같은 곳을 꿈이나 꿔 봤겠어. 내가 뭐 천당 갈 일이 있나, 그런 입버릇이 더러운 심술쟁이 아낙네를 거둬 길들이게!'"

그는 수시로 자기 부인을 심하게 비난했지만, 결국은 그것도 그만두었다. 그 이후 때때로 감상에 빠져서 심할 때는 울기까지 했다. 그리고 자신의 집에 있는 소년들이 너무 아름답고 친절하고 교양 있고 정직하기 때문에 그들을 껴안고 입맞춤을 할 수 없다고 불평을 털어놓기도 했다.

소설에 나오는 또 다른 인물은 시인 에우몰푸스(Eumolpus)다. 그가 처음 나오자, 페트로니우스는 그에게 짧은 이야기를 하게 했다. 그 주제는 가정교사가 미소년을 유혹한 이야기였는데, 그 소년은 트리말키오 자신보다도 더 적극적이라는 것을 알았다. 이 이야기는 너무 천박해서 여기에 인용할 수가 없다.

책의 후반부에 그 시대 공중 목욕탕 이야기가 등장한다. 여기에는 목욕하러 온 사람들이 한 남자 주변에 모여든 장면이 묘사되어 있다.

"자연은 그에게 굉장한 사나이다움을 주셔서, 그의 온몸은 단지 그것의 부속물로 보인다(그런 장면이 가능한 것은 양성적 경향이 얼마나 놀라울 만큼 빈번한 경향이었는지를 보여준다)."

결국 그 소년 진톤은 우리가 누누이 말했듯이, 열여덟 살이 다 되어 더 이상 소년이라 하기 어려움에도 불구하고, 그가 가는 곳마다 음탕한 시선으로 사람들의 마음을 끌었다.

알 수 없는 여인들의 마음

그러나 페트로니우스는 미소년에게만 흥미를 가진 것은 아니다. 그는 여성과의 사랑에 대한 폭넓은 경험을 보여 주며, 열렬한 색채로 묘사한다. 예를 들어 에우몰푸스는 에페수스의 과부에 대한 오래 된 이야기와 관련이 있다. 그 이야기는 다른 언어로 쓴 것(그리고 라틴의 파이드루스의 우화 중에도 있다)도 있으며 그다지 훌륭하지는 않았다. 이 재미있는 이야기를 여기에 옮겨보기로 하겠다 (III).

"에페수스에 한 여인이 살았는데, 그녀의 순결함은 유명해서 그녀를 보는 이웃의 모든 사람들로부터 사랑을 받았다. 그녀는 자신의 남편을 매장할 때, 사람들 앞에서 머리를 풀어헤치고 가슴을 드러내어 두드리며 영구 마차를 따라가는 통상적인 관습을 따르지 않았다. 그녀는 무덤까지 따라가서 지하 납골당에 있는 시신 위에 엎드려서 그것을 바라보며 낮과 밤을 울어대는 그리스 풍습을 따랐다. 그녀의 부모도 친지도 이런 식으로 자신을 괴롭히며 굶어 죽어가는 그녀를 말릴수가 없었다. 결국 마을의 유지들도 그녀 곁을 떠나고, 모든 사람들은 그녀를 보며 슬퍼했다. 그녀는 곡기를 끊고 닷새를 보냈다. 한 헌신적인 하녀가 그녀 곁에 앉아 그녀의 슬픔을 동정하며 함께 울고, 무덤 안에서 램프의 기름이 다할 때면 기름을 채워주었다. 그 마을의 화제는 모두 그녀에 대한 것이어서, 모든 계급의 사람들은 그녀가 순결과 사랑에 대한 하나의 진실한 본보기라고 생각했다.

그 비슷한 시기에 그 지방의 읍장이 몇명의 강도를 납골당 근처에서 처형시켰는데, 그곳은 바로 그 여인이 엎드려서 울고 있는 곳이었다. 아무도 처형대에서 시체를 끌어내려 매장하지 못하도록 지키고 있던 한 군인이 묘비 사이에서 흘러나오는 빛을 보았고, 신음소리와 비통해하는 소리를 들었다. 마음이 약해진 그는 그녀가 누구이며, 무슨 일이 벌어지고 있는지 몹시 궁금했다. 그는 납골당 아래로 내려갔다. 그는 아름다운 여인을 보자 그 여인이 지옥에서 온 괴물이나 유령이라도 되는 듯 어쩔 줄을 몰라했다. 그는 너무 놀라서 그대로 서 있었다. 그때 그곳에 누워 있는 시신과 얼굴이 눈물과 손톱 자국으로 얼룩진 그녀를 보았다. 그는 그녀가 남편의 죽음을 견딜 수 없어 한다는 사실을 알게 되었다.

그는 납골당 안으로 저녁을 가져와서 헛되이 슬퍼하는 것을 그만두게 하고, 헛된 비탄으로 자신의 마음을 무너뜨리는 것을 그치게 하기 위해 그녀를 격려하기 시작했다. 모든 사람이 다 똑같이 죽고, 똑같은 곳에 안치된다는 그런 통상적인 말로 그녀의 아픈 마음을 위로하려고 했다. 그러나 그 여인은 그의 위로의 말에 귀를 기울이지 않았다. 그녀는 더 거칠게 가슴을 치고 쥐어뜯고 머리를 잡아뜯으면서 시신 위로 자신의 몸을 집어던졌다.

그러나 그 군인도 가지 않았다. 그는 계속해서 그녀를 위로했으며, 음식을 먹이려 했다. 결국 하녀가 먼저 포도주의 향기에 유혹되어 꺾이자 그녀는 그의 선의의 권유와 도움을 받아들였다. 포도주와 음식으로 기운을 차린 하녀는 자신의 여주인을 공격하기 시작했다.

'마님이 여기서 굶어 죽는다 해서 좋을 게 뭐가 있겠어요? 산 채로 매장당하는 것은 또 어떻구요? 운명의 손길이 다가오기도 전에 삶을 일찌감치 포기하는 게 그렇게 좋은 일인가요? 시체가 무덤 아래서 그런 마님의 심정을 느낄 수나 있겠어요? 왜 삶을 다시 시작하지 않으세요? 왜 이 바보짓을 포기하지 않고, 마님이 누릴 수 있는 삶과 축복을 즐기지 않나요? 죽은 마님의 남편조차도 마님이 살기를 바라고 있을 거예요.'

모든 사람은 음식을 권하거나 목숨을 보존할 것을 설득하면 즐거이 따른다. 그 여인은 며칠간의 단식으로 바짝 말랐다. 그래서 그녀는 자신의 결의를 깨기로 하고 먼저 포기했던 그 하녀처럼 음식을 게걸스럽게 먹어치우기 시작했다.

이제, 잘 먹고 마시면 유혹이 따르는 법이다. 그 군인은 점잖은 소리로 덕행을 이제 그만 포기하고 계속 살아나가야 한다고 설득했다. 고결한 그녀는 그에게서 추함이나 머뭇거림을 찾아볼 수 없었다. 하녀도 그를 따라 말하기를,

'왜 찾아온 사랑을 거부하나요? 당신이 누구의 왕국에서 왔는지 기억하세요!'

그래서 그 여인은 포기를 했고, 군인의 설득은 다시 효과를 보았다. 그들은 밤을 함께 보냈고, 다음날, 또 다음날도 함께 보냈다. 그 동안에 납골당 문을 잠가놓았기 때문에 친구나 이웃 사람은 그곳을 지나면서 그 고결한 여인이 남편의 시체 위에서 죽었을 것이라고 생각했다. 군인은 그녀의 아름다움과 은밀한 모험으로 좋아서 어쩔 줄을 몰랐다. 그는 힘 닿는 대로 좋은 음식을 가지고 와서 밤이 되자마자 납골당 안으로 날랐다.

처형당한 도둑의 가족들은 보초가 경계를 게을리하자 시체를 끌어내

려다가 묻었다. 그 군인의 태만이 가져온 결과인 셈이다. 다음 날, 처형대 하나가 비어 있는 것을 보고 처벌을 두려워한 그는 여인에게 어떤 일이 일어났는지를 얘기했다. 그는 군법 재판을 기다리지 않고 칼로 스스로의 태만을 벌하겠다고 말했다. 그는 그녀에게 무덤에 남편과 함께 자신이 죽어 누울 자리를 마련해달라고 부탁했다.

그러나 그녀는 고결한 만큼 인정이 있는 여인이었다. 그녀는 자신이 가장 사랑했던 두 남자가 동시에 죽는 것을 보도록 신이 허락하지 않을 거라고 말했다. 살아 있는 남자를 죽이느니 차라리 죽은 남자를 매다는 게 낫겠다고 말했다. 곧이어 그녀는 죽은 남편을 관에서 꺼내서, 그것을 비어 있는 처형대에 걸도록 했다. 그 군인은 이 신중한 의견을 따랐고, 다음날 사람들은 죽은 남자가 처형대에 걸려 있는 것을 보고 깜짝 놀랐다고 한다."

이 이야기는 여성의 본성에 대한 매우 사실적인 관점을 갖도록 한다. 여기에 페트로니우스가 여인의 성적 취향에 대하여 상세하게 설명한 문장이 추가되었다(126).

"몇몇 여성들은 비열한 사랑으로 불타오른다. 그들의 정열은 짧은 옷을 입은 노예나 마부를 보지 않고는 일어나지 않는다. 또 어떤 사람들은 투기장이나, 여위고 더러운 노새 몰이꾼, 또는 무대에서 외설적인 연기를 하는 배우를 보고 정열을 불태운다."

우리는 이것과 관련지어서 쇼펜하우어의 성적인 사랑에 대한 형이상학적인 유명한 장을 읽어야 한다. 같은 페이지에서 페트로니우스는 아름다운 여인에 대한 매혹적인 광경을 이런 말로 설명한다.

"그 여인은 세상의 어떤 법령보다도 완벽했다. 어떤 말로도 그녀의 아름다움을 완전히 표현할 수 없으며, 어떤 말을 해도 부족할 것이다. 곱슬거리는 그녀의 머리칼은 어깨 위로 흘러내렸고, 앞머리가 모근까지 말아올려진 이마는 작았다. 눈썹은 볼의 선까지 닿아 있고, 두 눈의 경계선까지 나란히 이어져 있다. 두 눈은 달 없는 밤하늘의 별보다 더 빛났다. 코의 선은 섬세하게 곡선을 이루고 있으며, 입술은 프락시텔레스가 다이아나에게 만들어 준 입술 같다. 그리고 그녀의 턱! 그녀의 목! 그녀의 손! 황금 신발 안의 날씬한 그녀의 눈처럼 흰 발! 그것들은 파리안 섬의 대리석이 내는 광채를 무디게 만들 것이다."

이것은 주연 배우가 갑자기 시로 표현하는 근대적 오페라를 생각나게 하는 문장으로 이어진다.

'키르케(사랑스러움이 묘사되는 소녀)'를 예로 들어보자.

거칠기보다는 부드럽게 두 팔로 나를 붙잡아,
꽃으로 뒤덮인 풀밭으로 이끌었다네.
주피터가 정열의 불꽃으로 유노와
즐거이 사랑으로 결합했을 때
그의 명령으로 이다 산 꼭대기에 핀 듯한 꽃들,
장미와 바이올렛, 부드러운 갤린게일,
눈처럼 흰 백합은 초록빛 언덕에서 웃음지었네.
그것은 우리의 화려한 융단, 비너스의 숨결,
그날은 우리의 은밀한 사랑을 밝혀주었네.
꽃밭 융단 위에서
우리는 천 번의 입맞춤을 나누었네.

더 강렬한 기쁨을 찾으면서.

음탕함과 순수함

이 정열적인 러브신의 후반부에서, 페트로니우스는 프리아푸스
(이전 시대에 엔콜피우스가 화나게 했던 성의 신)에 대한 악담에 만
족한다. 그런 음란한 생활을 한 후에 갑자기 연인이 힘을 잃는데―
정말로 발기 불능이 되었다―그것은 심리학적 관점에서 놀랄 만한
일이 아니다.

발기 불능은 모든 시대의 연애 문학에서 즐겨 사용되는 주제다.
괴테의 짧은 서정시 《일기(The Diary)》에서도 그것에 대해 묘사했
다. 우리가 예측하듯이, 페트로니우스는 이 불행함과 그 후유증을
세부적으로 생생하게 묘사한다. 그의 묘사에는 그 시대에 이러한
문제의 치료법에 대한 흥미있는 정보도 들어 있다. 그것을 다루는
데 가장 흥미있는 요소는 아마 이 점일 것이다. 특정한 음식을 먹
고, 특별한 신들의 도움을 비는 것뿐만이 아니라, 환자는 음경에 기
름과 후추를 바르고, 쐐기풀 싹을 문질러야 하며, 항문에도 이것을
넣어야 한다. 이 치료법은 푸른 쐐기풀로 만든 채찍으로 신체의 아
랫부분을 때리는 것과 병행해야 한다. 이것은 성기와 항문 신경 사
이의 관련이 고대인들에게 이미 알려져 있었다는 것을 보여 준다.
쉬운 말로 우리가 아는 한 로마 문학 어디에도 이에 대해 직접적으
로 다룬 것은 없다 해도 그들은 성적인 목적으로 채찍을 사용할 줄
알고 있었다는 것이다.

이 같은 점에 대해서 페트로니우스는 세 사람이 관련된 매우 성적

인 장면을 묘사한다. 불행하게도 책의 이 부분이 누락되어서, 이 장면이 엔콜피우스 측의 경쟁자와 관련이 있는지에 대해서는 그 문장만으로는 논쟁을 할 수가 없다.

마지막으로 현대적 취향과 도덕성을 심각하게 자극하는 장면이 있다. 일곱 살 가량된 한 작은 소녀가 파티에서 손님들의 재미를 위해 기톤에게 능욕을 당하는 장면이다.

이상의 요약과 발췌로 독자들이 소설에 대한 개괄적인 생각을 충분히 가졌을 것이다. 페트로니우스의 동시대인들이 《풍자(Satiricon)》에 나오는 성격과 행동을 하는 매우 음탕한 사람들이라고 결론짓는 것은 옳지 않다. 그 인물들은 지배 계급에 속하지 않았다. 그들은 천박한 벼락부자, 자유민, 그리고 노예들이었다.

그리고 작가는 더 천박한 최신 희극 작품의 양식에 나오는 사람들에 대한 풍자적 장면을 보여 주려고 했다는 것을 기억해야 한다. 그러므로 그의 묘사가 현실적인 생활에 대해 묘사했다고 믿는 것은 불가능하다. 그러나 동성애에 대한 그의 태도는 의외적이다. 그리고 지금까지도 《풍자》는 페트로니우스 시대의 양성적인 경향에 대한 가치 있는 기록이다.

그 책에 대한 이야기는 이쯤 해 두기로 하자. 우리는 잠깐 그 책의 양식과 구조에 대하여 살펴보고, 미학적으로 타당한 근거를 가진 색정적 이야기가 가능한지에 대해서 질문해야 한다. 아마 《풍자》가 고전적인 책이라는 가설로 충분할지도 모른다. 그러나 그 직접적인 묘사는 오늘날에는 예술이 아니라 외설이라고 일컬어질 것이다. 페트로니우스의 동시대 사람들은 이 책을 어떻게 보았는가? 우리는 알지 못한다. 리베크의 말을 빌려보기로 하자(Ibid. cit., iii, 169).

"우리는 훌륭한 취향의 돋보이는 거장, 페트로니우스가 이런 독특한 이야기를 반복하려고 한 것이 성공적이었다고 상상할 수 있다. 뻔뻔한 네로의 법정에서, 거리의 환희와 방자한 시종이 자신과 거대한 도시의 음란한 밤 생활에 빠져들게 하기 위해 황제를 꼬드기고, 섬세하게 점진적으로 변하는 양식에 흥미를 갖는 귀족과 숙녀들, 화자의 서열과 특성을 다양하게 하는 것, 사실적으로 표현한 문구, 저속함, 파격, 그리고 편협한 속물들의 헛된 노력으로 재미를 느끼는 자랑스런 로마인으로 형상화시키는 데 성공했다는 것이다."

세네카

세네카 작품의 기본 성격

네로 통치 시대의 문학 작품들 가운데는 세네카가 저작을 했는지는 분명하지 않지만, 그가 만든 연극이 몇편 있다. 그 작품들은 모두 그리스에 대한 주제를 다루고 있다. 그러나 이 주제들이 다루어지는 양식이 매우 흥미로우므로 그것에 대한 논의를 생략할 수가 없다.

거의 모든 연극이 연애라는 주제를 담고 있으나, 중요하게 다룬 것은 아니다. 오히려 작가들(누구든지 간에)이 모든 종류의 공포와 잔혹함을 묘사했다는 사실을 중요하게 다루어야 한다. 원형 경기장에서의 유혈 경기에 열광하는 관중들은 거친 정열과 야만적인 야수성을 수사적으로 다루는 것에 매혹되었다. 그리스의 페리클레스 시대의 높고 고상한 느낌과 네로의 백성과 신하들의 천박함 간의 본질적인 대비를 하며 소포클레스와 에우리피데스의 작품과 세네카가 동일한 주제를 다룬 것을 비교하는 것보다 더 좋은 것은 없다. 몇 가지 예로 독자들은 문제의 작품들에 대하여 그려볼 수 있을 것이다.

예를 들어 메데아를 보자. 에우리피데스는 메데아의 이야기를 그의 작품 중에서 가장 민감하고, 으시시한 비극으로 만들었다. 세네카는 그것을 어떻게 만들었는가? 그의 논법도 거의 비슷하다. 그러나 그는 세세한 묘사를 첨가했다. 알다시피 에우리피데스는 어머니의 심적 갈등을 거장적으로 묘사한다.

세네카는 버림받은 어머니가 미칠 듯한 분노로 신의 없는 남편에게 끔찍한 복수를 하는 것을 그린다. 우선 그녀는 자녀 중의 하나를 무대 위에서 죽인다. 그리고 사람들에 의해 그녀의 잔혹함이 저지당하자, 무대에 지탱해서 살아 남은 아이를 무대 안으로 끌어들인다. 거기에서 살아 남은 아이를 살해하고, 비통해하는 남편에게 시체를 내던지고는 사라진다.

파이드라는 같은 이야기를 에우리피데스의 연극처럼 다루어 그 질을 떨어뜨렸다. 유모는 금욕적인 수사학자처럼 말한다(195).

"사랑의 신은 수치스런 욕망으로 악행을 지향하도록, 자신의 광기와
그 광기를 더욱 발산하도록 하기 위해 저급한 신이라는 이름을 붙여

창조되었다. 비너스가 자신의 아들을 온 세상을 방황하도록 보냈다는 사실을, 그리고 그가 높이 날아다니며, 작은 손으로 방종의 화살을 쏘아대고, 그 가장 어린 신이 그런 왕국을 소유했다는 사실을 믿는 가? 아니다. 이런 어리석음은 실성한 비너스와 궁신의 발명품이다. 누구든지 부유함에 현혹되면 신기한 물건에 욕심을 내어 사치품으로 집안을 넘치게 한다. 그러면 그는 좋은 운수라는 무서운 동반자, 강한 욕망과 결합하게 된다. 그는 일상적인 음식, 건전하고 감각적인 집, 값싼 컵에 대하여 더 이상 신경 쓰지 않는다. 왜 이 질병은 호사스런 집을 선택하는 대신에 가난한 가정으로 찾아오지 않는가? 왜 순수한 사랑은 가난한 집에 자리잡고 있는가? 왜 보통의 사람들은 건전한 감정을 가지고 스스로의 욕망을 억제하는가? 그리고 어째서 권력에 의존하는 부유한 사람들은 옳은 일보다 욕망을 가지고 있는 가? 강력한 여왕의 의무가 무엇인가를 당신은 안다."

이 화려한 수사적인 주장은 공포스러운 장면의 불쾌한 수사적 묘사로 더욱 돋보인다. 여기에 결백한 히폴리투스의 죽음을 설명하고 묘사하는 메신저의 웅변 한 부분이 있다(1093 sq.).

"그는 피로 들판을 멀고도 널리 덮었다. 그의 머리는 바위로 날아 가서 튕겨지고, 머리카락은 머리에서 뜯겨져 나갔다. 그의 잘생긴 얼굴은 단단한 돌에 부서졌으며, 불행한 운명의 아름다움은 난도질당하고 사라졌다. 그의 죽어가는 사지는 빠르게 구르는 바퀴에 끌려갔다. 마침내 그가 바퀴에서 핑핑 돌 때 불에 탄 나무 둥치가 그의 허리를 관통하고 기둥이 그를 꿰뚫었다. 잠시 주인을 꿰뚫고 빠르게 끌고 가던 마차가 멈췄다. 그 말들이 멈추자 장애물들과 주인이 즉시 찢겨서 떨어지고 반쯤 죽은 몸이 관목에 의해서 여러 조각으로 잘려 나갔다.

그러자 거친 매장꾼이 그 몸의 한 부분을 가시와 나무둥치에서 빼냈
다."

결국 히폴리투스의 찢겨져 피범벅이 된 팔다리가 무대 위로 올려
지고 합창단의 지휘자가 그것들을 한 곳에 모을 장소를 가리킨다.

리베크는 이 놀라운 비극 《티에스테스(Thyestes)》를 "로마인들
의 미래 이야기"라고 부른다. 특히 공포스러운 것은 티에스테스의
아이들을 살해하는 것만을 묘사하는 것이 아니라, 그들의 능지처참
과 재배열을 예기치 않은 아버지를 위한 음식처럼 다룬다는 점이
다. 이 밥맛 없고 혐오스러운 연극을 발췌하는 것은 문제 밖의 일이
다. 그러나 모든 작품의 성격이 다 이렇다. 예를 들어 실성한 헤라
클레스가 청중의 관점에서 자신들의 아이들을 죽인다. 《오이디푸
스》에서 오이디푸스의 어머니이자 아내인 요카스타는 무대 위에서
스스로를 찌른다. 반면에 메신저는 다른 연극에서 헤라클레스의 극
심한 고통과 죽음에 대한 고뇌가 오이디푸스가 자신의 손가락으로
눈을 뽑아내는 사실적인 공포와 관계가 있음을 알려 준다.

이 연극의 음산함과 공포는 신비하고 마술적인 의식과 영혼이 있
는 섬뜩하고 유령 같은 장소를 생동감 있게 묘사하는 것으로 증가
된다. 세네카의 인물들은 그들의 극악한 죄악을 증명하는 주변 상
황에서 이끌어내졌다. 예를 들어, 아트레우스가 유령 계곡에서 티
에스테스의 아이들을 살해하는 장면이 그것이다.

요약하면 이 연극의 작가들은 독자들이나 청중들을 광란적인 흥
분으로 몰아가기 위해, 그리고 그들의 폭력과 스릴에 대한 욕구를

최대한으로 만족시키기 위한 효과로서 의도적으로 사용했음에 틀림없다. 따라서 무경험자는 흥분과 공포에서 기나긴 금욕주의 정신의 기성 형식을 찾으려 한다. 그러나 이 연극들은(불쾌하다 하더라도) 네로 시대의 정신적 변화에 대한 사실적인 반영일 것이다. 타키투스와 수에토니우스에 따르면, 그 시대는 벼락부자들의 우둔함과 혐오스러운 감성이 있는가 하면 새로운 인간애와 새로운 종교를 모색하는 고상한 정신의 진지한 노력이 보인다고 한다.

금욕주의는 철학적 지원과 그들이 필요로 하는 이성적 기초를 제공했다. 이 연극의 작가들에 의해 배태된 금욕적 이상에서의 화려하고 감정적인 수사는 일면 살풍경하고 사악한 상상이다. 그러나 때때로 의미심장하고 고상한 생각이 쓰레기 더미의 진주처럼 나타난다. 그러나 이 관점에서 상세하게 설명하는 것은 우리의 작업 범주를 벗어나는 일이다.

옥타비아의 삶과 죽음

세네카의 작품으로 알려진 매우 다른 종류의 연극이 《옥타비아(Octavia)》다. 이 연극의 주제는 자신의 의지에 반해 네로와 결혼한 옥타비아 공주의 불행한 삶과 죽음이다. 이것이 바로 역사적인 연극이라 불리는 이유다. 왜냐하면 이것이 비록 예술적 이유로 사실을 압축했다 하더라도, 그 사실들은 순전히 역사적인 것이기 때문이다.

이 연극은 애정극이다. 고상한 옥타비아는 어린 나이에 네로와 억지로 결혼을 하며 그때 그녀를 좋아하는 아름다운 하녀, 포파이아 사비나와 헤어지게 된다. 그때 대중의 봉기가 있었으나 분개한 대중이 군대에 진압당하는 사건이 있었다. 불행한 옥타비아는 그 폭동과 아무 관련이 없었음에도 불구하고, 외로운 섬으로 추방당해서 결국 그곳에서 죽음을 맞는다.

이 줄거리는 서스펜스적인 신중한 기법으로 빠르게 전개된다. 그러나 궁금하게도 시인은 두 여인의 만남이나, 네로와 전처와의 조우 등 손에 쥐어져 있는 커다란 가능성을 무시한다. 이밖에도 옥타비아의 성격은 순수하며 고통받는 여성이라는 수동적인 부분에서는 타키투스가 묘사한 것과 비슷하다. 극적인 모습으로 묘사되어 있지는 않다. 그리고 그녀의 전체적인 대사는 자신의 불행한 운명과 네로의 포악함에 대한 기다란 불평이다. 현실적인 극작가라면 이 소재로 장대한 연극을 만들었을 것이다.

인상적인 대비가 눈에 두드러진다. 감각적인 폭군 네로, 순수한 수난자로 죄 없이 추방되어 죽음으로 파멸되는 옥타비아, 고상한 철학자로 예전의 후견인과 학생에게 온건하게 충고하며 결혼을 존중하는 세네카, 자신의 아름다움을 이용해 한심하게 약한 네로를 정복하려는 매력적이며 악독한 포파이아, 옥타비아를 보호하기 위해 봉기하나 결국에는 모반자들에게 야수적으로 억압되는 대중들과 옥타비아의 절망, 현세에 대한 포기와 죽음으로부터 해방시켜달라는 기도(옥타비아의 절망은 쇼펜하우어가 실제적인 비극에서 필요하다고 본 것 중의 하나다)로 훌륭한 연극이 될 것이다.

그러나 시인은(그가 누구든) 그것을 단지 상연하기 위해서가 아니라 독서를 위한 극적인 시로 만들었다. 그 모든 효과는 서정시체와 수사적인 흐름에 묻혀 사라져버렸다. 그러나 《옥타비아》는 취향의 충격적인 타락이 아니며, 우리가 토론했던 다른 비극을 변형한 놀랄 만한 공포물이 아니다.

《옥타비아》에서 약간을 발췌해보겠다. 이것은 세네카가 이전에 자신의 학생이었던 네로를 전향시키려고 하는 장면이다(533 sq.).

세네카 : 곧이어 젊은 신들이 유노처럼 오빠와 잠자리를 한 위대한 클라우디아가 탄생한 이 궁전으로 몰려들어올 것이오.

네 로 : 그녀는 어머니의 죄 때문에 의심 많은 이가 되었지요. 그녀의 마음은 나와 아무 상관 없소이다.

세네카 : 성실한 젊은이는 자신을 숨기지 않는다오. 겸손이 사랑의 불꽃을 가린다 해도.

네 로 : 그런 나의 믿음 — 길고도 헛된 믿음—은 불친절한 마음과 전쟁에 임해서도 그녀의 미움이 얼마나 깊은지를 드러낸다오! 내 기나긴 고통은 복수를 위해 타오르지요. 나에게는 지위와 아름다움으로 잠자리를 빛내는 아내가 있지요. 비너스도 그녀에게 양보하고, 여왕 유노, 미네르바도 긴장할 거요.

세네카 : 선행과 성실과 순수한 마음—이것이 남편을 기쁘게 하지요. 이것들만이, 영혼의 영광만이 영원히 존재하지요. 아름다운 꽃은 나날이 시든답니다.

네 로 : 신은 그녀에게 모든 완벽함을 갖춰주었소. 운명은 나를 위해 그녀를 만들었다오.

세네카 : 즐거이 양보하지 않으면, 사랑은 당신을 떠나리.

네 로 : 사랑, 신도 어쩌지 못하리! 하늘의 폭군! 누가 바다에 들어가

며, 지하 세계를 파괴하고, 신을 하늘에서 끌어내리리!

세네카 : 고매하고 잔인하며 신성한 사랑은 인간의 환상이오. 사람은 비너스와 장인의 신에게 받은 화살, 복종, 신성한 힘, 잔인한 불꽃, 탄생 때문에 사랑을 한다오. 사랑은 마음의 힘이며, 영혼의 따스한 매력이라오. 그는 젊음과 쾌락을 떨치고 가치 있는 넓은 마음이 길러진다오. 그를 품고, 따스하게 해주지 않는다면, 사랑은 덧없이 힘을 잃고 침몰하여 죽게 될 것이오.

네 로 : 사랑은 삶의 가장 중요한 이유이며, 모든 기쁨의 거름이라고 나는 말했소. 그는 죽지 않소. 사랑과 야수를 길들이는 친절한 신을 통해 인간은 여전히 자식을 낳기 때문이오. 오라, 사랑이여. 내 신부에게 불꽃을 견디게 하고, 하찮은 포파이아를 내 왕실 침대로 부르라!

세네카 : 신부를 반대하는 적들은 백성들의 성실함과 당신 자신의 의무의 적이오.

네 로 : 다른 자가 흠을 찾지 못했소, 내가 숨겼나?

세네카 : 백성들은 최고 중의 최고를 요구한다오.

네 로 : 그럼 나의 힘을 보여주리. 모든 은혜는 다 중단되고 백성의 미욱한 마음을 떠나리라.

세네카 : 차라리 조용히 백성을 포기하오.

네 로 : 폭도가 지배자에게 명령하는 악마의 법!

세네카 : 그들의 기도가 헛되면 반드시 분노하리.

네 로 : 기도가 실패하면 폭동을 일으킨다?

세네카 : 부정하기 어렵다오.

네 로 : 폭동은 옳지 않소.

세네카 : 그럼 왕자를 포기시키시오.

네　로 : 그리고 정복당한 듯하라?

세네카 : 소문은 어리석은 것이오.

네　로 : 낙인을 하나 찍지요.

세네카 : 고매한 사람에겐 그러지 않소.

네　로 : 그러나 그들을 공격하오.

세네카 : 소문은 깨지기 쉬운 것. 당신 부친의 친절함, 당신 아내의
　　　　젊음과 정숙으로 분쇄되오.

네　로 : 됐어요, 됐어. 당신은 끈질기구려. 세네카의 허락 없이 행동
　　　　하면 안 되오? 백성들의 희망과 소망이 나에게 달려 있네.
　　　　그녀는 신성한 서약을 자궁에 넣었네. 내일 있을 우리 결혼
　　　　식을 기억나게 하려고!

《옥타비아》의 다른 장면을 기술적으로 처리한다면 매우 효과적일
것이다. 포파이아는 잘 때 악마와 불길한 꿈으로 고통받음을 유모
에게 말한다. 그녀는 악마가 다가올 것이라는 어두운 예감으로 가
득 차 있다. 불행하게도 이 장면 또한(이 연극의 다른 많은 부분처
럼) 완성되지 않았으며 단지 그에 대한 암시만 있다. 여기에 발췌해
보기로 하겠다(690).

유　모 : 어째서 침대에서 떨고 있나요, 아가씨?
　　　　숨을 곳을 찾고 있나요?
　　　　당신 얼굴이 공포에 질리고 뺨이 젖었군요.
　　　　우리가 신에게 기도로써 간청하던 그 날이 결국 오기 시작했
　　　　군요.
　　　　카이사르는 당신 품안에서 당신과 결혼하고,

당신 미모에 사로잡혀 손과 발, 마음이 묶여

전능한 비너스, 큐피드의 어머니에 의해서 당신에게로 왔죠.

아, 궁전 연회장 높은 의자에 앉아 있는

당신은 너무도 아름다웠죠!

당신이 신선한 향을 태울 때,

포도주를 들고 제단으로 올라갈 때,

고운 샤프란 면사포를 쓰고 있을 때,

당신의 사랑스러움은 원로원을 감동시켰죠.

황제는 제 발로 당신 곁에 붙어서서

커다란 기쁨의 기도 소리를 자랑스레 들었고,

사람들은 그에게 기쁨과 숭고함을 축원했죠.

영웅 펠레우스가 테시스를 잡듯이 당신을 잡고,

거품이 이는 바다를 떠난 요정은 인간의 신부가 되어,

바다의 신과 하늘의 신이 성원을 보내 주었도다.

무엇이 당신 미모를 갑자기 변하게 하나요?

왜 얼굴이 창백하고 눈이 눈물에 젖었나 말해 주오.

포파이아 : 아, 유모, 난 밤이 주는 두려운 영상에,

마음이 흩어져, 꿈이 마음을 흔들고 기절하게 하네.

낮의 즐거움은 그 뒤

밤이 오면 사라지고, 하늘은 별과 함께 닫히며,

나는 네로의 굳게 감은 팔 안에 안겨 빠져드네.

가벼운 선잠으로 아주 잠깐 동안!

음침한 얼굴들이 내 신방에 우글대네.

머리를 풀어헤치고 슬피 우는 로마 여인네들이 와서,

그들 가슴을 두드리네.

트럼펫은 찢어질 듯 울리고,

아그리파의 손에 든 불타는 횃불은 온통 피얼룩이 져 있다오.

그녀는 나를 무섭게 노려보며 횃불을 뒤흔드네!

이런 두려움에 사로잡혀 비틀거리며 따라가니

내 앞에 땅이 갑자기 입을 벌리네.

깊은 심연 속으로 빙빙 돌며 떨어지면,

나는 깜짝 놀라 기진해 일어나 앉아 신방임을 깨닫는다오.

예전에 죽은 남편 크리스피누스와 아들이 그때 나에게 다가왔

네.

크리스피누스는 나를 껴안으려 하며

오랫동안 거절했던 입맞춤을 하네.

그러나 네로는 내 집에서 떨며 달려나와

크리스피누스의 가슴 깊숙이 칼을 찔러넣었네.

이런 두려움이 잠을 달아나게 한다오.

내 영혼까지 떨리는 두려움이,

마음에 파도처럼 밀려와 내 목소리는 당신의 사랑과

충실이 내게 말을 걸 때까지 두려움에 무뎌진다오.

지옥에서 어떤 두려운 것을 나에게 보냈을까?

왜 내가 남편의 피와 죽음을 보아야 하오?

합창은 한편으로 네로의 잔인한 폭정으로 격렬해지며, 다른 한편
에서는 극복하기 어려운 사랑의 힘에 의해서 고무된다. 사랑을 이
렇게 노래한다(806).

왜 헛되이 전투를 하나?

사랑의 화살은 모든 갑옷을 뚫는데.

사랑의 불길은 당신의 불꽃을 끄고,

약해진 불길이 빛을 발하여 요브의 포로가 되게 한다네.

그를 공격하라 ─ 후회할 것이며 피로 보상받으리니

그의 분노는 무섭고도 포악하므로.

사랑은 사나운 아킬레스에게 집에서 하프를 타도록 하며

그리스를 버리게 하네.

사랑이 깨진 아트리데스는

프리암 왕국의 거대한 도시를 공격하여 타도하기를 바란다네.

그리고 지금 나의 마음은 창백하네.

신의 폭력적인 목적 때문에!

결론삼아 세네카의 첫머리의 독백 부분을 인용해 보기로 하자.
이 말을 통해서 우리는 전체 비극의 중요한 내용을 엿볼 수 있다
(377).

왜 행운의 여신은 기만적 미소와 부드러운 행동으로

내게 아첨하는가?

왜 내 만족을 깨뜨리고는 나를 높이는가?

그리 높이 들어올리는 건

무겁게 떨어지는 더 큰 위험을 보여 주려 함인가?

나는 행복하게 살았네.

코르시카의 버려진 바위 계곡에서 시샘을 피하며,

온종일 연구하고 공부하는 동안

내 영혼은 자유롭고 그것으로 바빴었네.

아, 깊은 밤 위대한 어머니와 창조주가

만든 작품을 응시하는 것은 얼마나 기쁜가!
하늘과 신성한 태양의 마차와 우주의 움직임과
달과 반짝이는 별이 차례로 오는 밤,
그리고 어두운 하늘의 아름다움을 보는 것은!
그 모두가 아름다운 때라면,
한숨 없는 혼돈으로 돌아간다면
그때 최후의 날이 기어코 닥쳐,
하늘이 불경한 인간을 분소하고 파멸시키며,
보다 나은 종족을 재창조하여 두 번째 젊음을 불어주고,
온 세상에 두번째 황금 시대를 열 터인데
지금 악행은 무리지어 모여서 우리에게 달려든다.
아, 어려운 시간
죄악은 정복, 신성모독, 난폭함, 불결한 욕망으로 대지를 휩쓴다!
이제 탐욕스런 도락은 온 세상의 소중한 보물을 움켜쥐고,
바람 속으로 던지네!

《옥타비아》의 불완전함은 기술적 관점에서 기인하는 것이지만, 그것이 가치 있는 인용이라고 생각하는 것은 의심할 바 없다. 그리스적인 연극일지라도 단지 그리스의 형식을 빌어 모아 만든 것이 아니기 때문이다. 그 주제는 단일하다. 그리고 몇몇 천재적인 작가가 진실로 장대한 비극을 쓸 수 있기를 바란다. 이 책의 뒤에서 우리는 《옥타비아》에 대해 네로 시대의 태도를 통해 다시 그려 보아야 할 필요가 있을 것이다.

전쟁과 사랑의 시

세네카가 지은 연극은 과장적인 수사와 소름끼치는 공포스런 창작물만은 아니다. 수사와 공포는 실버 에이지(은 시대, 신화상 또는 문예상의 전성기 다음 시대)의 시의 형식이며 문제였다. 그리고 그것들을 세네카의 조카 루칸(Lucan)이 시민 전쟁을 다룬 장대한 시 《파르살리아(Pharsalia)》로 번역했다. 거기에는 연애 장면에 대한 매혹적인 묘사가 등장하지 않는다. 심지어 그런 기회가 생길 법한 상황을 피하기까지 했다. 그러나 루칸은 한순간에 결정적으로 격퇴되는 전쟁 상황의 생생한 묘사에 모든 정열을 바쳤다. 여기에 마르세유 해전을 묘사한 시를 소개한다(iii, 635 ff.).

쇠갈고리 손이 배를 붙잡아,
리키다스를 찌르며, 깊숙이 잡아채지만,
동료들이 그에게 매달렸네.
그는 산산이 터져버렸네. 피가 서서히 나오지 않고,
상처에서 모든 정맥에서 함께 쏟아져 내리며,
삶의 여러 가닥은 물 위에 멈췄네.
죽은 자는 아무도 그 거친 해협에 목숨을 잃지 않았네.
허리와 다리, 텅 빈 생명의 기관들이 죽음으로 달렸네.
그러나 허파와 심장은 남아서 헐떡이네.
죽음은 길고 쓰라린 투쟁을 마감하고,
마침내 몸통을 정복하고 인간에게 승리한다.
실제적인 모습으로 죽음은 나타난다.
두 적선이 충돌하여 헤엄치는 자를 찔렀다.
무시무시한 충격으로 그의 가슴은 갈라지고

몸통과 산산이 부서진 사지는 충돌을 피하지 못하며,
짓이겨진 창자가 입으로 쏟아지고 피와 살을 토하네.
높은 뱃머리에 서 있는 티르헤누스는
리그다무스가 쏜 투석기에 맞았으며,
총알이 텅 빈 신전을 때려 부수었네.
모든 힘줄의 피가 터지고,
눈은 머리 밖으로 튀어나왔으며,
그는 눈이 멀어 놀라며,
이것이 죽음의 그림자라 생각하네.

    루칸은 소름끼치는 묘사를 하는 재능을 시험하기 위해 전투 장면
에만 한정하지는 않았다. 그리스인 마녀 에리크토의 출현에서, 그
의 상상적 탐험은 죄악과 공포로 깊이 빠져든다(vi, 515 ff.).

    그녀의 불경스런 얼굴은
    지옥에서 온 듯 태양을 전혀 못 본 듯 창백하게 질렸다.
    바람과 검은 비구름이 별을 가릴 때,
    마녀는 도굴한 무덤에서 운석을 찾으러 나간다.
    그녀의 걸음에 새싹은 오그라들며 타고,
    그녀의 숨결에 대기는 독물이 든다.
    어떤 신도 어떤 신성함도, 어떤 요정도, 어떤 제물도,
    그녀의 엄숙한 의식에 힘쓰지 못하네.
    무덤에서 의식용 장작의 불꽃이 그녀의 제단 위로 향을 태운다.
    그녀의 첫번째 기도에 신의 어떤 위대한 저주도
    두려워 두번째 주문을 외지 못하네.
    영혼이 아직 살아 있어 몸을 움직이는데,

그녀는 무덤에 묻는다. 운명은 그들의 삶을 소유하지만
죽음은 그것을 가지려 하지 않네.
무덤에서 그녀가 치르는 장례식은 군인을 살리네.
장작에서 연기 나는 재를 와락 잡아채
젊은 뼈를 태우는 의식의 횃불은 부모의 손에서 나오고,
그녀는 불탄 관에서 나는 연기와
재 속에서 꿈틀대는 수의와 군인의 재를 모으네.
오, 석관에 시체가 담겨 있으면
부패하여 음습한 물기를 빼내고,
천천히 군인을 굳게 하며,
그녀는 그 사지에 격분하며 눈에 손을 찔러 넣어,
자라난 말라빠진 손톱을 갉는다.
치명적으로 목 졸린 남자의 코를 물어뜯어 떼어내고,
교수형 당한 군사를 처형대에서 벗겨내
살을 빗물로 다져서 썩게 하고 뼈는 태양으로 요리하네.
손톱이 손을 뚫고 들어가며,
모든 팔다리에서 꺼멓게 썩은 물이 나오네,
증류시킨 독을 모아 단단한 근육을 비틀고 씹고 있네.
드러난 맨 땅에 드러누운 군인을 상처내지 않을 것이나,
굶주린 늑대를 기다려
그들의 간절한 목구멍에 찢어 던질 것이다.
열린 목구멍으로 쏟아지는 새로운 피가 필요하면
그녀의 손은 살인을 피하지 않네.

이것으로 충분히 이해가 갈 것이다. 우리가 인용한 것에 다른 놀
라운 정경을 삽입하는 것은 쉬운 일이다. 그러나 루칸은 전쟁 중의

유혈과 살인에서 이따금 다른 주제로 넘어간다. 두번째 책은 정말로 매혹적이고 목가적인 작은 사건을 담고 있다. 마르키아가 남편이 보내준 호르텐시우스가 죽은 후 첫 남편 카토에게 돌아가는 내용이다(ii, 326 ff.).

그동안 지독한 밤은 새벽에 밀려나고,
노크 소리가 들렸다.
남편의 무덤을 떠나면서,
경건한 슬픔으로 가득 찬, 마르키아가 들어왔다.
고상한 남편은 그녀의 처녀성을 가져갔다.
그때, 결혼의 값진 보상으로 세번째 아이가 자랐을 때,
다산한 어머니와 그 집을 연결하여 많은 자식을 가지려는
다른 가정이 찾아왔다.
이제, 남편의 재는 단지에 들어 있고,
그녀는 가련하게 긴장하여 풀어헤친 머리를 쥐어뜯고,
가슴을 계속 두드리며 장례식 재로 더럽혀진 채 찾아왔다.
그렇게 그녀는 카토를 기쁘게 했다. 그에게 말한다.
"카토, 내 몸에 강하고 많은 피가 흐를 때,
당신 뜻대로 두 남편에게 아이를 주었죠.
내 자궁은 이제 피로해요. 당신께 돌아가게 해 주세요.
그리고 다른 남편을 저에게 주지 마세요.
다시 우리 결합을 허락하세요.
내 무덤이 '카토의 아내 마르키아'로 불리게 해 주세요.
후세에 내가 결혼 선물로서 당신을 떠났는지
버려진 사람처럼 당신을 떠났는지 알게 해 주세요.
당신이 나와 함께 번영과 평화를 나누지 않겠다면,

당신의 근심과 고통을 나누어 갖겠어요.

당신의 주둔지로 가게 해 주세요.

시민 전쟁으로 남편을 떠난 폼페이 여인보다 멀리 떠나야 하나요?"

그녀의 항변은 남편의 마음을 움직였다.

'무기'를 위해 우는 위기, 운명은 결혼과는 생소한 것.

신만이 증인인 간단한 결합과

진실한 결혼은 그들 마음을 기쁘게 했다.

금칠한 문지방도 없이, 기쁨의 화환도 없이,

문과 지붕을 연결하는 기쁨의 하얀 리본도 없이,

행진 횃불, 상아빛 단 높은 의자도 없이,

금장식이 달린 덮개도 없이,

결혼 왕관 없이, 엄숙한 신부 입장도 없이,

문지방을 가볍게 가로질러 걸으며,

고개 숙인 얼굴을 가릴 샤프란 면사포도 없이,

그녀의 정숙을 표현하는 섬세한 의복도 없이,

꽃장식 옷을 맬 보석 허리띠도 없이,

그녀의 어깨를 빛내줄 목걸이도,

날씬한 팔 위로 하늘거리는 스카프도 없이,

그녀는 슬픔으로 말이 없다.

그녀는 어머니가 아들을 안 듯 남편을 포옹할 뿐이다.

그녀는 간단한 옷으로 상복을 덮었다.

결혼의 농담도 없었고,

남편은 늙은 사비네의 노래도 따라 부르지 않았다.

친척도 가족의 얼굴도, 웃음도 없었다.

증인은 브루투스 하나만 두고 조용히 결혼했다.

그리고 카토는 덥수룩한 머리의 경건한

얼굴을 풀지 않았고 미소도 짓지 않았다.

그가 운명적인 무기가 들리는 것을 처음 보았을 때,

다듬지 않은 회색 머리를 눈썹 위로 쓸어올리며,

덥수룩한 수염을 쓸며 괴로워했다.

그 홀로 야망과 증오에서 자유로워 인간을 위해 울었다.

이제 결혼의 권리를 다시 시작하는 것이 아니다.

사랑조차도 그는 완강히 거부했다.

그것이 카토의 규칙!

그런 완전함은 한계를 분명히 하고,

본성에 따라 그의 생을 나라에 바치며,

자신을 위해서가 아니라 세계를 위해 살고자 하는 것.

배고픈 자를 정복하는 것은 연회다.

그를 위한 궁전은 초라한 집이며,

그를 위한 값진 옷은 평화로운 시대에

로마에서 입는 거칠게 짠 토가

사랑이 필요한 하나의 이유는 자식.

그는 로마를 위해 사랑하고 자식을 낳았다.

정의와 경건한 명예, 덕행은 세상을 돕는다.

그는 이것을 숭배했다.

꼼짝 않는 카토에게 기쁨과 욕망이 저절로 다가왔다.

우리는 이 문장을 사랑과 결혼에 대한 금욕적 개념에 접근하기 위해 인용했다(그러한 개념이 초기 그리스도교에 영향을 주었음을 알 수 있다). 당연하게 루칸은 클레오파트라에 대해서도 관심을 두지 않았다. 그는 그녀를 단지 강건한 카이사르마저도 유혹한 수치를 모르는 방자한 여자로 볼 뿐이다.

> 레우카디아 바다 위에 의심스런 사건이 생겼다.
> 한 외국 여성이 세계를 지배한다고.
> 그런 대담함이 밤새 로마 장군의
> 사랑을 받은 첫 이집트 여왕이 되게 했다.
> 누가 당신의 광적인 정열을 용서 않겠나,
> 안토니우스, 카이사르의 강철 심장이 언제 녹았던가?
> 분노와 광란의 한가운데서,
> 폼페이우스의 유령이 궁전을 거닐고,
> 파르살루스의 피가 녹았다.
> 그는 근심을 좋아했다.
> 전쟁 소리 가운데서 그는 연인과
> 사생아를 위해 커다랗게 한숨 지었다.
> 재판관을 매수하여 밤의 죄악을 나누어
> 그녀의 부정한 아름다움은 승리했다.

열 번째 책에서(66 ff.) 루칸은 이집트의 매혹적인 여자에 대해서 기술하지만, 그녀의 육체적 매력에 대해서는 단 한 마디의 설명도 하지 않는다. 단호한 금욕주의자 젊은 루칸은 그런 것들을 혐오했다. 그밖에도 그는 종종 평범한 일들을 금욕적 교훈으로 풀어나갔다. 그는 가난해서 태평스레 잠드는 것을(vi, 527 ff.) 칭송했으며, 사치와 관능을 비난했다(iv, 373 ff.).

페르시우스

페르시우스의 삶과 작품은 네로의 통치 시기에 전개된다. 페르시우스는 그처럼 금욕적인 친구들과 함께 학자로서 은둔하며 살았다. 그리고 29, 30세경에 위장병으로 죽었다. 풍자 5편에서 나타나는 매력적인 자서전의 글이 없었다면 그의 여섯편의 풍자는 이 책에서 다룰 만큼 중요하지는 않았을 것이다.

우리는 여기저기에서 동성애의 충동을 승화시킨 로마인이 몇 사람 안 된다고 했다. 고대의 전기 작가는 페르시우스의 "빈약한 몸과 부드러운 좋은 인상"에 대해서 언급했다. 그가 어려서 아버지를 여의고, 여자 식구들 사이에서 자랐으며, 여성에 대한 성적 지식이 전혀 없었다는 것은 알려진 사실이다.

이것은 그의 시 여기저기에서 이성애에 대한 혐오를 저속하게 표현하는 것으로 설명할 수 있다. 나는 그가 모든 애정 생활을 남성으로 한정지었다고 추측한다. 물론 증거가 없으므로 동성 연애자라는 딱지를 붙이지는 않겠다. 페르시우스가 자신에게 하는 이야기를 들어보기로 하자(v, 19 ff.).

> 나는 힘을 아무 무게 없는 기록을 남기는
> 자잘한 비극에 쓰지 않네.
> 내 이야기는 사적인 것. 내 마음으로 그것을 가려낸다.
> 뮤즈가 너에게 힘을 준다.
> 나의 마음으로 너의 위대한 부분을 보고
> 친애하는 벗 코르누투스가 숙련된 솜씨로 이를 검사하네!

화려한 장식에서 견고함을 찾아낸다.

너에게 매달린 내 복잡한 영혼이 얼마나 깊은지 말하기 위해,

그리고 말로 할 수 없는

내 마음의 깊이를 솔직하게 설명하기 위하여

이제 나는 천 개의 입을 갖기를 기원하네.

내가 처음으로 유치함을 벗어버렸을 때,

내 젊음을 두렵게 한 억누름도 사라졌고,

친구가 정중해지고,

내 선량한 인성이 도시의 추악함을

자유로이 볼 수 있는 특권을 주었을 때,

그릇된 무지가 주춤거리는 마음에 놀라는 모호한 길에서,

나는 내 자신을 너, 코르누투스에게 맡겼다.

나의 모든 유치함으로 네가 소중히 하는 삶을 경험했다.

소크라테스처럼 즐겁게.

그리고 보이지 않는 너의 규범이 비틀어진 나의 성격을

부드럽게 해주었다.

복종과의 싸움으로 짓눌린 내 영혼은

너의 손으로 구체화되고 조작되었다.

그래, 너와 함께 여름의 태양을 즐기던 것이

향연을 즐기기 위해 처음으로 밤의 꽃을 따던 것이 생각난다.

우리는 일을 끝내고

소박한 탁자 앞에서 긴장을 풀고 함께 쉬었지.

어떤 법에 의해 일치된 우리 삶이 하나의 별에 의지하여

조화된 것을 절대 의심하지 마라.

그것들은 진실한 운명에 의해 똑같은 형태로 결정이

되지 않았을 것이다.

아니면 시간이 친구가 태어났을 때
우리의 운명을 쌍둥이로 결합하고
몇몇 우정의 별이 나와 너를 융화시키는 것에
적대하는 사투르누스를 우리의 별 요브가 물리친 것이다.

　학생이 선생에게 감사하는 이 중요한 감동적인 고백은 페르시우스가 자라서 수부라(창녀들이 주로 살았던 곳)를 관찰할 수 있었으나, 그가 가장 사랑하고 존경하는 선생의 지도로 철학에 골몰하기를 좋아했던 시절에 대한 그의 이야기다. 만일 페르시우스가 그의 선생이 소크라테스를 사랑하듯이 자신을 사랑했다고 말한다면, 그는 최소한 동성애에 대해서 매우 고상하게 생각하고 있는 것이다. 우리는 사랑이란 너무 숭고해서 성에 대한 어떠한 의식적인 표현도 담을 수가 없다고 말할 필요가 없다. 이것은 페르시우스가 그의 선생에게 할 수 있는 최대의 찬사다(v. 63 ff.).

　　당신은 한밤중을 넘기면서 창백해지네,
　　젊은 원예사처럼, 당신은 어린 이삭을 뽑아,
　　금욕의 과일과 함께 뿌리네.
　　젊은이여, 오라, 늙은이여, 오라!
　　여기서 네 마음의 목표와 일생의 위안을 찾으라.

　이 표현은 노인들이 죽을 때까지 교육을 확대해야 한다고 생각하는 사람들과 "젊은이를 교육시키는 것"을 항상 좋아하는 사람들에게 던져주는 말인 것 같다.

도미티아누스 시대의 시인들

발레리우스 플라쿠스

네로 시대 이후의 서사시는 네로 시대의 형태와 취향에서 확대되었다. 그 주요 대표자는 발레리우스 플라쿠스(Valerius Flaccus), 실리우스 이탈리쿠스(Silius Italicus)와 스타티우스(Statius)다. 리베크는 그 모든 작품들의 흉포한 성격과 장면, 악마와 광기의 어두운 힘, 지하 세계의 공포, 대규모 전투와 죽음의 기괴하고 혐오스런 죽음의 생생한 묘사에 대해서 조사했다.

그 연구의 최소한의 유익함은, 로데스의 아폴로니우스(Apollonius)가 지은 서사시 《아르고 선》의 번역을 시도한 발레리우스 플라쿠스에서 나타났다. 그 번역은 전체가 보존되어 있지 않으며 메데아가 야손의 불성실함을 깨닫기 시작하는 지점에서 갑자기 중지된다. 물론 그 줄거리는 유명한 아르고 선의 항해와 메데아의 도움으로 황금 양털을 훔치는 것이다.

그러나 우리의 특별한 관심은 로마시의 독특함과 그들 시대의 특질이라는 몇 가지 작은 장면에 있다. 예를 들어, 마치 로마인들이 로마 제국을 위해 아시아나 머나먼 골 지방으로 전투를 하러 사랑하는 가족을 떠날 때 반드시 작별 인사를 하듯이, 펠레우스가 아르고 선이 항해를 떠나기 전날 밤, 자신의 어린 아들 아킬레스에게 작별하는 장면이 그것이다. 이 장면은 짧지만 충분히 깊고 부드러운 느낌이 있다. 젊은 아킬레스의 선생인 반인반마의 키론은 산 위에서 아래로 뛰어내려, 아버지를 자기를 부르고 있는 아들에게 인도한다.

"소년이 그의 아버지가 자신의 목소리를 알아 듣고 팔을 활짝 펴고 그에게로 서둘러 다가오는 것을 보고 그는 아버지에게로 뛰어가 그의 목을 오랫동안 열렬하게 끌어안았다."

소년은 영웅을 존경하는 눈빛으로 응시한다. 그는 그들이 나누는 웅대한 대화를 들으며, 헤라클레스의 강인한 몸을 보고 만지는 것을 허락받는다. 펠레우스는 부드럽게 아들에게 입맞추며, 그의 앞날에 하늘의 축복이 있기를 간절히 기원한다. 그리고 소년의 교육을 위해 마지막 명령을 내린다. 그는 전쟁과 전투의 예술을 배우며, 사냥과 창던지기를 연마한다(i, 255 ff.).

부드러운 사랑의 장면에 덧붙여, 이 서사시는 로마적 취향으로 흥미있는 비평을 달아 아폴로니우스 원작의 유사한 장면과 비교되는 끔찍한 전투에 대한 묘사를 담고 있다(예를 들어 그러한 장면들은 iii, 15-361과 vi, 317-385에 있다). 로마 시인이 그리스 시인보다 더욱 깊은 통찰력으로 메데아의 성격을 빚어낸 것을 찾아보는 것은 특히 흥미있는 일이다. 그 둘 모두는 야손에 대한 새로운 사랑과, 친척에 대한 충실함 사이에서 그녀의 영혼이 갈등하는 것을 사실적이고 미묘하게 묘사하고 있다. 그러나 발레리우스 플라쿠스는 그녀의 사랑의 탄생과 발전을 더욱 기술적으로 묘사한다. 그는 후기 시대에 속하며 여성을 경험과 통찰력으로 보는 것을 오비디우스와 프로페르티우스에게 배웠다.

실리우스 이탈리쿠스

다른 종류의 작품은 역사적이라기보다는 민족적 서사시인인 실리우스 이탈리쿠스의 《푸니카(Punica)》다. 《푸니카》는 마치 《아이네이드》의 속편처럼 표현되었다. 이것은 로마인의 영웅적 노력과 한니발과 대적하는 전쟁 지도자에 대해서 노래한다. 우리가 여기에서 언급하는 것은 훌륭한 과거를 허약하고 평범한 현재의 거울로 삼는 점에서 루칸의 시(어느 정도까지는 동일한 기술적 장치를 사용한다)와 유사하기 때문이다. 전체의 시는 금욕적 믿음과 태도로 가득차 있다.

아, 로마인이여, 적을 패배시킬 만큼 용감하여 성공을 품으라!

최후까지 그렇게 하라!

하늘은 트로이 인종을 절대 시험하지 않으리.

다른 전쟁에서 그렇게 했듯이!

그대의 행운 앞에서

그대의 상처를 숭배하여 울기를 그쳐라, 로마여.

상처는 그대의 월계관.

앞으로 그 누구도 더욱 위대한 것은 보지 못하리.

그대의 성공은 그대에게 내려와,

오직 그대의 위대한 승리만이 그대의 영광을 지키리.

이것은 칸나이 전투를 묘사하는 시인의 통곡이다. 그 표현은 전체의 서사시를 가득 메우는 가녀린 영혼의 충격을 충분히 보여 준다. 그의 세대에 대한 금욕적 비난은 다음과 같은 표현으로 칸나이에 대한 호머적인 묘사를 마감하도록 이끈다.

그것은 그때의 로마였네. 카르타고, 만일 그대가 죽은 후

로마가 그의 덕을 잃는다면, 그대는 반드시 살아나리!

우리가 기대하듯이 이 시는 무기 소리와 격렬한 전투의 섬광으로 가득 차 있다. 그리고 그런 장면은 세네카와 루칸의 작품에서 보았던 전문적 기법으로 묘사되었다.

여기에 몇 가지 예가 있다. 칸나이 전투의 영웅 스카이볼라는 카르타고에서 던진 바위에 얼굴을 맞는다(ix, 397).

무거운 타격 아래 그의 턱이 부서졌네.
그의 얼굴은 찢기고, 짓이겨진 뇌수와 피가
검붉은 핏덩이가 콧구멍에서 쏟아졌네,
박살난 머리와 부서진 눈두덩에서 눈이 떨어졌네.

이것보다 더욱 놀라운 것은 카르타고인이 하스드루발을 살해한
노예를 고문하는 장면이다(i, 169 ff.).

사나운 카르타고인이 슬픔으로 거칠어져
(잔인함에 목마른 인종), 고문을 서두르네.
시뻘겋게 달아오른 강철봉, 수천번의 매질로
떨리는 살을 난도질할 모진 채찍,
고문관의 잔인한 손, 몸속 깊이 들어붓는 죽음의 고통,
열려진 상처에서 타오르는 불꽃, 공포!
그의 사지는 야만적 방법으로 구부러졌고,
고문관의 횡포함은 완전히 극에 달했네.
피는 정맥을 떠났으며,
녹아드는 사지에서 뼈가 끓고 연기가 났네.
그의 마음은 다치지 않았네. 그는 고통 앞에 비웃었네.
그것을 보았던 것처럼, 고문하는 자의 피로를 모욕했네.
심한 고통으로 울부짖으며.

살인자가 이 무시무시한 장면을 그의 죽음의 고통이 자신의 과업
이 달성된 기쁨으로 극복하였으므로 그를 고문하는 자들 한가운데
서 웃는 평범한 사실적 진술과 리비우스(Livy, xxi)의 진술을 비교

하는 것은 흥미있는 일이다. 그러나 독자들의 취향과 요구를 알았던 실리우스는 모든 공포에 대한 세부 묘사를 독특하게 한다.

같은 방식으로 우리가 스키피오에서 라일리우스의 찬사(xv, 274 ff.)를 읽을 때는, 실리우스와 그가 살았던 시대에 대해 생각해야 한다. 라일리우스는 부대가 스페인 지휘관의 약혼녀를 생포한 후, 그녀를 자신의 전리품으로 차지하여 고스란히 약혼자에게 돌려보낸 친구를 칭송한다. 도미티아누스 시대의 로마인에게 이것은 당당하고 영웅적인 행동으로 보였다.

> 라일리우스는 외쳤다.
> "존경받고 영예로운 지도자는 그대의 청렴을 칭찬한다!
> 전설 속 명성 높은 영웅도 그대에게 양보하네.
> 아가멤논 장군은 천 척의 배를 출전시켰고,
> 아킬레스는 남부를 지원하기 위해 북부를 이끌었으나,
> 사랑하는 여인이 그들의 순결한 맹세를 깨뜨렸도다.
> 모든 텐트가 모여 있는 트로이 평야에서
> 포로가 된 연인이 있었네.
> 그대는 홀로 타국의 여인을 카산드라보다 더 순결하게 지켜주었네."

이 시인은 자신의 믿음을 독자들에게 충분히 전달하고 싶을 때면 역사적으로 있을 법한 이야기를 약간 다룬다. 한니발은 아내와 헤어지면서 로마의 스토아 학파 철학자처럼 말한다(iii, 133).

> "충실한 아내여, 그대의 슬픈 예감을 버리시오.

평화로울 때와 전쟁에서도, 우리 삶의 몫은 정해져 있소.
우리의 탄생은 우리의 죽음을 낳았다오."

그리고 실리우스는 스페인에서의 어려운 지휘를 맡을지 않을지에
대해서 고려하는 것처럼 젊은 스키피오의 영혼 속의 도덕적 갈등에
대해 예감하면서 정말로 스토아 철학의 설교자가 된다. 기로에 선
(크세노폰과 관련된) 헤라클레스의 유명한 우화에서와 같이, 덕행
과 쾌락이 스키피오 앞에 제기된다. 그것들은 그의 앞에서 근엄한
금욕주의와 명랑한 쾌락주의의 대결처럼 수사적 논쟁을 시작한다.
그것들은 각각 정반대의 이념을 그에게 불어넣으려고 한다. 쾌락이
도덕의 진부함에 대해서 결론을 내린다.

"이것에 주의하라. 그대의 인생은 빨리 지나가며,
두번 태어날 수 없네.
세월은 유수와 같고 죽음은 정해져 있네.
그대의 그 어느 보물도 저승으로 가져갈 수 없으니.
죽는 순간에
어느 누가 쾌락을 잃은 것을 슬퍼하지 않으리?"

덕행은 이렇게 반박한다.

"그대처럼 반드러운 쾌락을 쫓는 자에게
위해를 가하는 것은 신의 분노도 적의 창도 아니다.
그대의 벗들은 술고래와 사치,
그리고 불명예가 그대 주위에 검은 날개를 펼치네.

나와 함께 명예, 칭송, 영광으로 나아가세,
명예와 승리는 눈처럼 흰 날개를 달았네,
승리의 월계관은 나를 스타로 만든다네."

스키피오는 그가 결심했던 것처럼 덕행을 따른다. 그러자 쾌락은 마지막 말을 하면서 이렇게 예언한다.

"나의 시대는 오리.
그 시대는 로마가 나에게 열렬히 경의를 표하려는 때,
오직 나에게만 아첨하며 존경하는 때이니."

실리우스는 여러 가지 기억할 만한 장면에서 덕행의 개념을 도출한다. 그 장면은 지금 부당하게 무시되어 학자들은 별 문제로 하고 이제 더 이상 아무도 《푸니카》를 읽지 않는다. 그러나 그것은 중요하고 가치 있는 시다. 예를 들어, 그 시는 우리에게 적으로부터 깃발을 지키는 데 안간힘을 쓰는 기수를 보여 준다. 그는 치명적인 부상을 입고, 기절하여 땅에 쓰러진다. 그리고 결국 자신의 의무를 땅에 묻기 위해서 스스로 깨어난다. 그의 마지막 삶의 불꽃은 자신의 일을 마친 후에 꺼지며, 성스러운 잠으로 영원히 빠진다. 그것은 실리우스가 침통하게 말한 단지 이름으로만 알려진, 죽으면서까지 지킨 신의다(i, 329).

또 다른 일화(xiv, 148 ff.)는 금욕적 신조의 고상한 인간애에 대한 증거를 보여 준다. 트라시메네 호수에서 카르타고인에게 사로잡힌 한 에트루리아 군사가 친절한 대우를 받고 고향으로 풀려났다.

그는 로마 군대에 다시 입대하여 시실리에서 카르타고군과 싸웠다. 그곳에서 그는 우연히 전에 그를 사로잡았던 자와 부딪혔으며, 그를 알아보지 못하고 때려 눕혔다. 카르타고인의 얼굴을 가렸던 투구가 깨졌으며, 그는 자비를 간청했다. 에트루리아인은 그 친구를 알아보고 깜짝 놀랐다.

> 에트루리아 전사는 칼을 떨구고는
> 신음하면서 눈물을 떨구고 말했다.
> "아, 애원하지 말게나! 그대 생명은 안전하네.
> 적을 구하는 것은 나의 의무.
> 처음부터 끝까지 신의를 지키는 것,
> 그것은 훌륭한 군인의 징표이며 직무.
> 그대가 먼저 나에게 생명을 주었고,
> 나를 구했으니 그대도 또한 살아날 것이네.
> 내 오른손이 물불을 가리지 않고
> 그대가 돌아가는 것을 거부한다면,
> 나는 잔인한 운명을 받아들이게 될 것이며
> 가장 깊은 지옥으로 던져질 것이네."
> 그렇게 말하고 꿋꿋하게 그의 생명을 지켜주고 떠났노라.

'명예'의 후반부에서도 똑같은 정신이 숨쉬고 있다(xiii, 281 ff.).

> 높은 하늘에서
> 순결한 명예가 반역자를 보고, 그들을 휘저었다.
> 그 목소리는 비밀스럽게 그들 귀로 파고들었다.

"잔인한 칼을 넣어라! 약속을 지켜라!
순결한 명예를 지켜라.
그것은 왕의 즉위보다 더욱 강력하니라.
친구의 희망이 실낱 같은 불확실한 시기에
엄숙한 계약을 깨뜨리는 자는
가정도 아내도 끊임없는 고통에서 영원히
자유로운 삶도 얻지 못하리.
땅과 바다에서 모욕당한 명예와 그 복수를 피해 달아나며,
밤과 낮을 떠돌면서 고통을 받으리."

이 언어들은 사람이 사람을 대하는 그리스도교적 태도와 흡사한 표현이다. 이로써 학자들이 어째서 가장 순수한 그리스도교의 교리는 로마의 스토아 철학에서 나온 것이라고 항상 주장하는지를 쉽게 이해할 수 있다. 《푸니카》는 분노와 죽음에 대한 잔인한 묘사와 훌륭하고 인간적인 최후에 대한 내용을 담고 있다. 우리는 이 책의 저자가 페르시우스의 고문자이며 친구인 스토아 철학자 코르누투스의 친구라는 것을 알고 있다. 리베크의 글로 이것을 요약해 보기로 하자.

"이 시 전체에 부드럽고 계몽적인 정신이 숨쉬고 있다. 그리고 작가는 로마를 위대하게 만든 요소에서 영감을 받았다."

여기에다 우리는 부드러운 정신은 스토아 철학에서 처음으로 만들어졌으며 로마는 질적으로 매우 다른 것에 의해서 위대해졌다는 것을 첨가해야 한다.

스타티우스

스타티우스의 작품 세계

도미티아누스 시대의 세번째 서정 시인은 스타티우스다. 그는 나폴리에서 태어났으나 청년기에 로마로 와서 훌륭한 교육을 받았다. 그는 독서로 도덕가가 된 것이 아니라, 세계를 있는 그대로 받아들였다. 그의 관심과 포부는 황실에 있었다. 그는 부유한 귀족들의 집에서 우아한 즉흥시를 짓는 재능으로 인기를 얻었다. 그는 소렌토만의 아름다움에서부터 황실의 시종 에아리누스의 최초의 이발까지, 어떤 주제로든 매혹적으로 특별한 시를 즉석에서 지었다. 그는 청중이 요구하는 대로 신화적 암시로 가득 찬 결혼 축시나, 죽은 친척을 위한 감상적인 시 등을 지을 수 있었다. 후에 이런 친근한 소품들을 《실바이(Silvae)》라는 제목으로 엮었는데, 이것은 다음 장에서 다룰 것이다.

스타티우스는 특히 《테바이드(Thebaid)》라는 서사시로 유명해졌는데, 이것은 테베에 대항한 7인의 고대 그리스인의 이야기를 실버 에이지에 관하여 전문적으로 기묘하게 지은 시다. 그 줄거리는 리베크가 말하듯이, "죄악과 유혈에 관한 멜로 드라마"이며, 이 서사시는 스타티우스가 그만큼 위대한 작품을 만들고 싶었다면서 추켜세웠음에도 불구하고, 로마인에게 인기 있는 국민적 서사시인인 베르길리우스의 《아이네이드》와 비교하는 것에 대해서는 용납하지 않는다. 전투와 공포에도 불구하고 거기에는 스타티우스의 다른 작품의 매력적인 특성을 보여주는 특별한 장면이 있다. 예를 들어 아직도 소년티가 나는 젊은 영웅 파르테노파이우스를 초혼한 것이 있다. 그는 표현할 수 있는 최선을 다해서 모든 우아함과 정교함으로 묘사를 하고 있다(iv, 251 ff.).

그가 건강하게 자랐다면, 전쟁의 냉혹한 위험에 직면한
모든 전사들 중 누구도 그만큼 흠 없는 얼굴과,
환영받는 아름다움, 고상한 마음을 가진 자가 없었을 텐데.
숲의 원예사, 강의 신, 숲의 요정인들
그에게 매혹되지 않을 자 누구인가?
메날루스의 숲에 있는 다이아나는
풀밭에 놓인 그의 오른발을 보면서,
방황하는 그의 어머니를 용서했다네.
그리고 그들이 말하기를
그녀는 그의 어깨 위의 화살통과 화살에 눈독을 들였다네.
그는 호전적으로 무기 소리와 트럼펫 소리에 불타올라,
금발을 먼지로 더럽히며 사로잡은 말을 타고 앞으로 뛰어나갔네.
그는 회피하기를 싫어했으며
자신의 화살에 사람의 피가 묻지 않은 것을 부끄러워했다네.

그는 다시 등장한다(vi, 561 ff.).

이제 파르테노파이우스를 위하여
경기장의 종잡을 수 없는 작은 소리를 중지시키네.
그 어머니의 속도는 유명하니,
그 누가 아탈란타의 명성과 그녀의 모든 탄원자에 의해서
발자취가 보존됨을 모르리?

그 명성으로 그녀는 아들을 괴롭히네.
이제 그는 리카이우스 산의 글라디올러스 사이에서
맨발로 겁 많은 암사슴을 잡으며, 날아가는 창을 따라잡네.
결국 그는, 군중들을 재빨리 뛰어넘어,
망토의 황금 자물쇠에서 풀려나네.
그의 사지는 앞으로 밝게 빛나며,
벗은 몸은 그 아름다움으로 생기가 넘치며,
어깨와 부드러운 가슴은 그 얼굴만큼이나 아름다운 자태를 드러내네.
그는 자신의 미에 대한 칭송을 경멸하네.
경배자들을 피하네. 그리고 이제, 제물인 올리브를 집어,
부드러운 기름으로 피부를 검게 하네.

이 젊은이의 죽음은 후에 나온 책에서 감동적으로 묘사되고 있다.

시에 나타나는 계략

서사시는 그 시대의 진실이다. 죄악과 유혈의 사태는 어느 시대에나 항상 일어나게 마련이다. 중요한 사례는 5권에 나오는 아내들에게 살해되는 렘족의 이야기다. 폴릭소는 그녀의 친구들이 남성들의 부당함에 대항할 것을 아리스토파네스의 《리시스트라타》의 말을 빌어 깨우친다(v, 104 ff.).

하늘과 정당한 분노로 고무된 행동으로,
그대 렘족의 과부들이여, 용기를 갖고, 자신의 성별을 잊어라!
나는 준비하고 있다.

만일 그대들이 영원히 텅 빈 가정과

무시받고 낭비되는 젊음과

암담한 불모의 세월을 증오한다면,

우리가 그리는 새 삶을 찾는 방법을 안다.

하늘도 도울 것이다.

용기를 내라, 용기는 그대의 슬픔만큼 위대하니

우선 내게 그것을 보증하라.

이제 세번의 겨울이 지났다.

누가 신성한 결혼 의식을 책임지는가?

누가 남편의 사랑을 열망하는가?

탄생의 신은 누구를 돕고 있는가?

그 오랜 동안 누구의 기도가 그녀에게 들렸는지 나에게 말하라.

그러나 짐승과 새들은 자유로이 짝을 짓는다.

겁쟁이들! 그리스의 한 아비는

복수를 위해 딸들을 무장시켜 반역적으로,

의심 없이 선잠든 남편을 피로 흠뻑 적셨다.

이 연설은 여성들이 그들의 남편을 살해하는 무서운 서약을 맹세하도록 자극하고 있다(v, 152).

그때 작은 숲에서, 미네르바 산의 봉우리는

검은 그림자가 드리워졌고,

그 아래 산은 흐릿하게 보인다.

햇빛은 두 겹의 어둠으로 스러졌다.

그들은 살인을 진실하게 맹세했다.

호전적인 엔요와 죽음의 신 케레스와 지하의 여신들이

이를 보려 지옥을 떠났다.

그들의 비밀은 비너스를 움직였고,

비너스는 무장하여 그들의 분노를 정화한다.

부정한 제물! 한 여인이 자신의 아이를 데려왔다.

그들은 손과 가슴이 붙도록, 자신들을 졸라매고,

가슴을 찔렀다(이상스런 금속에 전율하며).

아이의 새 망령이 어미를 따라다닐 때

그들은 피로써 달콤한 죄악을 맹세했다.

남편이 아무것도 모른 채 집으로 돌아온다(v, 186).

집안 구석구석까지 그리고 신성한 숲에서

그들은 푸짐히 잔치했고, 충심으로 걷어들인 많은 금을 탕진했다.

그리고 모든 트라키아 전투에서 로도페와 하이무스가

한 전쟁 부역을 또다시 거론했다.

그리고 여전히 잔인한 아내들은

푸짐한 식탁 앞에서 아름답게 치장하고 화환들 속에 누워 있다.

비너스는 이 최후의 밤을 위하여 남편 형상을 빚었다.

그들에게 짧은 평화를 주어

그들 속에 헛되고 짧은 정열을 불태웠다.

이윽고 밤이 된다. 여인들은 사랑에서 살인으로 돌아선다(이러한 주제는 스타티우스가 저술했던 시대와 놀랄 만큼 어울린다). 전체적으로 가학적 잔인성을 보이는 장면은 두 개의 항목으로 예시될 수 있을 것이다(v, 207 ff.).

화환을 받아 즐거운 엘리무스는

푹신한 쿠션에서 포도주에 취해 헐떡이며 잠이 들었다.

아내는 그 옆에서 칼로 찌르기 위해 옷을 벗기며 서 있다.

그러나 그는 죽음이 코앞에 닥쳤을 때 잠을 깼다.

의심에 찬 눈으로 당황한 그는 적을 잡았다.

그의 품안에 갇힌 그녀는 자신의 가슴까지 닿도록,

그의 등을 단도로 찔렀다.

죄악은 저질러졌다.

그의 머리가 뒤로 넘어갔다.

눈에 아직 사랑을 담고, 그 열정은 그녀의 이름을 중얼대며

팔은 그녀 목 위에서 굳었다.

그리고 또 하나는 다음과 같다(v, 252 ff.).

숨진 얼굴들이 쿠션을 눌렀다.

벌어진 가슴에서 칼자루가 보였다.

거대한 창의 파편들이 거기에 있었다.

옷은 몸에서 짓이겨졌으며

술잔은 엎어졌고 연회는 살육에 잠겼다.

벌어진 목구멍에서 쏟아져 나오는 포도주는

피와 섞여서 잔으로 밀려들었다.

젊은 군중들, 폭력으로 무장된 테두리 뒤에 서 있는 노인들

신음하는 아비들 위에서 반죽음된 아이들이

삶의 문턱에서 흐느껴 우는 그들의 영혼을 떠났다.

이런 종류의 장면들은 가장 혐오스런 것으로까지 이어진다(viii,

751 ff.). 피에 굶주린 티데우스는 그의 부하에게 적의 머리를 잘게 썰도록 하며, 미칠 듯이 분노하여 그것을 이빨로 잡아찢도록 한다.

서사시의 다양한 성격

그러나 우리는 마음속에 선명하도록 불쾌한 인상을 남긴 채《테바이드》를 내려놓아서는 안 된다. 독자들에게 모든 서사시는 그런 장면으로 구성되어 있다는 인상을 갖게 만드는 것은 옳지 않다. 왜냐하면, 그들은 시인들이 다른 어조를 구사할 능력이 없었다고 생각하기 때문이다. 여기에 여성의 성격을 부드럽게 묘사한, 슬픈 사랑을 다룬 다른 장면이 있다(viii, 636 ff.).

> 조용한 집 안에 갑자기 소란이 시작되었을 때,
> 그들은 이야기를 나누고 있었다.
> 힘겹게 구조되어 아티스의 집으로 보내졌으며,
> 핏기 없이 살아 있었다.
> 그의 손은 상처 위에 놓였고, 머리는 방패 위로 늘어졌으며,
> 머리칼은 이마 뒤로 넘어갔다.
> 요카스타는 우선 그를 보았다.
> 떨면서 그녀는 사랑하는 이스메네를 불렀다.
> 죽어가는 소리로 홀로 기도하는
> 그의 차가운 입술에서 이름이 떨리며 흘러나왔다.
> 노예 소녀는 비명을 질렀고, 처녀는 손으로 얼굴을 가렸다.
> 수줍었음에도 불구하고,
> 연인의 마지막 소망이 이루어지도록
> 그녀를 가까이서 볼 수 있게 하였다.

죽음의 고통 속에서 그녀의 부름에 그는 네 번 눈을 떴다.
그는 하늘을 보는 것이 아니라
연인을 바라보고, 또 바라보아도 싫증이 나지 않았다.
그리고 그때 — 그의 어머니는 집에 없었고
아버지는 사망했다 — 그들은 그녀에게 그의 눈을 감기는
슬픈 의무를 지워주었다.
결국 아무 증인도 없이,
그녀는 연인에게 말하며 눈물 젖은 눈을 감았다.

이것은 감정을 나타내지 않도록 교육받은 고상한 로마 소녀의 품행이었다. 물론 이런 전형적인 소녀가 그 시인의 시대에도 여전히 있었다.

우리는 또한 스타티우스가 지은 《아킬레이드(Achilleid)》의 가치 있는 유고를 가지고 있다. 가장 불행한 것은 그 작품이 완전하지 않다는 것이다. 왜냐하면 이 작품에서 우리는 시인이 혼신을 다했다는 것을 볼 수 있기 때문이다. 반인반마인 키론에게 가르침을 받으며 살던 소년은, 밥을 먹은 후에 키론이 지켜보는 가운데 동료이자 벗인 파트로클루스와 함께 사냥을 하러 가거나 강에 뛰어들거나 수금을 뜯으며 영웅에 대한 옛노래를 불렀다. 테티스는 그를 트로이 전쟁에 내보내지 않으려고 리코메데스 궁에서 여자 옷을 입히며 근심스레 노력했던 어머니다. 그곳에서 그는 다른 소녀들 속에서 소녀처럼 살았다. 그러나 곧 그의 남성다움이 그를 흔들었으며, 동료들 중에서 가장 아름다운 데이다미아와 사랑에 빠졌다. 그리고 한밤의 연애에서 그의 정체가 밝혀지고 그는 그녀를 소유한다.

시인은 그리스의 사절이 어떻게 도착하며, 책략에 의해서 젊은 영웅의 정체가 밝혀지는 것에 대하여 계속 언급한다. 그는 그들과 결합한다. 그리고 데이다미아의 아버지에게 그가 누구인지 말한 후에 그녀에게 청혼한다. 청혼이 받아들여지자, 그는 노인을 보호하기 위해 손자를 보낸다. 그는 스스로 다시는 돌아올 수 없는 전쟁터로 나간다.

리베크의 말처럼 스타티우스는 매력적인 헬레니즘 시대의 예술인 세밀한 그림을 원용한다. 그리고 《실바이》 같은 그의 특정한 시는 이와 똑같은 정신이 배어 있다.

재치있고 교양 있는 시인이자 쾌활한 남부 이탈리아인 스타티우스는 마르티알과 유베날리스와 같은 시대에 살았다. 그러나 그는 어둠으로 가득 찬 그들의 그림을 매우 다른 색채로 보았다. 우리는 그가 부유하고 눈부신 사회의 화려한 외면을 즐겼으며, 그의 시대의 문제들을 깊이 살펴보려 하지 않았다고 생각한다. 그에게는 시골집이나 조상, 목욕탕이나 정원의 화려한 색채를 재창조하고 고취시키는 것으로 충분했다. 그는 어떠한 피상적인 아름다움에 대해서도 우아하게 묘사할 능력이 있었다. 물론 거기에는 만찬을 위해 의뢰된 황제를 찬양하는 송가도 있다(Silvae, iv, 2). 특별히 우리의 관심을 끄는 것은 다른 것보다 개인적인 요소가 더 많은 결혼 노래와 장례식 애가이다. 이 애가는 첨가문과 기교가 가득한 표현으로(e. g. ii, I ; iii, 3), 때때로 세밀한 묘사의 정묘한 조각(e. g. ii, I, 50 ff.)으로 친구를 잃은 그의 동정심을 표현한다. 결혼 노래는 때때로 신화적 암시가 가득 찬 완전한 이야기를 담고 있다(e. g. i, 2).

불행하게도 지면이 부족하여 독자적인 영역을 가진 듯 통일적인, 이 신중하게 쓰여진 시의 예문을 더 이상 제공하지 못함을 양해하기 바란다. 현대 시인들이 언젠가 아름다움을 알아내는 것이 중단된 세계를 밝혀주기를 바란다(한 가지 점은 남편과 아내에 대한 순수하고 고상한 사랑이 심지어 도미티아누스 시대의 로마에서도 여전히 존재하고 있었다는 것은 결혼 노래를 읽는 어느 독자나 분명히 알 수 있다).

마르티알

작품에 대한 시인의 신념

잘 알려진 스타티우스의 동시대인은 시인 마르티알이다. 우리가 여기에서 그에 대해서 언급한다면, 우리의 관심은 레싱에 대해 관대하게 평가한 훌륭한 풍자 시인도 아니고, 다른 비평가들이 자주 언급하는 통렬한 풍자 시인의 면모도 아니다. 우리는 마르티알을 로마에서의 성생활을 다룬 작가로서 정보의 보고로 중요하게 받아들여야 한다. 성생활의 문제를 다루는 그의 방식은 그가 말한 것에 대한 모든 소문을 회피해야 할 이 작품에서 매우 솔직하며 꾸밈이 없다. 우리는 몇 가지 지적을 스스로 해두어야 한다.

마르티알은 남성과 여성의 정상적인 사랑에서부터 주색에 빠진 자의 가장 약아빠지고 비열한 행동까지 모든 성적 품행에 대해서 알고 언급한다. 그러나 이것으로부터 마르티알 자신이 과격한 관능주의자였다는 결론을 도출하는 것은 옳지 않다. 풍자시에 대한 그의 수필에서 레싱은 이미 이 질문을 받았으며, 그것을 부정하는 대답을 했다. 마르티알은 카툴루스와 오비디우스가 사용한 대부분의 표현에 대해, "내 책은 음란하지만, 내 삶은 순수하다."고 단언한다 (i, 4). 그리고 그는 다른 곳에서 더욱 자세하게 이렇게 말한다(i, 35).

나는 학교에서는 읽을 수 없는 외설스러운 시를 쓴다.
친구여, 내가 그런가?
그러나 나의 시는(마치 호색적인 남편처럼)
약간의 정충이 있어야 한다.
내가 몇 가지 어울리는 농담도 없이
결혼을 노래했는가?

그리고 그는 정당하게 그의 세대의 면전에 비난을 되던진다(iii, 86).

그대 순수한 젊은 숙녀여,
나는 그대에게 내 음란한 시를 읽지 말라고 경고했으나,
그대는 그것을 읽고 있다.
여전히 정숙한 그대는 가장 천박한 연극을 본다.
내 시는 더 천박하지 않다. 그러니 계속 읽으라!

마르티알은 풍자시(viii, 3)에서 그는 시의 목적을 이렇게 요약한다.

말하라! 그대는 비극적 귀족을 위해 잡색이 되겠는가,

아니면 똑같이 잔인한 어조로 잔인한 전쟁을 노래하겠는가,

그리고 잔인한 교수에게 강의를 받게 되는가,

성숙한 처녀와 용감한 소년에게 미움받겠는가?

과중한 마음과 도덕을 떠나서

그것들이 땀과 한밤중의 기름과 섞이게 하라.

가장 순수한 로마인의 재치는 그대의 시에 소금을 칠 것이다.

거기에서 삶이 스스로 읽고 깨닫게 하라.

그러나 이 목적의 밑바탕은 다음에서 언급된다(Martial, x, 33).

사람을 용서하고 악을 말하기 위해,

그가 이름을 밝히는 것은 모두 가명이다.

시인의 삶과 예술

마르티알의 삶에 대해서 우리가 무엇을 알아야 하는가? 우선 그가 빌빌리스의 작은 스페인 마을 출신이라는 것, 그리고 혈통적으로 로마인이 아니라는 것을 스스로 잘 알고 있다는 점이다(x, 65).

왜 나를 형제라 부르는가!

나는 스페인의 켈트족 출신이며 타구스다.

그대는 우리의 외모가 닮았다고 생각하는가?

그대의 머리는 곱슬거리며 빛나고

나의 스페인 머리는 제멋대로이다.

너는 매일 털을 뽑아 매끈하고

내 허벅지와 정강이는 본래 민둥하도다.

마르티알은 64년에 로마로 왔으며, 법정 변호사의 지위와 수입을 얻으려고 했으나, 시에 더 매력을 느껴 곧 법률을 포기했다. 그러나 그의 지위를 계속 지키는 것은 힘겨운 투쟁이었다. 그는 시인은 로마에서 거의 살 수가 없다는 것을 쓰라리게(분명히 경험적으로) 불평한다(iii, 38). 그는 부자들의 도움을 바라는 의뢰인과 같은 삶을 보내야 했다. 그는 만찬에서 참신한 말이나 재치 있는 시로써 그들을 감동시키고, 저녁 만찬에 초대받기 위해 아침에 일찍 그들을 찾아갔으며, 자신의 지위를 스스로 낮추어, 고상하고 부유한 자들의 비위를 맞추어야만 했다.

마르티알은 첫번째 시(틀림없이 요청에 따라 쓴)를 쓸 때까지, 그리고 그의 후원자들 사이에서 그 시들이 돌려 읽힐 때까지 이런 식으로 상원과 기사의 집을 무상으로 드나들었다. 이런 식으로 알려지기 전에 그는 첫번째 시 모음집을 출간했다.

"그의 풍자는 뻔뻔스러운 자극적 행동과 더불어 더욱 강하고 좋은 독한 술과 같았다(Ribbeck)."

마르티알은 그 시기에 유명한 시인들을 많이 만났다. 그는 실리우스 이탈리쿠스를 존경했으며, 유베날리스 또한 그의 좋은 친구였다. 루칸의 미망인인 폴라 아르겐타리아는 그에게는 '여왕'이었다(x, 64). 그녀는 그들 중에서 그에게 호의를 표시한 사람이었다. 그러나 그는 가난한 사람으로, 아침 일찍부터 이웃해 있는 학교 선생이 학생들을 때리거나 꾸짖는 소리를 들으며 시끄러운 로마의 소란스런 지역에서 살고 있었다. 그는 사비네 지방에 있는 작은 농장을 소유했으나 토양이 황폐하여 소출이 없었고, 농가의 지붕은 빗물이 줄줄 새는 지경이었다. 만일 그가 로마에서 몇몇 친구들에게 저녁을 얻어먹었다면—거의 그럴 만한 사람도 없었지만—그의 요금 청구서는 매우 적었을 것이다. 그는 항상 튀긴 염소 고기와 야채를 먹거나 참치, 계란, 치즈와 과일로 식사를 했다(x, 48 ; xi, 52).

마르티알은 종종 외투도 없이 외출했으며, 그의 부유한 친구에게 구걸을 해야 하는 자신의 초라한 처지를 불평했다(viii, 28). 그는 자연히 도미티아누스 황제는 물론이고, 로마의 유지에게 빌붙어야 했다. 그는 모든 가능한 순간에 종종 혐오스러운 노예 근성을 담아 황제에게 시를 헌사했다. 그러나 그의 아첨은 성공적이지 못했음에 틀림없다. 왜냐하면 그는 그의 선물에 대한 황제의 어떤 감사의 뜻도 전해 듣지 못했기 때문이다.

말년에 마르티알은 친구와 함께 지루한 식객의 존재에서 말미를 얻어 아퀼레지아 주변의 시골에서 잠시 지냈다. 밑바닥에서 그는 최소한의 생활을 요구한다. 그는 친구 율리우스 마르티알리스(Julius Martialis)에게 이렇게 썼다(x, 47).

스스로 행복을 찾으려
따라오는 축복을 받아들인다.
넉넉한 상속된 수입,

부엌 달린 쾌적한 농장,
걱정이나 소송이 없으며
건강함과 신사의 근육,
지혜로운 단순성, 우정,
평범하나 넓은 식탁,
소박하지만 즐거운 그대의 저녁,
재미있지만 정숙한 그대의 침대,
그리고 한순간에 지나가는 밤들.
시샘하지 않기 위하여,
죽지도 않고 그것을 바라지도 않는 것을 피하기 위해.

그러나 삶은 마르티알에게 이 모든 축복을 내리기를 거부했다. 레싱은 결혼도 하지 않았으며, 그가 가끔 아내에 대해서 말한다면, 그것은 그의 결혼에 대한 당치 않은 지적이라는 것이 밝혀졌다. 그러나 리베크의 심판은 너무 잔인하다.

"마르티알은 행복과 고통을 알았다. 그러나 그는 한 순간이라도 마음을 울리는 사랑에 대해서는 전혀 무지한 것 같다."

시로 표현되는 양성적 애정관
최소한 마르티알은 가까운 여자 친구가 몇명 있었다. 게다가 그들에 대해 그는 예외적으로 젊은 소년들의 아름다움을 진하게 느꼈다. 그리고 다양한 시로 그들의 매력을 노래했다. 우리는 마르티알의 성격에서 (근본적으로 양성적인) 동성애적 측면이 강하게 돌출

됨을 받아들여야 한다. 우리는 그가 딘디무스라는 필명으로 소년에 관해 특별하게 언급한 것을 찾아냈다(x, 42).

> 너의 볼 위에서 그렇게 보드라운 꽃이, 이상하게도,
> 태양 앞에서, 혹은 숨결 앞에서 시든다.
> 처녀의 보드라운 손길 같은 번쩍임이
> 미묘하게 자라는 모과에 떨어졌다.
> 수십 번의 입맞춤으로 너의 입술을 눌렀을 때,
> 내 사랑하는 딘디무스여, 내 턱수염이 자랐도다.

그는 사투르날리아와의 유희에 대해서 타이르는 장면에서 다시 나타난다(xi, 6).

> 2주간의 사투르누스의 휴일 동안
> 카드와 주사위가 던져졌을 때,
> 로마여, 그대의 익살로 하찮은
> 몇 편의 시를 쓰도록 나에게 허락하오.
> 그대는 웃는가? 되었소. 허락받았소.
> 우리에게 몰려드는 근심들, 너희들 물러가라!
> 내 마음에 무엇이 오든지,
> 나는 생각 없이 이야기하리라.
> 여기에, 몇 개의 포도주 병을 놓자.
> 네로는 포도주를 아끼게 했으나,
> 그러나 딘디무스는 재빨리 마시네.
> 나는 쓸데없이 침착하네.
> 술 속에서 한 타스의 시가 나에게 영감을 주네.

지금 나에게 입맞추네, 카툴루스처럼 입맞추네.
그리고 그대가 나에게 자주 입맞춘다면,
나는 그가 레스비아에게 준 것을 주겠노라.

마르티알은 이러한 입맞춤의 향기에 매료되었다(xi, 8).

향유를 증류하는 동양의 나무에 대하여,
시드는 샤프론 꽃의 마지막 향기에 대하여,
찬장에서 익어가는 사과 냄새에 대하여,
봄과 함께 나무가 웃음짓는 과수원에 대하여,
황후의 옷장 속의 부드러운 향기에 대하여,
처녀의 손에서 따스하게 누워 있는 호박에 대하여,
반 잔의 팔레르니아 포도주의 머나먼 표류에 대하여,
벌들이 웅웅대는 시칠리아인의 정원에 대하여,
천국의 계단, 코스무스의 석고에 대하여,
고상한 머리에서 새로이 떨어진 화환에 대하여,
내가 왜 그들에게 말해야 하나? 그것을 다 함께 갖자.
그것들은 그가 하는 아침 입맞춤의 향기이니.

그 남자에 대한 우리의 판단을 너그럽게 할 수 없는 천박한 승인
이 있다(xi, 73).

그대는 내가 초대하면 오기 위해 땀을 흘렸네.
그대는 시간을 정하고, 장소를 약속하네.
나는 속았네. 한 시간을 기다린 후
나는 그대를 위해 대리인을 찾아야 했네.

사기꾼이 그 대가로, 애꾸눈 숙녀의
　　양산을 나르기를, 나는 바라네!

　　같은 종류의 대리인도 언급된다(ii, 43, 14.). 분명히 마르티알은
여인과의 사랑에 특별히 열심이지는 않았다.
　　또 다른 명확한 고백이 있다(ix, 67).

　　나는 온밤을 음란한 연인과 보냈네.
　　그녀의 음탕한 재능은 비할 데가 없었네.
　　지친 나는 유치하게 무언가를 요구했네.
　　그녀는 내가 말하기도 전에 그것을 주었네.

　　누군가가 이것으로 충격을 받는다면, 다른 사람이 아닌 괴테가
쓴 것을 기억하는 것이 좋을 것이다.

　　내가 소녀에게서 욕망을 채우면,
　　그녀 역시 나를 위해 소년과 즐기리.

　　그러나 소년과의 이런 사랑에는 매우 강한 심미적 요소가 있다.
따라서 마르티알은 항상 도미티아누스의 아름다운 하인에 대한 깔
끔한 풍자를 할 수 있었다. 스타티우스 또한 그 소년에 대해서 노래
했다. 그리고 두 시의 양식을 비교하기 위해 이 주제에 대한 마르티
알의 짧은 작품과 만연체와 수상작인 스타티우스의 우아한 풍자를
대비시키는 것말고는 더 좋은 방법이 없다.

여기에 마르티알의 시 한 편을 소개한다[ix, 12 (13)].

그대의 이름은 부드러운 한 해의 시작을 말하네.
꿀벌들이 봄의 짧은 기쁨을 수확할 때,
그대 이름은 그녀 스스로 비단으로 바느질한
비너스의 붓으로 색칠할 만하네.
그대의 이름은 인도의 바위에 새겨지거나,
요정의 손으로 부드럽게 한 호박에 새겨지거나,
천국의 학자들이 다르게 디자인을 할 것이네.
그대의 이름이 홀로 카이사르의 집에서 살아 남으리.

신이 내린 소년의 머리결에 대해 빈틈없이 묘사한 행도 있다(ix,
16).

그의 장인은 온 궁전에서 그를 가장 사랑하네.
이름으로 봄을 표현하는 이 소년은
아름다움의 선도자의 거울, 그리고 그의 고수머리를
그는 이제 신의 병을 고치려고 신께 바쳤네.
행운의 땅은 누구에게 그러한 은총을 주었나,
은총은 가니메데의 머리보다 더 진귀하도다!

마르티알(그의 결혼 송가에서 카툴루스처럼)은 결혼한 남자가 소
년을 사랑할 권리를 부정한다(xii, 97).

그대 아내가 지위, 재산, 정숙함,

교육으로 어떤 남편이든
만족시키는 상품일지라도
젊은이와 함께 쾌락을 취하고
그 대가로 아내의 지참금을 바닥낸다.

그리고 여기에 동일한 효과를 위한 다른 작품이 있다(xi, 78).

훌륭한 여성을 껴안고 오라.
그리고 전에는 몰랐던 일을 배우라.
베일은 희미하고, 신부는 준비가 되었네.
곧 네 아내가 연인의 머리를 자를 것이다.
한때, 새로운 무기의 공격을 피했던
그녀는 그대에게 회상하게 할 것이다.
"그녀는 네 아내이지, 네 소년이 아니다!"라고 외치며
그녀의 유모와 어미가 후에 그것을 금지시킬 것이다.

아마 마르티알은 결국 그런 생각으로 인해서 결혼을 단념한 것 같다. 최소한 그는 이렇게 말한다(xi, 104).

"아내여, 내 집을 떠나든지 내 도덕성을 교화시켜라."

그리고 그는 불행하게도 정숙하고 존경할 만한 아내가 아니라, 연인에게 요구했던 자격을 생생하게 묘사한다. 이 시는 결혼의 예술에 대한 현대적 기법으로 적절하게 인용할 수 있다. 여기에 또 다른 방해가 있었다(viii, 12).

왜 내가 아내의 재산을 거부하는지
그대가 물었나?
나는 '명예와 복종'을 따르지 않네.
친구여, 아내는 남편의 아래에 있어야 하네.
그때 아내와 남편은 평등한 짝이 된다네.

우리는 물론 마르티알의 여성에 대한 지식이 순전히 이론적인 것
이라고 상상해서는 안 될 것이다. 분명히 그것은 아니다. 그는 여성
을 사랑했었다. 그러나 여성을 사랑하기 위해서는, 유부남이 되지
않아야 했다. 그러나 그는 여성들과의 연애 사건에 대해서 조금 언
급한다. 다음 시를 보기로 하자(ii, 31).

그래, 나는 종종 크레스티나와 즐겼다. 그녀가 좋았느냐?
아, 마리아누스가 그들 중 최고로 좋았노라!

또 다른 데에서는 이렇게 쓰고 있다(iii, 33).

나는 자유민 여성을 좋아한다. 그럴 수 없다면,
다음 선택은 해방된 노예 소녀이다.
그리고 마지막은 노예다.
자유민처럼 그녀가 아름답다면 그 둘보다는 그녀가 좋다.

마르티알은 자신의 후원자 폴라와 같이 존경하는 숙녀에 대해서
도 당당하게 말할 수 있었다(xi, 89).

폴라, 그대는 왜 나에게 깨끗한 화환을 보내오?
나는 당신이 내던진 장미 화환이 더 좋소.

인생의 말년이 다가오자 마르티알은 스페인의 집으로 돌아갔다. 그의 여행 비용은 친구이자 후원자인 플리니우스가 부담했다. 그것은 그의 인생의 훌륭한 마감이었다. 그러나 플리니우스가 그의 벗 마르티알의 죽음에 영향을 받아 쓴 편지를 보면, 그것은 너무 짧았던 것 같다. 그리고 그것은 그가 스페인으로 돌아간 후 고작 몇 년 지나서였다. 그러나 그는 거기에서 짧지만 조용하고 행복한 세월을 보냈다. 그는 너무 좋아서 파이아키안의 정원과도 바꾸지 않으려고 했던, 재산으로 받은 마르켈라라는 여인에 대해서 말한다(xii, 31).

그러나 우리는 마르켈라에 관해서 후원자 이상이라고 볼 만한 아무런 근거가 없다. 레싱이 그렇게 믿었다고 할지라도 마르티알이 그녀와 결혼했다고 생각하지는 않는다. 마르티알은 결혼을 하지 않았다. 마지막으로 우리가 그에 대해 듣는 것은 아마도 로마에 있는 친구 유베날리스에게 보낸 위로 편지일 것이다(xii, 18).

아마도 자네는 수부라 거리나 다이아나 언덕을
걱정스럽게 배회하겠지.
자네는 커다란 문을 지나고 토가를 흔들어대며
켈리안 산을 저주하겠지.
이제 여러 해의 겨울이 지난 후
내 고향 빌빌리스는 나를 받아들여
나를 시골뜨기로 만든다네.

말로 못할 스페인의 영지에서

그리 힘들지 않은 노동으로

이곳에서 굉장히 오래 잠을 자고,

날이 밝은 뒤까지 코를 골며,

도시에서 30년간 잃었던 잠을 보충한다네.

토가는? 전혀. 우리는 옷걸이에서

손에 걸리는 외투를 입는다네.

나는 일어나, 항상 타오르는 불 앞에 서서

참나무 장작을 집어넣고

저녁을 위해 주전자를 건다네.

자네가 깊은 숲속에서 즐길 만한

관리인이 나를 따르네.

주임이 식량을 배급하고

나에게 노예 머리카락을 자르라고 부탁을 하네.

아, 나는 여기에서 살고, 여기서 죽으리!

여기에는 아내에 대한 언급이 전혀 없다. 그리고 잘생긴 노예 소년의 머리카락을 자르는 것은 진짜 시종과 노예가 혼동되기 때문이다.

이제 마르티알에 대해선 끝내야겠다. 우리는 그의 사생활의 세부적인 면까지 살펴보았다. 그리고 레싱이 한 말의 사실성을 새로 점검했다.

"고대 작가의 삶에 대한 가장 중요한 이야기들은 그의 작품을 조명할 수 있을 만큼 중요하다."

마르티알의 삶에 대한 정보에서 도출되는 추론은 그의 시야는 그의 세대의 특성상 모든 의심스러움과 불쾌한 요소들에 대해서 열려 있었다는 것이다. 그는 이 요소들을 연구할 기회가 많았다. 그러나 그 자신은 그가 저술한 것에 대해서 개인적으로 혐오스러운 경험을 많이 한 사람은 아니었다.

유베날리스

마르티알의 젊은 동시대인은 풍자 작가 유베날리스였다. 이 사람의 생에 대한 것은 사소한 일조차도 알려져 있지 않다. "이 시인의 삶은 그의 시"라고 말한 레싱의 의견은 그에 관해서는 모두 사실이다. 시 그 자체로 볼 때 유베날리스가 아퀴눔의 볼스키 출신이지만, 로마의 생활에 대해 잘 알고 있었다는 사실을 알 수 있다. 그는 전성기를 지나서야 작품을 썼다. 모든 욕망과 악을 간직한 국제적 도시인 로마에 대한 그의 태도는 과거의 학풍에 대한 로마 제일주의라고 판단하고 이를 비난하는 것이었다. 그의 통찰력은 전체적으로 해학이 없지만 깊이가 있고 정확했다. 그 시대의 모든 악은 거리를 뽐내며 걷는 해방된 노예에서부터 모든 신흥 부자들의 허세 속에서, 공평하게 아이를 여성에게 맡기거나 다른 사람에게 그리고 경기장에서 남자처럼 창을 휘두르는 여성 전사에게 기쁨을 주기 위한 준비가 되어 있는 사람에게서, 유산 사냥을 암시하면서 나타났다.

특히 그는 모든 성적 태도의 탈선에 대해서도 알았으며 이를 비난했다. 그것이, 그가 우리의 연구에서 그토록 중요한 이유이다. 이런 점에서 그에 대해서 더 이상 말할 필요를 느끼지 않는다. 왜냐하면 이미 1권을 통해서 다룬 그의 풍자에서 풍부한 증거가 제시되었기 때문이다. 그리고 그의 몇 가지 정보(마르티알처럼 솔직하고 정확하게 제시한)는 이 책의 특성상 엄밀히 다룰 수는 없다. 그의 비난을 신뢰할 수 있는 정신적 조망은 마르티알과의 직접적인 대비이다. 동시대인의 성적인 품행에 대한 마르티알의 모든 비판에서, 그는 친구들과 아름다운 소년과 여성과 함께 제외된다. 그러나 유베날리스의 태도는 부적당한 염세주의와 혐오이다. 심지어 프로페르티우스와 카툴루스의 시에 대해서도 조금의 동정도 보이지 않는다.

이 표현은 유명한 여섯번째 풍자에서 시작된다.

> 하나의 작은 방에서 불과 신과 짐승과 주인을 둘러싸고 있었던,
> 황량한 고지대의 아낙네가 나뭇잎과 짚으로
> 잠자리를 만들고 사나운 이웃을 맹수들로부터 보호하던
> 차가운 동굴이 작은 집이었던
> 황금 시대에 순결함은 이 지구상에 존재했을 것이다.
> 그대, 킨티아를 닮지 않은
> 죽은 제비를 위해 빛나는 눈을 흐렸던 그대,
> 그녀는 큰 아이들을 먹일 풍만한 젖이 있었으며,
> 도토리만한 남편보다 더 사나웠다.

유베날리스가 믿었던 것은 여성이 정숙하고 결혼이 신성시되었던 오직 그때였다. 아주 조금 문명이 발달하자마자 정숙함은 사라졌다.

이방인의 침대를 흔들어 결혼의 신을
쫓아내는 것이 이제는 해묵은 관습이 되었다.
철기 시대는 다른 모든 죄를 만들었으나.

따라서 진짜로 영리한 남자는 절대로 결혼하지 않는다. 유베날리스는 만일 그의 청중들이 관능적 쾌락으로 단명하기를 바란다면 여자보다는 남자를 추천해 주기까지 했다(vi, 33). 이 추천은 그의 성격이 동성애적 요소를 강하게 보여 주는 듯하다. 그 후에 그는 나쁜 여성에 대한 왜곡되고 두려운 꿈을 꾸게 된다.

1권에서 그런 이야기를 많이 다루었으므로 여기에서는 이것을 세밀하게 묘사하지 않겠다. 여기에 해학이 끼어들 자리는 전혀 없으며(예를 들어 호라티우스처럼), 사랑을 인간적으로 다룰 수가 없다. 독자들은 유베날리스의 도덕적 판단에 대한 냉혹한 선입견을 공포로 외면해 버린다. 이것은 카토가 한니발의 시대로 되돌아갔거나, 카밀루스가 초기 공화정에서 도미티아누스 시대의 로마인에 대한 심판을 지나쳐 버리는 것과 거의 같다. 심판은 매우 분명한 하나의 의견이다(이미 여러 차례 인용했던 대로). 이것을 살펴보자(vi, 292).

평화에 따르는 질병의 절뚝거림과 치솟는 사치는
이제 우리가 정복했던 세계에 복수한다.
로마가 그의 빈곤을 잃었으므로
어떤 죄도 어떤 욕망의 형태도 없는 것이 없다.

과도한 부와 권력에 대한 로마인의 오랜 불평들……. 그러나 예레미아처럼 선견지명이 있는 사람들은 로마인의(이제 전쟁을 일으키는 일을 중지하는 것) 인간애를 크게 신장시켜야 한다는 것을 깨달았다.

유베날리스가 여자를 싫어했던 것은 자연스럽게 납득된다. 그는 특정 연령의 여성들이 아닌 여성 일반을 혐오하고 경멸했다. 그는 이런 감정을 시에서 노출시켰다(vi, 161 ff.).

> "수많은 사람 중 어느 누구도 가치 있어 보이지 않는가?"
> 그녀가 사랑스럽게, 부유하게, 기름지도록 하라.
> 늙은 친척의 흉상을 그녀의 방에 던지게 하라.
> 그녀로 하여금 사비네의 중재자보다 더 순수하게 하라.
> 그녀는 검은 백조만큼 이상한 희귀새이니!
> 아직도 누가 모든 덕을 지닌 아내를 품을 수 있는가?

비슷하게 그는 육체적 아름다움을 여성의 아름다움뿐만 아니라 잘생긴 소년의 아름다움에 대해서도 비난한다. 왜냐하면 그는 그것을 단지 매혹적인 유혹자일 뿐이라고 보았기 때문이다(x, 289 ff.). 소박한 시골에서의 지혜의 매듭은 조상에게 기원하는 "건강한 육체에 건전한 정신(mens sana in corpore sano)"이다. 여기에 도덕주의자의 진부함을 더하여(x, 364) "덕행은 홀로 사람을 평화로운 삶으로 인도한다."라는 것이 일반적인 의견이다. 유베날리스의 결혼을 싫어하는 것과 염세주의는 금욕과 귀족적 대립의 기본 구조가 된다. 위대한 지도자 타키투스처럼 그는 제국을 증오했으며 황제가 지배하는 생활을 표현할 수 있는 가장 어두운 색채로 묘사할 책임을 스스로 느꼈다. 그것은 유베날리스의 풍자를 읽은 모든 독자들이 기억할 수 있을 것이다.

아풀레이우스

주요 작품들의 기본 틀

마지막으로 우리는 호기심이 강하고 다재다능한 A. D. 2세기의 작가들을 검토할 것이다. 아풀레이우스는 이미 몇 개의 예로 든 작품에서 접한 바 있다. 이 장에서는 오직 로마인의 성생활에 대해서만 다룰 것이기 때문에, 이시스 숭배라는 동양적 신비주의와 그 당시의 다른 종교적 현상과의 관계라는 아풀레이우스의 특성을 조사하지는 않을 것이다. 그러나 우리는 그의 작품에서 흥미를 끄는 것을 충분히 찾아보게 될 것이다.

아풀레이우스는 아프리카 군대의 식민지 마다우라에서 태어났으며, 수사적 교육의 중심지였던 카르타고에서 성장했다. 그는 그리스를 여러 해 여행했으며, 알렉산드리아를 방문하고, 아프리카에 있는 집으로 가기 전에 로마에 들렀다. 여행은 그에게 글을 쓰는 훌륭한 기회를 주었다. 그는 여행을 하면서 수사적인 것에서 신비적인 것까지, 매혹적이고 수수께끼 같은 언어로 된 단순히 민담으로 불리는 구전 예술에서부터 속되고 재미있는 일화와 관계 있는 단순한 쾌락에 이르기까지 모든 요소를 담고 있는 동시대의 문화를 접할 수 있었다. 이 경험의 확장은 《변신 이야기》 혹은 《변형》이라는 그의 주요한 작품에 영향을 미쳤다. 그 작품은 끊임없는 변화로 가득 차 있다. 일반적 틀은 비교적 단순하며 쉽게 이해할 수 있다. 그러나 모든 독자들이 자신의 취향에 맞는 것을 선택할 수 있는 일화, 신선한 단편 이야기, 가벼운 멜로 드라마, 그리고 풍부한 일화 등이 복합적으로 가득 차 있다. 그 기법은 몹시 야만적인 것과 우아하고 멋있는 것들의 특정한 혼합이다. 우리는 그 효과를 재생시키는 번역을 할 수가 없다. 그 책의 내용을 논의하면서 빠른 연재물로 소개된 매우 다양한 관능적 주제를 확정해야 한다.

그 틀은 루키안이 자신의 단편 《루키우스 또는 당나귀(Luckus, or the Ass)》에서 사용했듯이, 거의 전체적으로 고대 그리스의 옛이야기에서 차용한 것이다. 이것은 루키우스의 모험을 묘사하고 있다.

그는 가까운 거리에서 마술을 보기 위해 테살리아를 방문한다. 마녀의 시녀의 도움을 받아 그는 당나귀가 된다(실수로). 그러나 그는 장미를 먹으면 사람으로 돌아올 수 있다. 장미를 찾으러 가는 동안 그는 이 책의 실제적 내용인 거친 모험을 하게 된다. 결국 그 가련한 인물은 장미를 찾아내어 그것을 먹고 본모습을 찾으며, 즉시 꿈속에서 구원의 방법을 보여주었던 이시스 숭배자로 개종한다.

이것이 주요 줄거리이다. 그러나 우리는 다재다능한 아풀레이우스가 책 속에 모아놓은 가지각색의 이야기, 모험, 그리고 그림들을 검토해야 한다. 그 모든 것을 이야기하는 것은 《변신 이야기》 전체를 되풀이하는 것이 될 것이다. 그래서 우리는 약간의 발췌로 만족해야 한다.

큐피드와 프쉬케

우리는 가장 잘 알려진, 아주 오래 된 인도와 독일의 요정 이야기에 기초를 둔 《큐피드와 프쉬케(Cupid and Psyche)》에 대한 재미있는 이야기부터 시작할 것이다. 여기에서는 전체 줄거리를 묘사할수 없기 때문에, 특히 독자들에게 잘 알려진 이야기로 하겠다. 아풀레이우스가 묘사한 형태는 그의 예술의 특유한 형태다. 분명히 그는 그 자료가 동시대인의 취향에 맞기를 바랐으며, 로마의 독자들에게도 받아들여지도록 만들었다. 따라서 그는 단순한 민담을 마치현대의 작가가 그림(Grimm)의 천진난만한 이야기를 정교한 발레로 각색한 것처럼 각양각색의 다양한 색채와 세부사항으로 가득 찬괴상한 이야기로 꾸몄다. 발췌를 해보면 우리가 말하는 의미가 분명해질 것이다.

로헨그린에서의 엘사처럼 프쉬케는 오직 어두운 밤에 자신을 찾아오는 남편을 받아들이도록 신탁을 받았다. 그녀는 그를 믿고 그의 정체를 밝히려 해서는 안 되었다. 그러나 그녀의 타고난 호기심이 너무 강했으며, 심술궂은 그녀의 자매들이 그녀의 남편이 끔찍한 괴물이라고 암시를 주었다. 그녀가 어떻게 했을까? 여기에 아풀레이우스의 묘사가 있다(v, 21).

"밤이 되자 남편이 집에 도착했다. 사랑의 몸짓을 잠깐 한 후에 그는 깊은 잠에 빠져들었다. 그때 프쉬케는 몸과 마음이 약해졌으나 불길한 운명의 도움으로 대담하게 자신의 성별을 바꾸는 힘을 단단히 주고 램프를 앞으로 당겨서 면도칼을 쥐었다.

그러나 불빛이 다가와 자신의 비밀스런 침대가 드러났을 때, 그녀는 모든 야만적 괴물 가운데서 가장 잘생기고 감미로운, 아름다운 신이 휴식을 취하고 있는 큐피드를 보았다. 큐피드가 바라보자 램프의 불빛이 생생하고 화려하게 타올랐으며, 면도칼의 무엄한 칼날은 밝은 섬광을 일으켰다. 그러나 프쉬케는 그의 시선에 압도되어 더 이상 자신의 가슴을 진정시킬 수가 없었다. 창백하게 질려가면서 약함과 떨림으로 엉덩이로 털썩 주저앉으면서 칼을 숨길 곳을 찾다가, 자신의 무분별한 손에서 날아갔다는 두려움으로 진정이 되지 않는 가슴에 집어넣었다. 이제 그녀는 기진맥진해서 신의 아름다운 얼굴을 보고 또 보았다. 그리고 그녀의 마음이 힘을 회복했다. 그녀는 향긋한 향기가 나는 그의 금발머리를 보았으며, 너무나 환하게 타오르던 램프의 불빛이 그녀의 눈길을 떨리고 약하게 만들어, 그의 뽀얀 목과 발그레한 뺨으로 아름답게 곱슬거리는 머리로, 등 뒤로 앞으로 이리저리 시선을 옮겼다. 날개가 달린 어깨에서 흰 꽃 같은 섬광과 이슬을 머금은 신의 날개가 솟구쳤으며, 깃털들이 극도로 섬세한 날개의 끝에서 쉴새없는 흥분으로 가늘게 진동하고 있었다. 몸의 나머지 부분은 부드럽고 예뻤으며 비너스는 그런 아름다운 출산을 했으므로 부끄럽지 않을 것이었다. 침대 발 앞에 위대한 신의 미사일 같은 활과, 화살통, 그리고 화살이 놓여 있다. 그 동안 프쉬케는 선천적인 호기심으로, 이것들을 바라보고 만져보고 남편의 무기에 감탄했다.

그녀는 화살통에서 화살을 한 개 꺼내어 엄지 손가락 끝으로 화살촉 끝을 시험삼아 찔러보았다. 실수로 너무 세게 눌러 여전히 떨리고 있는 손가락에 조그만 상처가 생겨 붉은 장밋빛 핏방울이 떨어졌다. 그래서 프쉬케는 무의식적으로 자신의 행동 때문에 사랑에 빠졌다. 그래서 큐피드를 향한 욕망이 더욱더 불타올라 그에게 기대어 그의 얼굴을 절망적으로 바라보다가 급히 입술을 벌려 방자한 입맞춤을 하면서 그가 긴 잠에 빠져든 것에 불안감이 커져갔다. 그러나 자신의 커다란 은총에 압도되었으며, 상사병으로 와들와들 떨고 있는데 갑자기 램프 — 무서운 배반감인지 아니면 죄에 대한 시샘인지, 욕정이 너무 커서 그렇게 아름다운 몸에 손을 대고 입맞춤을 할 수 없었기 때문인자—의 불꽃 부분에서 끓는 기름 한 방울이 신의 오른쪽 어깨에 쏟아졌다. 아! 대담하고 무심한 램프여, 사랑에 빠진 가련한 여인이여, 너를 찾아내어 밤마다 오랫동안 기쁨을 즐기려던 연인일지라도 그대는 신을 불로 태웠다! 그렇게 타오르자 신은 튀어 일어나 신뢰가 노출되어 파멸된 것을 보면서, 불행한 배우자의 입맞춤과 손길로부터 아무 말 없이 그대로 날아가버렸다."

그러나 후에 프쉬케는 여러 가지 시험과 벌을 견뎌내었으며 그녀는 주피터의 도움으로 큐피드와 다시 결합했다. 이 장면 역시 아풀레이우스만의 독특한 장면이다(vi, 22).

"그때 주피터가 큐피드의 볼을 꼬집으며 그의 손을 들어 입술에 대고 입맞춤을 하고는 대답했다.

'아들아, 네가 비록 신들이 동의하고 내가 명령한 명예를 지키지 못했더라도 네 끊임없는 타격이 내 가슴에 상처를 주고, 그로 인해 기본법과 별들의 운행이 폐지되더라도,

수시로 지구의 먼지 속으로 떨어지며 심지어 율리아누스의 법이며 공공질서까지도 어겨서 나를 모독할지라도,

내 평화로운 얼굴이 뱀과 불, 짐승들, 새들, 농장의 가축 등 추한 몰골로 바뀌는 고통을 당할 만큼 수치스런 간통으로 내 명예와 평판에

손상을 입힐지라도,

네가 내 손에서 자라났다는 것을 염두에 두고, 모든 것을 가르칠 것이니.'"

그리고 큐피드는 결국 프쉬케와 결혼했다. 이것을 아풀레이우스는 이렇게 표현한다.

"그녀는 정식으로 큐피드의 손 안에 들어갔다(이 구절은 로마법에서 따왔으며, 이 책 1권, 결혼의 장을 참고)."

로마인의 필치는 일상적인 죽음에 대한 풍유에서 자취를 찾을 수 있다. 비너스는 프쉬케에게 '고민(Sollicitudo)'과 '우울(Tristities)'을 주어 자신의 시종이 되게 하는 것으로 벌을 내렸다. 프쉬케는 비너스의 문 앞을 지키는 '콘수에투도(Consuetudo, 습관)'라고 불리는 시종이 되었다.

뻔뻔스러운 여인의 이야기

다른 작가의 일화를 예로 들어 인용하겠다. 이 이야기는 보카치오의 책에서 따온 것이다[ix (5)].

"희망 없는 가난으로 우울한 한 남자가 목수일로 벌어들이는 적은 수입으로 삶을 지탱하고 있었다. 그 남자에게는 자신처럼 가난하면서도 굉장한 바람둥이로 소문난 아내가 있었다. 어느 날 아침, 그가 나무를 말리는 일을 하기 위해 집을 나서자, 대담한 간부가 즉시 그의 집으로 비밀리에 살금살금 기어들어 갔다. 그리고 그들이 아무런 불길한 예감도 없이 비너스가 양해한 씨름 사업을 하고 있었을 때, 그 남편은 여전히 아무것도 모르고 그런 일을 상상도 않은 채 갑자기 집으로 돌아왔다. 그런데 문이 닫힌 채 잠겨 있자, 아내의 정숙함을 칭찬하며 휘파람으로 자기가 왔음을 알리면서 문을 두드렸다. 그러자 여자는 그런 악행을 교활하고 솜씨 있게 감추는 여자여서, 꽉 끌어안고 있던 남자를 풀어 주고, 들키지 않게 그 남자를 구석에 있는 반쯤 깨지고 속이 비어 있는 커다란 통 안에 숨기고, 문을 열면서 남편을 거친 목소리로 쏘아대며 맞아들였다.

'어째서 당신은 일을 해서 생활을 꾸리고 식량을 가져올 생각은 안 하고 주머니에 손을 찌르고 한가롭게 돌아만 다니는 거예요? 그 동안에 이 불쌍한 여편네는 이 코딱지만한 방이나 간신히 비추는 등잔 밑에서 털실을 만드느라고 온 힘을 다 짜내고 있다고요! 포도주랑 온갖 음식에 빠져 죽게 생기고 애인의 사랑에 풍덩 빠진 옆집 다프네는 얼마나 행복할까!'

그러자 남편은 실망하여 말했다.

'이게 대체 어떻게 된 거야? 비록 법으로 정한 거지만 주인이 우리를 위해 오늘 휴가를 준 거야. 그리고 오늘 생활할 돈은 갖다 줬잖아. 저, 미안하지만 저 통은 앞으로도 꽉 채울 수도 없고 쓸데없이 자리만 차지하고, 사실 우리 잠자리를 가리는 것말고는 아무 쓸모가 없잖아. 저걸 어떤 사람한테 5데나리온에 팔았어. 그래서 그 사람이 지금 여기에 와서 돈을 치르고 통을 가져갈 거야. 그 사람이 오면 저 통을 밖으로 굴려서 그 사람한테 갖다 줄 때 조금만 도와줘.'

그 사기꾼 같은 여자는 즉시 대담하게 웃음을 터뜨리며

'대단한 장사꾼이군요.' 하고 말했다.

'내가 아는 어떤 사람은 나처럼 집에만 있는 여자들한테 자잘한 물건들을 팔아요. 그 사람한테 7데나리온 정도에 팔 수 있어요.'

남편은 값이 오르자 기뻐하며 말했다.

'누가 그 사람한테 미리 말해두지?'

'그 사람이 지금 통 안에 들어가서 얼마나 단단한지 꼼꼼히 살펴보고 있어요.'

그러자 통 안에서 그녀의 말을 들은 남자가 재빨리 말했다.

'아주머니, 사실대로 말할까요? 이 통은 너무 오래 됐고 깨진 데가 너무 많아요.'

그리고 천연덕스럽게 남편에게 돌아서면서,

'이리 와요, 등잔을 앞으로 옮기게 도와줘요. 안에 먼지를 깨끗하게 치우고 이 통을 살지 안 살지 봐야겠소. 그렇지 않으면 내가 당신을 속인다고 생각할 테니.'

그 똑똑하고 잘난 남편은 아무 의심 없이 램프를 켜고 말했다.

'형씨, 내가 꼼꼼하게 살펴보고 얘기해 줄 테니 쉬고 있어요.'

그 말과 함께 그는 램프를 들고 통 안으로 들어가서 멍청하게 오래 묵은 때를 열심히 긁어댔다. 그러자 팔다리가 늘씬한 간부는 통 위에 있는 목수의 아내에게 마음이 쏠려서 그녀에게로 허리를 굽히고 유유하게 자신의 일을 마쳤다. 그녀는 그 동안 머리를 통 안에 넣고 교활한 매춘으로 남편을 웃음거리로 만들었다. 그녀는 일을 두 차례나 치를 때까지 남편에게 여기저기 구석구석을 가리키며 청소를 시켰다. 7데나리온을 받은 불쌍한 남편은 집 밖에 서 있는 간부에게로 통을 목에 올려 날라주어야 했다."

야만과 관능의 결합

여덟 번째 권에 있는 카리테와 틀레폴레무스의 이야기는 그 자체로 하나의 작은 소설이다. 《변신 이야기》는 시대적 취향이 요구했던 공포물도 충분히 다뤘다.

한 노예가 몸에 꿀을 바르고 발가벗겨진 채 나무에 묶여서 개미굴 근처에 버려진다.

"그의 몸에 바른 꿀 냄새를 맡자마자, 조그만 개미들이 줄줄이 떼지어 그에게 달라붙어 물어뜯었다. 살을 뜯기는 오랜 고통을 당한 후에 그 상처 안에서 개미들은 그 남자를 갉아먹었다. 발가벗겨진 사지는 살이 뜯기고 뼈만 남아 너무나 흰 빛을 내면서 여전히 죽음의 나무에 달라붙어 있었다(viii, 22)."

아래의 연설과 비교해 보라(vi, 31).

"의지가 있으면 아침에 이 당나귀의 목을 잘라 내장을 비워내고, 그렇게 해서 발가벗긴 그 처녀의 얼굴만 밖으로 나오고, 나머지 몸은 짐승에게 안겨 갇혀 있도록 배 한가운데를 꿰매라. 그럼 우리가 그렇게 만든 당나귀를 울퉁불퉁한 바위에 넣어놓고 햇볕에 말릴 거야. 그러면 네가 바라는 대로 그 둘 모두가 고통을 받을 거야. 당나귀의 죽음은 오래도록 남을 거고, 그 여자의 사지를 벌레가 산산조각을 낼 때 끔찍한 고통과, 태양의 굉장히 뜨거운 열이 당나귀의 자궁을 태우며 불이 붙는 고통과 개와 독수리가 그녀의 내장을 끌어낼 때의 교수형의 고통을 받는 거지. 다른 고통과 고문을 생각하라. 살아 있는 그녀는 죽은 동물의 뱃속에서 살 것이고, 콧구멍이 타는 것 같은 참을 수 없는 고통으로 괴로워하며, 오랫동안 굶어서 죽도록 배가 고프도록 버려질 것이고, 스스로를 죽일 자유로운 손도 없게 되겠지."

우리는 책 속에서 때때로 발견되는 것이지만 이런 가학적인 상상을 인용해야 한다. 이와 같은 정신의 마지막 예는 음탕한 여자가 당나귀와 어떻게 성관계를 맺었는지, 그리고 들짐승들에게 던져지기 전에 공공연하게 당나귀와 성교를 하도록 선고받은 그 여자의 죄는 어떻게 비난을 받았는지를 작가는 분명하게 10권에서 밝히고 있다. 전체적으로 이 작품에 대해 평가한 리베크의 판단이 옳다.

"만화경 같은 관능과 야만성은 이 작품을 보는 독자를 열광하게 하거나 기운 빠지게 하는 힘이 있다."

우리는 결론적으로 매우 음란한 수많은 작은 시들이 아풀레이우스의 이름으로 전해져 내려온다는 것을 덧붙인다. 여기에서는 이것에 대하여 논하지 않을 것이다.

그러나 우리는 독자들이 저자의 두드러진 일방적인 시각을 갖는 것을 바라지 않는다. 따라서, 그가 자신에게 쏟아지는 마술적이라는 비난에 대항해서 몇 편의 사소한 철학적 수필과 화려한 기법의 《변명(Apologia)》—자기방어적 연설—을 남겼다는 것을 밝혀야 한다. 말년에 그는 자신의 영토에서 황제를 숭배하는 일을 맡아 매우 저명한 사람이 되었다.

황제들의 성생활

2

황제 가문들의 알력

이야기에 앞서

이 장에서는 로마 제국에 있어서 가장 유명한 몇 사람들의 성생활을 그에 관한 언급을 중심으로 살펴보도록 하겠다. 우리가 어떤 역사적 인물의 개성에 관하여 훌륭히 정리된 개인적인 성격 묘사를 할 수 있다고 하더라도 그것은 불확실하며, 완벽한 성격의 묘사라는 것은 지극히 주관적인 것일 뿐이라는 반대 의견에 부딪힌다. 인간의 가장 은밀한 측면인 자신의 성 경험과 그것의 예측에 있어서는 특히 더 그러할 것이다.

이와 관련하여 역사가와 시인들은 티베리우스와 네로 등의 인물에 대해서 서로 다른 견해와 심지어는 상호 모순되는 설명을 전개하기도 한다. 그것은 가능한 이야기지만 보다 냉정하게 살펴볼 필요가 있다. 역사적인 사실에 대한 모든 서술에 대해서도 부정확하다고 반박할 수 있는가? 어느 역사적인 시기에 대해서도 우리는 객관적인 서술을 다량으로 확보하고 있지 않은가? 유명한 역사적인 서술은 역사가들에 의해 기록된 사실을 주관적으로 반복하는 것은 아니지 않는가?

서술의 객관성에 있어서 문제가 되고 있는 리비우스나 타키투스 같은 작가들을 언급하는 것은 아니다. 그러나 몸젠의 작품이나 버트, 그레고로비우스의 작품들의 사실에 대한 서술은 상당히 객관적이지 않은가? 확실히 이러한 역사가들에게는 《파우스트(Faust)》의 유명한 구절이 적용될 수 있다고 본다.

"우리가 시대 정신이라고 부르는 것은 그 시대를 반영한 영웅의 정신이다."

따라서 우리는 로마의 남성과 여성에 관한 대략적인 묘사가 가능하다고 생각한다. 이러한 묘사는 현대의 지식이 허용하는 한에 있어서 가능한 객관적으로 — 이미 문서화되어 있듯이 — 이루어질 것이다. 또한 충분한 자료가 확보되어 객관적인 언급이 가능한 경우에만 우리의 검토 작업을 진행할 것이다. 유구르타나 카틸리네, 한니발 등의 성생활에 관한 연구를 하는 것은 꽤 재미있을 것이다.

그러나 우리가 실제적으로 알고 있는 그들의 성생활에 관한 내용은 막연하고 사소한 것들이라서 그 진실 여부는 순전히 추측에 의

존할 수밖에 없다. 이와는 반대로 칼리굴라나 네로의 성생활에 관한 자료는 하도 풍부하여 이러한 고대의 자료들을 현대의 성적인 심리학의 관점에서 재해석하여 그들의 성격 구조를 재조명하고 싶은 욕구를 억제하기 힘들 정도이다. 이러한 성격 연구는 주관적인 것으로 보일지 모르며, 우리의 많은 독자들은 반대 의견을 가질 수도 있겠지만 그것은 별 문제가 되지 않는다. 우리 연구의 주요한 목적과 시도는 많은 측면에서 다양한 반대 의견을 양성하는 것이기 때문이다. 이를 통해 새로운 사상의 영역을 탐구하는 것이 가능하게 될 것이다.

후세의 역사가들은 우리의 이 같은 방식을 받아들이게 될 것이며, 더 나아가 현재의 것보다 더욱 세련되고 풍부한 역사적 인식을 갖게 될 것이다. 그리고 인간의 역사적 인식은 그 시대의 가치와 유용성에 의해 제한되어짐으로, 자연스럽게 그 역사적 인식은 불완전한 것으로 남게 된다. 이 장의 내용이 위와 같은 측면에서 인식되기를 바란다.

여기서 서술하는 인물들은 주관적으로 선택하였다. 그 내용의 구성에서 본 저자는 에른슈트 뮐러가 지은 《카이사르의 초상(Portraits of the Caesars)》이라는 책에서 상당히 값진 내용을 얻을 수 있었다. 고고학에 매우 깊은 조예를 가지고 있는 그는 초상화와 동전의 그림, 조각상 등 접근 가능한 모든 수단을 동원하여 역사적 인물의 성격적인 측면을 구성하려고 시도한다. 뮐러 박사의 고화폐에 대한 연구는 의외의 결과를 초래했으며, 때로는 문학적인 자료에서 증명된 개인의 개성적인 특질 등을 확증하거나, 때로는 그 반대의 사실을 증명하는 등의 놀라운 결과를 가져오기도 했다. 여기서 뮐러 박사가 전개했던 엄밀하고 세심한 논쟁이나 그 정확성에 대한 토론을 언급하거나 시도할 수는 없을 것이다. 단지 그의 논리적 결론만을 취합할 것이며, 그러한 결론에 대해서는 그때 그때마다 그의 결론이라는 것을 강조해 두겠다. 나는 뮐러 박사가 전체 로마 문명에 대한 새롭고 기대하지 않은 이해 수단을 열었다고 말하곤 한다. 정확히 표현하자면, 고대의 모든 문명에 대해서 말이다.

이제 우리가 알아보기로 한 인물들의 개인 묘사로 들어가 보자.

카이사르

이러한 묘사가 군주정 시대부터 시작된 것은 우연이 아니다. 제국의 역사가들은 우리의 연구 목적에 알맞은 자료를 포함하고 있는 최초의 사람들이다. 아마도 우리가 읽은 율리우스 카이사르의 성생활에 관한 모든 것은 불확실하고 사소한 것들이라서 그에 대한 상세한 묘사를 할 수는 없을 것이다. 그가 젊었을 때, 니코메데스 왕이 그를 사랑했고, 한때 클레오파트라가 그에게 매료되었다는 사실을 우리는 알고 있다. 그는 키나의 딸인 코르넬리아와 결혼했으며, 그녀가 죽은 후에 술라의 손녀 폼페이아와 결혼했다. 그러나

카이사르

그녀는 클로디우스(Suetonius, Julius, 6)와의 간통 혐의로 인해 이혼당했다. 마지막으로 그는 피소의 딸인 칼푸르니아와 결혼했다.

수에토니우스가 수다스럽게 다음과 같은 농담을 하는 것은 어쩌면 자연스러운 것이라 해도 과언이 아닐 것이다(Suet., Jul., 50).

> "그의 색욕을 채우기 위해 많은 정열과 돈을 낭비하는 것은 아주 일반적인 일이 되었다. 그는 높은 지위에 있는 수많은 여성들을 농락했다."

수에토니우스가 우리에게 전해 주고 있는 것은 매우 막연하다. 기본적으로 그것은 단지 농담이나 스캔들에 불과하며, 그 속에서 확인되는 몇 개의 이름 정도 외에는 별로 가치가 없는 것들이 대부분이다. 뿐만 아니라 그가 결혼이라는 제약에도 불구하고, 밖에서 이 여자 저 여자와 사랑을 나누었다는 사실을 잘 알고 있지 않은가? 우리는 위대한 장군이자 정치가인 카이사르를 그리스도교 사회의 신부와 같은 관점으로 판단할 수 없을 뿐더러 그렇게 해서도 안 될 것이다. 만일 카이사르가 살았던 시대의 대중적인 도덕성보다 그가 더욱 타락했더라면 수에토니우스는 정확하게 그러한 사실에 대해 열거하고 설명했을 것이다. 따라서 수에토니우스의 언급이 더 이상 없는 것은 카이사르의 성적인 본성이 평범한 구성을 갖고 있다는 증거일 것이다.

보다 재미있고 중요한 것은 카이사르가 간질병 환자였으며, 공개적인 자리에서 두 번이나 발작을 일으켰다는 사실(Suetonius, 45)

을 살펴보는 것이다. 이 간질병은 그로 인해 직접 자손에게까지 전달되는 않았다(클레오파트라와의 사이에 아들 하나가 있었지만 어려서 죽어버렸기 때문에 결국 자손이 없었던 셈이다). 그럼에도 불구하고 간질병의 명확한 징후가 율리우스 가계의 다음 세대에서 나타나고 있는 것은 주목할 만하다. 이처럼 카이사르는 그의 여동생을 통해서 후손 율리우스와 연결되며, 칼리굴라와 브리타니쿠스도 결국 이 병을 앓게 되었다고 한다. 이로부터 선조 율리우스의 그 어떤 타락적 요소를 추론할 수는 없는가? 율리우스 가계에서는 가까운 친척들 간의 결혼이 일반화되어 있었다는 사실을 고려한다면, 각각의 사람들에게 명백하게 영향을 끼쳤던 여러 가지의 타락적인 경향 중에서 제일의 요소를 확인할 수 있을 것이다.

아우구스투스

계속해서 카이사르의 상속인이자 증조카이며, 나중에 황제 아우구스투스가 된 옥타비아누스의 사생활에 대해 상세히 살펴보도록 하자. 동전과 조각상에서 묘사된 아우구스투스의 모습에는 영웅 카이사르와의 일종의 정신적인 혈족 관계가 나타나 있다. 그 속에는 일반적으로 많은 특징이 표현되어 있다. 즉, 영향력 있고 능력 있는 정치가상, 지칠 줄 모르는 정력, 명쾌한 비전, 날카로운 지

아우구스투스

성, 사람을 다루고 사건을 처리하는 데 있어서의 의심할 바 없는 천재성 등이다. 그들의 외모는 서로 상당히 유사하게 묘사되어 있으며, 이는 뮐러에 의해 동전 그림으로부터 확인되었다. 로마의 도덕성과 결혼에 관한 법률을 재구성한 아우구스투스일지라도 청렴강직한 성격의 소유자는 아니었다. 수에토니우스가 다음과 같이 말하는 것은 사실이다(Aug., 71).

> "이러한 스캔들과 비난이 일고 있는 어느 곳에서도, 아우구스투스는 동성 연애를 논박함으로써 자기 생활의 정숙성을 스스로 보호하곤 했다."

아우구스투스가 젊었을 때, "여성적이었고" "그의 삼촌의 바람기를 닮으려고 노력했으며" "나중에 카이사르에 의해서 처음으로 더럽혀지게 된 스페인의 아울루스 히르티우스에게 자신의 명예를 팔아넘기는" 것 등, 그리고 위대하고 비범한 사람이 때때로 저지르게 되는 다른 범죄에 대해서도 그는 빠뜨리지 않고 언급하고 있다.

어찌되었든 아우구스투스는 남성과 성관계를 갖는 것과 관련된 어떠한 것에도 접근하지 않았음을 우리는 추측할 수 있다. 바로 이러한 이유로 인해서 철두철미하게 남성적이라는 것과 양성적인 경향의 움직임을 전혀 보이지 않고 전적으로 여성들에게만 몰두했다는 그의 성격 묘사에 우리가 동의하는 것이다. 우리가 알고 있는 바와 같이, 그는 일생 동안 세 번 결혼했다.

수에토니우스는 이렇게 적고 있다(Aug., 62).

"젊었을 때 그는 세르빌리우스 이사우리쿠스의 딸과 약혼했다. 그러나 그가 안토니우스와의 첫번째 전투에서 화해를 하고 나서 그 성의의 표시로 두 군대간의 가족적인 유대를 맺을 필요가 제기되었다. 결국 안토니우스의 의붓딸인 클라우디아(풀비아와 푸블리우스 클로디우스의 딸)와, 그녀가 결혼하기에는 너무 어린 나이임에도 불구하고, 혼인하게 되었다. 그후 그는 장모인 풀비아와 다투어, 결혼 생활이 무르익기도 전에 이혼을 했다. 그리고 얼마되지 않아 스크리보니아와 약혼을 했다. 그녀는 집정관의 위치에 있는 두 명의 남자와 결혼한 적이 있으며, 그들 중 한 명과의 사이에서 낳은 자식이 있었다. 그러나 그가 기록했듯이, '그녀의 꼬치꼬치 따지고 흠잡는 성격에 염증을 느껴' 역시 이혼을 하게 된다. 이 일이 있은 직후 그는 티베리우스 네로의 부인인 리비아 드루실라가 임신중 임에도 불구하고, 그녀를 자신의 아내로 맞아들이며 그의 남은 여생을 오로지 그녀만을 사랑하고 존경하며 보내게 된다."

카시우스 디오(48, 34)에 따르면 아우구스투스는 리비아와 사랑에 빠지자 스크리보니아를 버렸다고 한다. 이것이 그의 정식적인 결혼에 대하여 우리가 알고 있는 사실들이다.

그러나 수에토니우스는 다음과 같이 덧붙인다(69).

"그의 친구들조차도 그가 종종 간통을 저질렀음을 부정하지 않는다. 그러나 그것이 그의 색욕 때문이 아니라, 적의 아내와 사랑에 빠짐으로써 그들의 음모를 쉽게 발견해낼 수 있다는 정치적인 이유 때문이었다고 변론하고 있다. 마르쿠스 안토니우스를 자신의 손아귀에 넣음으로써 그토록 간절히 바라던 리비아와 결혼했을 뿐만 아니라, 그는 자주 전 영사관의 아내를 그의 만찬 석상에서 침실로 데리고 갔다가 헝클어진 머리와 귀가 빨갛게 달아오른 채로 다시 데리고 나오곤 했다고 한다. 또한 그는 스크리보니아가 그의 첩에 대해서 지나치게 불평을 늘어놓기 시작하자 쫓아버렸으며, 그의 친구들에게 결혼한 여자나 처녀에 관계 없이 송두리째 조사하여 마치 포주 토라니우스가 여자들을 팔듯이 자신을 위해 여자를 구해오라고 할당했다고 한다."

또한 수에토니우스는 아우구스투스가 간통의 관계를 맺고 있는 클레오파트라와 밀애를 즐긴 것을 용서해달라고 안토니우스가 그에게 보낸 편지도 소개하고 있다.

"드루실라에게 만족하지 못하시고 테르툴라, 테렌틸라, 루필라, 살비아 티티세니아까지 차지하셨군요. 그러나 당신이 언제 어디서건 그러한 즐거움을 누리는 것에 대하여 어느 누가 감히 뭐라고 하겠습니까?"

여성을 선택하는 아우구스투스의 기준이 그의 색욕을 만족시키기 위한 간단한 원칙에 의해서 움직였음을 우리는 인정해야 한다.

스크리보니아와의 결혼은 기본적으로 정치적인 동기에 의해서 설명된다. 나중에 폼페이우스의 지지자가 된 스크리보니아의 오빠는, 그의 젊은 계승자인 섹투스 폼페이우스를 보좌하게 된다. 만일 섹투스가 집정관 안토니우스와 결합한다면, 옥타비아누스의 지위는 위협받게 된다. 그러나 옥타비아누스는 이러한 위험을 사전에 인지하고 스크리보니우스의 여동생인 스크리보니아에게 구애(친구 마이케나스를 통해서)를 한다. 그녀의 오빠의 동의가 있은 후 옥타비아누스는 23세에, 그리고 그녀는 두번이나 결혼한 30대의 나이에 둘은 결혼하게 된다. 그녀는 전 남편과의 사이에서 한 명의 아이를 낳았다[그 자식 중 한 명이 우아한 코르넬리아이며, 그녀의 요절은 프로페르티우스의 유명한 장례의 조사에서 축도되었다(iv, 11)].

이 비가는 아우구스투스가 비록 스크리보니아를 떠났지만, 코르넬리아의 죽음에 대해서 커다란 슬픔을 보였다고 전하고 있다. 이는 그가 부인과 아무런 언쟁 없이 헤어졌다는 것을 우리에게 보여주는 것이다. 그러나 아름답고 황홀한 티베리우스 클라우디스 네로의 17살밖에 안 된 아내와의 사랑 때문에 그녀를 버린 것은 야만적인 행동이었다. 스크리보니아는 옥타비아누스의 첫번째 자식인 율리아를 낳았다.

아우구스투스의 두번째 결혼도 아우구스투스 집안 전체의 비난 속에서 이루어졌다. 이는 두 집안 사이의 위험한 질투와 알력, 그리고 경쟁에 씨를 뿌리게 되었다. 즉 스크리보니아의 딸인 율리아로부터 계승되는 율리아 가문과, 리비아의 친족인 클라우디아 가문의 경쟁이 그것이다(이는 이 책의 끝 부분에 있는 두 집안의 가계도에서 보다 명확하게 드러날 것이다). 그럼에도 불구하고 아우구스투스가 정치적인 동기에서가 아니라 깊은 열정으로 리비아와 결혼했음은 확실하며, 젊은 남자에게는 나이 든 스크리보니아보다는 그녀가 아마 더 적합했을 것이다. 세네카는 그녀를 차분하고 존경받을 만한 여성이라고 평했다(Ep., 70).

유명한 학자 아돌프 스타르에 의해서 훌륭하게 저술되었으나 그다지 알려지지 않은 《고대 문명의 묘사(Pictures from Classical Antiquity)》에 대해서 살펴보도록 하자(불행하게도 이 책은 출판되지 않았다). 이 책의 제3편에서 아돌프 스타르는 아우구스투스의 딸이자 유일한 자식으로서 커다란 희망을 걸었던 율리아와 그녀의 손녀인 카이우스와 루키우스 카이사르가 각각 유배되고 요절하자, 이들을 못내 그리워하는 스크리보니아의 가련한 이야기를 니오베의 비극적 운명과 비유하여 전하고 있다.

한편 그녀의 운명적인 경쟁자 리비아의 아들인 티베리우스는 세계를 통치하는 황제가 되었다. 스크리보니아의 증손녀인 어린 아그리피나의 회상록의 마지막 구절에서 군주정 시대의 가족 상호간에 존재한 무서운 알력에 대해 스타르는 정확하게 추측하고 있다. 이에 대해 타키투스는 아그리피나에 대하여 악의적이고 일면적인 묘사를 한 것을 자주 원용하고 있다. 이렇듯 장래에 뿌리깊은 알력의 원인이 된 것이 바로 아우구스투스의 사랑과 결혼이었다.

그러나 이러한 형태의 결혼은 일상적인 것이었으므로 로마 사회는 아우구스투스와 리비아의 결혼을 문제삼지 않았다. 그러나 이런 사건에 대한 일화는 어디에서나 이야기되고 있다. 카시우스 디오는 다음과 같이 말한 바 있다(48, 44).

"리비아는 남편 네로와의 관계로 임신 6개월이었다. 옥타비아누스가 임신 중인 여자와의 결혼이 가능한 것인가에 대해서 난처해하면서 고위 성직자에게 물었을 때 그들은 '임신 중인지 아닌지가 불분명하다면 결혼은 연기되어야 하지만, 그것이 확실하다면 결혼은 아무런 문제 없이 진행될 수 있다.'라고 대답했다. 아마 이것은 그들의 책에 기록되어 있는 규칙일 것이다. 혹 성문화된 법규가 아니었더라도 아마 그것 때문에 새로 만들어졌을 것이다. 리비아의 본래의 남편은 마치 그녀의 아버지라도 되는 것처럼 지참금까지 주어 보냈다. 그런데 그 결혼식장에서 아주 코믹한 일이 벌어졌다. 때때로 여자들이 참석한 곳에서도 발가벗고 시중 드는 아름다운 한 소년이 네로와 조금 떨어진 곳에서 옥타비아누스의 옆에 기대고 앉아 있는 리비아를 보았다. 그는 그녀에게 달려가 '아가씨! 여기서 뭐하고 계세요? 주인님이 저기 계시잖아요!'라고 네로를 가리키며 말했다."

모든 상황을 종합해 볼 때, 아우구스투스와 리비아의 결혼은 진정으로 행복한 것이었다. 타키투스는 별로 달갑지 않은 목소리로 그녀를 서술했으나 카시우스 디오는 아우구스투스가 때때로 다혈질의 성격을 나타낼 때 그를 차분하고 온화하게 할 수 있었던 유일한 사람이었다고 말하고 있다(55, 14 ff.). 그러나 아우구스투스에 대한 그의 언급에서, "그는 친구 마이케나스의 아름다운 부인과도 사랑에 빠졌으며"라는 표현은 아마 근거 없는 조작이었을 것이다.

아우구스투스는 예쁘게 생긴 얼굴만 보면 민감하게 반응했다. 그는 자신의 인생이, 특히 젊었을 때부터 도덕적인 것과는 거리가 멀었다는 것을 잘 알고 있었다. 이와 관련된 카시우스의 다른 표현(54. 16)들은 사실에 근접한 것으로 보인다. 아우구스투스가 부도덕성에 반대하는 법률을 제정, 공포할 때 그는 어떤 여자와 간통을 하다가 이후에 결혼하게 된 젊은이의 경우에 대해서 입장을 정리해야만 했다.

"아우구스투스는 딜레마에 빠지게 되었다. 즉 그 사건을 무시하든지 아니면 형벌에 처하든지 둘 중에 하나를 선택해야 했던 것이다. 그는 오랜 시간 동안 생각에 잠긴 후 다음과 같이 대답했다.
'시민 전쟁은 많은 추악한 결과를 초래했다. 이것은 잊어버리도록 하고 이와 유사한 경우가 장래에 나타나지 않도록 하라.'"

율리아 가문 여인들의 운명

대 율리아

아우구스투스의 말년을 어둡게 한 커다란 시련은 가족의 일원이 자 그가 사랑했던 딸인 율리아(The Elder Julia)로부터 일어났다. 이는 그에게 지독한 실망을 가져다 주었다. 이 신비로운 여자의 성격에 대하여 세심한 주의를 기울이지 않는다면 우리는 이것을 이해할 수 없을 것이다.

수에토니우스는 젊었을 때의 율리아에 대해서 이렇게 언급하고 있다(Aug., 64).

"그는 자신의 딸과 손녀들을 마치 모직을 짜듯 엄격하게 길렀다. 그들은 매일매일의 토막 뉴스에서 제공되는 것 외에는 어떠한 비밀도 말하거나 행동하는 것이 금지되었다. 또 그들의 가족 외에는 어떠한 바깥 사람과의 접촉도 허락되지 않았다. 그는 비니키우스라고 불리는 박식하고 고결한 젊은 친구에게 보내는 편지에서 바이아이로 오는 여행에 율리아를 데려오도록 한 것이 실수였다고 이야기하고 있다."

율리아는 명랑하다고는 말하기 어려운 의붓어머니 리비아와 정숙하고 여자다운 숙모 옥타비아의 보살핌 일종의 장막과 같은 제한 속에서 성장했음이 틀림없다. 이처럼 부자연스럽고 왜곡된 구속이 그녀에게 완전하고 자유롭게 살고 싶다는 강한 충동을 일깨웠다는 것은 충분히 예측할 수 있다. 그녀는 여자답게 성장해 갔으며, 자기의 마음대로 남편을 선택할 수가 없었다. 집정관의 딸들에게는 외교적인 수단으로서의 결혼이 주어져 있었다.

그녀의 첫번째 남편은 아우구스투스의 조카인 마르켈루스라는 17살난 소년이었다. 그는 명문 율리아 가의 자손이었고 아우구스투스는 그가 자신의 권력을 승계하기를 바랐다. 당시 율리아는 14세였다. 그러나 그녀의 결혼 생활은 그다지 길지 않았다. 마르켈루스는 허약한 소년이었고, 바이아이에서의 치료에도 불구하고 열병으로 18세에 세상을 뜨게 되었다(Serv., Comm. Aen., vi, 885).

마르켈루스의 어머니와 그의 삼촌 아우구스투스의 슬픔은 모든 사람이 다 알고 있을 정도였다. 아우구스투스 시대의 모든 시인들, 특히 베르길리우스(Aen., vi, 860)는 죽은 소년에 대한 찬사의 노래를 지어 유포하기도 했다. 그러나 그 젊은 과부는 또 다른 외교적인 결혼에 처하게 되었다. 이번에는 "아우구스투스 시대의 비스마르크"라고 불리는 위대한 군인이자 정치가인 아그리파였다. 결혼을 성사시키기 위해 마이케나스는 동맹자에게 권고하고, 아우구스투스도 자신의 왕조를 영원의 반석 위에 올려놓기를 바랐다. 율리아의 의향은 전혀 고려되지 않았다. 결국 그녀는 옥타비아의 딸인 부인과 이혼한, 그녀 나이의 두 배쯤 되는 사람과 결혼했다. 더구나 그 남편의 중요성을 자신의 꿈과 맞바꾸면서까지 말이다.

이 결혼은 10년간 지속되었으며, 이 기간 동안 그녀는 다섯 명의 아이들을 낳았다. 어린 왕자 카이우스와 루키우스, 율리아와 아그리피나라고 불리는 두 딸, 그녀의 남편이 죽은 뒤에 태어난 아그리파 포스투무스라고 불리는 사악하고 타락한 소년 등이 그들이다. 다섯 명의 아이들을 낳았음에도 불구하고, 그 결혼이 과연 행복한 것이었는지 의심이 가곤 한다. 남편과 부인의 성격은 전체적으로 판이했다고 할 수 있다. 고대의 모든 증거(동전과 조각상, 그리고 문학)에 따르면 아그리파는 고대 농부 타입의 순진한 로마인이었던 것 같다. 플리니우스(N.H., xxxv, 4 (9))는 그를 우아하기보다는 오히려 시골풍의 사람에 가깝다고 전한다. 그는 명문가 출신의 사람이 아니었으므로, 로마의 귀족 사회에서 인정받지 못했다. 국가에 대한 정치적 측면의 봉사나, 사원을 짓고 목욕탕을 만들며 가로수와 정원을 꾸미는 것 같이 로마의 환경 미화 사업에 그가 커다란 지출을 했음에도 불구하고 말이다. 그 자신은 영웅적이거나 예민한 쾌락주의자는 아니었다. 그는 정치적인 임무로 인하여 종종 로마와 그의 젊은 아내 곁을 떠나가 있곤 했다.

다른 한편에서 율리아는 군주제적인 가정의 엄격함 속에서 자식들을 망치고 있었다. 젊고 아름다우며 생생하고 영적인 그녀는 지적이고 예술적인 열정에 모든 것을 바쳤으며, 젊은 사람의 모든 정열을 삶을 즐기거나 사랑을 하는 데에 바쳤다.

그녀는 아그리파와 결혼 생활을 하는 중에도 셈프로니우스 그라쿠스(Sempronus Gracchus)라는 남자와 밀애를 나누었으며, 이혼한 후에도 그와의 관계를 멈추지 않았다. 타키투스는 이에 대하여 다음과 같이 말한다(Ann., i, 53).

> "셈프로니우스 그라쿠스는 우아한 노인이다. 그는 융통성이 뛰어나고 입심이 좋아 아그리파의 아내인 율리아를 유혹했다."

그러나 마크로비우스는 율리아에 관하여 보다 노골적이고 재미있는 내용을 전하고 있다(Sat., ii, 5).

그에 따르면, 그녀는 굉장히 빈번한 간통에도 불구하고 그녀의 모든 자식들이 왜 하나같이 그녀의 남편을 닮았느냐는 질문을 종종 받았다고 한다. 율리아는 냉소적으로 대답하기를, 그녀 자신이 남편으로부터 임신했다는 사실을 확인하기 전까지는 절대로 자신의 정부와 관계를 갖지 않았기 때문이라고 말했다(이 말은 실제적으로는 굉장히 조잡하게 사용되었으나, 여기선 자유롭게 의역한 것이다). 이는 생활의 태도상으로 그녀는 어떠한 비밀도 없었던 것으로 보인다. 독자들은 바로 이때가 오비디우스의 천박한 《사랑의 기술》

이 진보한 젊은이들 사이에서 대중적으로 읽혀지고 있던 시기라는 사실을 기억할 필요가 있다. 이것이 율리아가 남편의 등 뒤에서 바람을 필 수 있었던 배경이다. 나이 든 남편의 젊은 아내가 어떻게 유혹되었는지는 서술하지 않아도 되지 않을까? 아그리파(질병과 노동으로 빠르게 나이를 먹어간)는 아내의 비행을 익히 알고 있었으나, 다만 스캔들을 일으키지 않기 위해서 비밀을 지켰던 것 같다. 그는 51세의 나이로 자신의 국가에 대한 거대한 봉사의 삶을 마감했다.

그럼에도 불구하고 여전히 율리아는 자유롭지 못했다.

아버지는 어렴풋하게나마 자신의 딸의 성격을 눈치채고 있었던 것 같다. 어찌되었든 아버지는 적당한 새 신랑감을 물색하고 있었으며, 기사 신분의 몇몇 친척들을 마음속에 두고 있었다. 결국 리비아가 자신의 아들의 지위 상승을 위하여 노력하는 방향에서 그의 아버지를 움직여 결정을 내렸다. 율리아는 황제의 의붓아들 티베리우스와 결혼하게 된다.

정치적으로 이 결혼은 훌륭한 이유가 있다. 그러나 성격적인 측면에서 그것은 절대적으로 불가능한 것이었다. 몇 년 동안 티베리우스는 아티쿠스(Atticus, 키케로의 친구인 유명한 은행가)의 손녀와 행복한 결혼 생활을 누렸다. 그는 자식을 하나 두었으나 하나를 더 원했다. 이제 그는 국가의 요구, 혹은 그의 어머니와 의붓아버지의 희망에 응하지 않으면 안 되었다. 그는 행복한 결혼 생활을 포기해야 했으며 그가 멸시하는 아내에게로 가야만 했다.

한편 수에토니우스에 따르면(Tiberius, 7) 율리아는 아그리파와 결혼 생활 중에도 젊고 미남이며 호감이 가는 왕자 티베리우스에게 추파를 던지며 자신의 힘으로 그를 소유하려는 헛된 노력을 기울이곤 했다고 한다. 이렇듯 아름답고 젊으며 대중에게도 평판이 좋은 요염한 왕비가 겨우 은행가의 딸을 사랑하는 남자를 어떻게 생각했는지를 상상해 보는 것은 조금도 어려운 일이 아니다.

그럼에도 불구하고 율리아와의 결혼은 시작해 볼 만한 정도의 가치가 있었던 것으로 보인다. 한 아이가 태어났지만 그는 어려서 죽었다. 그 이후로 이 결혼은 급속히 악화되었다. 율리아는 확실히 남편을 싫어했으며, 자신의 지위와 명성에 점점 더 신경을 쓰지 않게 되었다. 자신의 본성에 더욱더 천착하여 전적으로 쾌락을 누리는 데에만 집중하고 있었다. 티베리우스는 이 사실을 곧바로 알아차렸으며, 그 후 그녀를 영영 떠나버렸다(Suet., Tib., 7). 그는 스스로 떠났던 것이다.

아르메니아에서 일어난 폭동을 진압하기 위해 그가 파견되었고, 율리아는 이로 인해 그가 좋아하는 왕자 카이우스와 루키우스가 승진하게 되는 것을 매우 즐거워했다. 그러나 그는 이 음모를 알고는 갑자기 황제의 임무를 수행하기엔 자신의 능력이 충분치 않음을 설명하면서, 연구에 전념할 수 있는 조용한 섬으로 보내 줄 것을 청원했다.

그러나 티베리우스가 로데스에서 떠나기로 한 가장 중요한 이유는 불성실하고 적의감에 싸인 그의 아내로부터 떨어지기 위함이었던 것은 확실하다. 티베리우스의 강적인 타키투스조차도 그에 대한 언급에서 이러한 불행한 결혼을 정당하게 평가하며 다음과 같이 말하고 있다(Ann., vi, 51).

> "티베리우스는 율리아와 결혼함으로써 커다란 위험에 빠지게 되었다. 그는 그녀의 간통을 허용하든지, 아니면 그녀로부터 벗어나든지 결정해야 했다."

아우구스투스는 그의 의붓아들이 사라진 이유에 대해 아무것도 모르고 있었다. 단지 그것을 자신에 대한 모욕이라고만 여기고 [Plin., N.H., vii, 45 (46)] 있었으며, 그 때문에 여러 해 동안 화가 나 있었다고 한다.

수에토니우스는 티베리우스의 해법에 대하여 아래와 같이 설명하고 있다(Tib., 10).

> "그는 혈기왕성할 때 갑자기 은퇴했으며, 인간 사회로부터 가능한 한 멀리 떨어진 곳에 은거했다. 감히 이혼하거나 비난하지도 못한 채 아내에게 진절머리가 나 있었거나, 아니면 더 이상 참지 못해서, 혹은 그가 사라짐으로 해서 자신의 위신을 지키거나 높이기 위해서, 그것도 아니면 국가에 계속 복속할 경우 자신의 주변에 있게 될 지겨운 사람들로부터 벗어나기 위해서이든지 간에……
> 그는 너무 오래 국가에 봉사를 해 왔으며, 이제 일에서 벗어나 쉬고 싶다는 핑계를 대면서 은퇴를 요청했다. 어머니의 간절한 염원과 원로원에서 자신이 버림받았다고 이야기하는 의붓아버지의 불평도 듣지 않았다. 사실 그들이 계속 남아있을 것을 강요하자 거절하는 뜻으

로 4일 동안이나 아무런 음식을 먹지 않았다. 마침내 허가가 떨어지자, 그는 아내와 자식을 로마에 남겨둔 채 홀연히 오스티아로 떠났다. 그는 자신의 주변 사람들에게도 아무런 통보도 없이 단 몇 사람만 그의 출발을 지켜보게 하면서 떠나갔다."

수에토니우스는 계속해서, 그는 평범한 시민으로서 로데스에서 조용하게 살았다고 전한다. 사실, 그는 마음에 큰 상처를 입었으나 자랑스런 로마의 신사로서 그 고통을 잊으려고 많은 노력을 기울였다.

한편 티베리우스로부터 벗어난 이후 율리아는 부끄러움을 아예 잊어버렸다. 마크로비우스는 그녀가 38세 때, "그녀가 생각이 있고 분별력이 있다면 자신이 곧 늙게 된다는 것을 알 것이다."라고 말하고 있다. 그녀는 그때까지도 엄격한 제국주의 가문에서 자신만만한 왕비의 역할을 계속하고 있었으며, 이 점에서 자신을 타락시킨 바로 그 가문에서 전해 내려오는 많은 유전적 특질 중에서 아버지와 가장 닮았다고 할 수 있다.

마크로비우스는 어느 단정한 늙은 신사가 그녀에게 사치스러운 식탁과 가족들의 방탕, 그녀의 아버지의 사치적 경향을 닮아가는 것을 정중히 충고했다고 말하고 있다. 그러나 그녀는 거만하게,

"나의 아버지는 자신이 황제라는 것을 잊어버렸을지 몰라도, 나는 황제의 딸이라는 것을 항상 가슴에 새기고 있습니다."라고 대답했다.

또한 마크로비우스는 "그녀의 사치가 알려지지 않은 곳에서는 부

드럽고 인간적이며, 폭넓은 도덕적인 관점을 가지고 있다고 그녀의 성격이 언급되고 있다."라고 강조했다.

스타르는 다음과 같이 판단하고 있다(lib. cit.).

"이것이 바로 아우구스투스 시대의 로마 사회이며, 이때가 율리아 왕비의 절정기였던 것으로 보인다. 서로 반대되는 요소들, 즉 황홀한 문화적 양식과 조잡한 물질주의, 매혹적인 육체적 아름다움과 잔인한 관능주의, 뛰어난 심미적인 세련미와 냉소적인 부도덕성 등이 대립하고 있었던 것이다."

남편이 떠나고 난 뒤의 율리아의 품행에 대해서 모든 고대의 자료들은 그 견해를 일치하고 있으며, 벨레이우스 파테르쿨루스(ii, 100)는 다양한 강조점을 가진 이야기를 서술하고 있다.

"율리아는 자신이 아버지와 남편에게 은혜를 입었다는 사실을 전혀 잊고 있었으며, 사치와 유혹의 도를 넘어서 후안무치의 극치를 달리고 있었다. 그녀는 자신의 죄를 자신의 지위에 걸맞는 행실이라고 생각하고 있었으며, 그녀에게 허용된 모든 것을 즐기려고 노력했다."

세네카의 설명은 보다 격렬하다(De ben., vi, 32).

"그녀는 자신의 애인 수를 헤아려야 할 정도였으며, 밤마다 도시의 거리에서 주연을 베풀곤 했다. 그녀는 자신의 밀애와 포옹의 장소로 아버지가 간통에 반대하는 법률을 공포했던 바로 그 광장과 역을 선택했다. 그녀는 이제 간통부에서 매춘부로 바뀌어가고 있었으며, 거의 매일 마르시아스의 조각상에서 만남을 가졌고, 잘 모르는 남자에게도 자신의 몸을 허락했다."

이러한 보고는 아우구스투스의 원칙적인 판결문에서 유래한 것으로 보인다. 만일 플리니우스[N.H., XXI, 3 (6)]가 확인하지 않았더라면, 이것을 과장된 것이라고 치부했을지도 모른다. 플리니우스는 다음과 같이 말하고 있다.

"아우구스투스의 딸에 의해서 로마에서 유일하게 허가된 집회가 열렸으며, 그녀는 매일 밤마다 마르시아스의 조각상 앞에서 사람들을 모아놓고 주연을 베풀곤 했다. 그녀는 신성한 아버지에 대한 불평의 표시로 주연을 개최한 것이다."

그때까지도 아우구스투스는 딸의 사악한 경향에 대해 어떠한 경고도 내리지 않았다. 카시우스 디오는 다음과 같이 얘기한다(55, 10).

"높은 지위에 있는 남성들은 자신의 고유한 일 이외에는 어떤 것도 알지 못한다. 자신이 하는 일에 대해서 집안에 절대 알리지 않을 뿐 아니라, 집안에서 일어나는 일에 대해서도 그들은 아무것도 알려고 하지 않는다. 아우구스투스가 집안에서 일어난 일을 알게 되었을 때 그는 매우 분노하여 집안의 일로 끝내지 않고 원로원에까지 보고했다."

수에토니우스는 계속해서 이렇게 말한다(Aug., 65).

"그는 불명예보다는 차라리 죽음을 택하는 사람이었다. 그는 카이우스와 루키우스의 죽음에도 당황하지 않았으며 자신은 참석하지 않은 채 퀘스토르가 대독한 편지를 통하여 원로원에 율리아의 악행을 보고했다. 자신을 보이는 것이 부끄러워 오랫동안 공식적인 석상에 모습을 드러내지 않았으며, 그녀를 죽여버릴까 하는 생각까지 했다. 율리아의 공범자 중 한 명인 포이베라 불리는 노예 출신 평민이 목을 매어 자살했을 때, 자신이 차라리 포이베의 아버지였으면 좋겠다라고 말하기까지 했다."

그럼에도 그녀가 그녀의 불명예로부터 벗어나려고 하지 않았다는 사실은 율리아의 명예를 위해서 매우 조심히 말하여졌다.

그녀는 판다테리아의 작은 섬으로 추방되었다. 캄파니아 해변에서 6마일 떨어진 이곳은 오늘날 반도티나라고 불리며, 폰자 군도에 속하는 버려진 바위섬이다. 그녀의 어머니인 스크리보니아는 딸의 보호를 위해서 유형에 같이 따라나섰다. 그리고 율리아는 마치 위험한 죄수처럼 호위되어 호송되었다. 이러한 호위는 그녀의 많은 남자 친구들도 황제에 대항한 정치적인 음모에 대한 혐의로 동시에 추방되었음을 알려 주는 것이다. 이러한 사람들 중에는 안토니우스의 아들이자, 한때 황제의 총애를 받았고, 그의 집안 식구까지 되었던 어느 젊은 청년이 끼어 있기도 했다. 이 사건은 전체적으로 로마 사회에 폭넓은 영향을 끼치게 되었다. 카시우스 디오는(55, 10)는 다음과 같이 언급한다.

"이러한 사건의 결과로서 많은 다른 여성들이 유사한 형벌에 처해져야 했으나, 아우구스투스는 이들을 기소하지 않았다. 그는 자신이 권력을 잡기 전에 일어났던 본인의 범죄가 문제시되는 것을 막기 위해서 단지 그 사건과 관련된 사람들에 대해서만으로 그 범위를 축소했다. 황제의 특별한 허락 없이는 어떤 남자도 심지어 노예까지도 율리아의 유형지에 접근하는 것을 금지하는 특령이 내려졌다. 또한 와인과 같은 평범한 생활용품을 사용하는 것까지도 금지시켰다. 그녀가 배신했던 티베리우스의 행동은 매우 효과적이었으며, 적대적인 타키투스가 《연대기(Annals)》에서 중상 모략한 사실을 반박할 수 있는 충분한 증거가 되었다."

수에토니우스(Tib. 11)는 이어서 티베리우스는 율리아에게 관대한 처분을 내릴 것을 탄원하고, 자신이 그녀에게 선물을 준 많은 물건들을 소유할 수 있도록 허락해 줄 것을 요청하는 편지를 그녀의 아버지인 아우구스투스에게 몇 차례 보냈다고 말하고 있다.

그러나 아우구스투스는 용서할 수 없었다. 그는 "물과 불이 서로 섞이지 않는 한 그녀는 결코 로마에 돌아올 수 없을 것이다 (Cassius Dio, 55, 13)."라고 했다. 약 5년이 지난 후에야, 율리아가 가고 싶은 곳으로 유형을 떠날 수 있다는 약간의 양보가 이루어졌다. 그녀는 매우 불편한 섬을 떠나 시칠리아의 반대편에 있는 레기움(레기오) 요새로 갈 수 있도록 배려되었다. 그러나 그곳에서도 이전과 마찬가지의 대접을 받았다. 그녀의 어머니는 자신의 고통에도 불구하고 딸을 버리지 않고 지켜보다가 비참한 최후를 마치게 되었다. 티베리우스는 그녀의 포로 신세를 더욱더 혹독하도록 만들었다. 그녀의 영혼은 산산조각이 나, 겨우 51세의 나이에 결국 죽고 말았다. 율리아와 그의 딸이 저지른 범죄에 대하여 타키투스는 다음과 같이 주목할 만한 판결을 내린 바 있다(Annals, iii, 24).

"아우구스투스는 남성과 여성 사이의 일반적인 범죄에 대해 신성 모독의 강력한 이름으로 처벌했으며, 그 강도는 선조들의 관용과 자신이 직접 제정, 공포한 법률의 형량을 초과하는 것이었다(이러한 표현이 위의 사건에서처럼 귀족 정치의 전통을 무시하는 황제의 태도를 공격하는 것인가? 그렇게 이해하는 것도 불가능한 것은 아닐 것이다)."

도덕의 개혁자인 아우구스투스 자신을 괴롭히는 거대한 일진 광풍은 다름아닌 바로 자신의 딸, 율리아의 불명예였던 것이다.

소 율리아

율리아의 딸(The Younger Julia)도 "황제의 집안을 발칵 뒤집어 놓는 대소동"을 일으켰다(Velleious, ii, 100). 소 율리아 역시 간통 혐의로 기소되어 아풀리아 해안에 있는 트리메루스라는 외로운 섬으로 유배되었다. 거기에서 그녀는 20년을 지냈으며, 비록 어머니의 적이긴 했지만 그녀에게 동정적이었던 리비아가 먹을 것과 마실 것을 마련해 가져다 주곤 했다.

이때에도 아우구스투스는 자신의 가장 가까운 친척을 처벌해야 하는 상황에 처하게 되었다. 그러나 수에토니우스는 그에 대해 다음과 같이 말한다(Aug., 71).

"그는 색욕으로부터 벗어날 수가 없었다. 말년에는 특히 처녀를 매우 좋아하여, 그의 아내까지도 그에게 처녀를 주선해 주곤 했다."

타키투스는 리비아가 상당히 정중한 여성이었다고 말한다 (Annals, v, 1). 그녀는 위와 같은 문제에 있어서 타키투스가 찬양보다는 비난에 가까운 투로 말하는 것처럼 보다 현대적인 관점에서 있었을 것이다.

"그녀의 친절하고 온화한 성향은 고전적인 학교에 다니는 숙녀들이 일반적으로 가지고 있는 그런 제한과 기준을 뛰어넘는 것이었다."

그의 딸과 손녀딸의 운명은 아우구스투스 — 냉정하고 음모적이며, 야심에 찬 정치가인 — 로 하여금 자신의 만족을 채우기 위해 인간의 법을 희생한 사람은 항상 형벌에 처해져야 한다고 생각하게 만들었다. 결국에 가서 그는 자신을 인생이라는 연극에서 연극을 하는 배우, 그 이상도 이하도 아니라고 생각했다. 이는 그의 마지막 말에서도 잘 나타나고 있으며, 이에 대해서는 수에토니우스(Aug., 99)나 카시우스 디오(56, 30)의 견해도 대부분 일치하고 있다.

"그는 자신이 인생이라는 희극에서 연극에 충실히 임했다고 생각하는지를 친구들에게 물으면서 다음의 시를 덧붙였다.
연극은 이제 끝났다.
너의 손을 쥐고, 그리고 우리를
즐거움과 기쁨 속에서

집으로 돌려보내다오."

오비디우스와의 관계

이와 관련해서 오비디우스의 운명에 대해서 언급이 있어야 할 것이다. 앞서 언급한 것처럼 소 율리아의 갑작스런 재앙과 그가 어떤 연관이 있었던 것이 틀림없다. 그러나 우리는 그 사실을 알 수가 없다. 어떤 작가도 이 사건에 대해서 언급한 적이 없으며, 우리가 이해할 수 있는 어떠한 암시도 오비디우스는 표현하지 않았다.

우리가 인식하고 있듯이(Tristia, ii), 도덕 재구성자로서의 아우구스투스의 모든 노력에 정면으로 도전하는 천박한 《사랑의 기술》로 인해 추방되기 오래 전부터 그는 황제의 노여움을 받고 있었다. 그가 《변신 이야기》의 마지막 부분에서 무티나와 악티움을 정복한 황제로서, 그리고 정치적이고 사회적인 질서를 재구성해 낸 평화주의자로서 황제를 극찬했음에도 불구하고 황제의 진노를 누그러뜨리기에는 역부족이었다. 특히 황제는 그 당시에는 《변신 이야기》를 거의 읽어보지도 않았다. 그들의 법령 발표는 곧바로 대 율리아의 몰락으로 이어졌다. 그녀의 딸 역시 몇 년 후에 유사한 죄목으로 추방되었으며, 오비디우스 또한 동시에 같은 운명에 처해졌다. 그는 같은 해인 서기 8년에 토미로 유형의 길을 떠나게 된다.

그가 추방된 진정한 배경은 과연 무엇인가? 이미 말한 바 있듯이 오비디우스는 간접적으로만 이를 언급하고 있다. "상처 입은 왕자의 격렬한 분노에 부딪히게" 되었다는 것이다(Tristia, iv, 10). 아무엇도 모른 채 그는 우연히 범죄를 보게 되었으며(Tristia, iii, 5), 무서운 범죄에 은밀히 가담하는 기회를 얻고자(Tristia, iii, 6), 문제의 본질을 정확히 이해하지 못한 채 자신의 운명을 결정지을 수 있는 높은 지위에 있는 사람을 얻고자 했던 것이다(Tristia, iii, 4 ; 1, 2 ; 1, 5).

자신의 《사랑의 기술》이 황제의 분노를 샀다는 것을 그는 알고 있었다. 그는 우리가 살펴본 것처럼, 상세하게 그것을 해명할 기회를 찾고 있었다(Tristai, ii). 이러한 암시는 오비디우스에게 소 율리아를 유혹한 실라누스라는 친구가 있었고, 그가 일정한 방법으로 범죄적 연대 관계를 부추겼을 것이며, 그들이 잡혀갈 때, 그가 함께 있었거나 거기서 《사랑의 기술》의 복사본이 발견되어 황제에게 보고됨으로써 오비디우스가 이러한 간통의 선동자로서 영향력을 행사한 것처럼 되어버렸다는 결론을 내릴 수도 있을 것이다. 최소한 여기에서 아우구스투스의 분노의 냉정함을 찾아볼 수 있다.

황제들의 다양한 기질

티베리우스

아우구스투스의 계승자인 티베리우스의 성격은 오늘날까지도 논쟁의 대상이 되고 있다. 그러나 그의 성격 속에는 성적인 관점에서 특기할 만한 어떤 것도 나타나지 않으므로 성품에 대한 토론은 하지 않기로 한다. 그는 다른 로마의 황제들과 다르게 완벽하게 평범한 사람이었던 것 같다. 고대의 작가들이나 특히 심술궂은 타키투스, 수에토니우스 등에 의해서 언급되는 그의 성적인 욕망에 관한 모든 것은 현대 학자들에 의해서 순전히 허구라는 것이 밝혀졌다. 티베리우스는 매우 이지적이고, 도덕적인 표준과 같은 존재였으며 국가의 복지 증진과 안녕을 위해서만 살아갔고, 그의 삶은 그가 훌류하게 태어났다는 것에 대한 심각한 실망으로 채워져 있었다.

이런 사람은 저속하고 조소적인 이야기 속에 — 말년에 있어서도 — 지나치게 등장하지도 않는다. 이러한 가설은 심리학적으로는 불가능하다. 이와 같은 불가능성을 이해하지 못하는 사람들은, 심각한 학자의 관점에서가 아니라 단순히 관능성의 관점에서 고대 작가들의 언급을 무비평적으로 대할 때만 접근할 수 있을 것이다.

티베리우스의 성격은 확실히 수수께끼 같다. 특히 그는 말년에 이르러서 이해하지 못할 정도로 침묵하는 성격으로 변했으나 결코 유혹가는 아니었다. 이것은 단지 동전과 조각에서 나타난 것이라는 유보 조항을 전제로 한다는 점을 밝혀두어야겠다(이 내용과 관련되어서는 뮐러의 작업을 원용했다).

칼리굴라

티베리우스의 계승자는 매우 다른 성격의 소유자였다. 그는 별명인 '칼리굴라'로 더 잘 알려져 있는 카이우스 카이사르다.

율리오-클라우디아 집안에서 가장 괴팍한 그에 대한 고전적인 모든 설명들은 자제력을 잃은 카이사르에게서 광기, 잔인성, 조잡함, 비열함 등의 모든 요소가 결합되어 나타난다는 사실에 대해서 일치하고 있다. 우리가 특별히 관심을 갖는 것은 그의 성격 중 성애적인 측면으로서, 우리는 이것을 비난할 뿐만 아니라, 이해하고 호감을 갖게 되기도 한다. 우리의 논의는 그가 유전적인 타락성에 의해서 오염된 사람이라는 점과 그가 즐겼던 절대 권력이 그의 여러 성격들 가운데 최악의 측면들을 계발하고 강화시켰다는 것을 전제로 시작할 것이다. 그는 게르마니쿠스(이를 통해 클라우디아 가문에 소속된다)와 방탕자 율리아(그녀의 아버지가 아우구스투스다)의 딸인 아그리피나 사이에서 태어난 아들이다. 그는 할아버지인 안토니우스로부터 사치스러운 악덕을 물려받았으며, 율리우스로부터 야망과 관능성을, 마찬가지로 그 가문의 간질의 고통까지도 함께 물려받았다. 밀러나 델리우스 같은 현대의 과학자들은 칼리굴라에 대해 "일종의 심리적인 위축 상태"로 서술하고 있으며, 젊었을 때의 급성 정신병이나 혹은 편집광적 치매의 증상으로 진단하고 있다. 또한 동전과 조각에 나타나 있는 초상화로부터 어리석음과 조잡함, 압제적 성격, 잔인성, 범죄를 저지를 듯한 격렬한 혈기 등을 추론하고 있다. 한 가지 재미있는 사실은 그의 본성이 한꺼번에 나타나는 것이 아니라 성장과 더불어 점차로 드러난다는 점이다. 밀러는 그의 정신병적인 상태에 대해 전체적으로 중요한 지적을 하고 있다(loc. cit.).

> "칼리굴라가 통치하기 시작한 몇 달 동안에는 자신의 정신적인 불균형 상태가 나타나지 않았다. 아마도 그 후 치매에 관련된 자신의 첫 번째 증상이 나타났음에 틀림없으며, 그 이전에는 온화한 통치를 펼쳐 게르마니쿠스의 아들로서 로마 사람들에게 추앙을 받았을 것이나, 증상이 시작되고 나서 그는 미쳤다고 회자되기 시작했다."

이와 같은 설명은 일관성을 유지하고 있는 것 같다. 밀러가 인정하듯이 수에토니우스의 설명은 심리학적으로 정확하다. 칼리굴라는 어렸을 때, 자신의 누이와 근친상간을 저질렀다(Suet., Cal., 24). 야만적인 병사들이 일반적으로 자주 사용하는 막사에서의 성장 배경은 그에게 긍정적인 영향을 미치지 못했으며, 오히려 자신의 전 인생을 망치는 결과를 초래했던 것이다.

사춘기 때에 그는 할아버지인 티베리우스 밑에서 교육을 받았다. 그러나 어떤 좋은 결과를 가져오기에는 그 시기가 너무 늦었다. 그는 항상 의무감이 넘치고 고결한 젊은 청년으로 행동했으나, 티베리우스는 성격이란 자신의 현재의 모습을 속이고 전혀 다른 모습으로 보일 수 있게도 한다는 것을 잘 알고 있었다. 칼리굴라의 성격을 충분히 이해할 수 있었던 그는 종종 심한 불안감에 빠져 "칼리굴라 속에는 착한 노예의 성격과 사악한 주인의 성격이 공존하는 듯하다."라고 하면서 "로마를 멸망에 이끄는 살모사나 세계를 파멸로 몰아가는 파이톤 같은 존재를 기르고 있는지도 모른다."라는 식으로 심정을 토로하곤 했다(Suet., Cal., 10, 11).

그의 전체적인 성격에 대해 명쾌하게 지적한다면 그것은 극도의 잔인성과 노골적인 사디즘으로 표현할 수 있다.

> "그는 주피터의 초상화 옆에 서서 연극 배우 아펠레스에게 주피터와 자기 중 누가 더 위대한지를 종종 물어보았다. 아펠레스가 주저하면, 채찍질로 그를 내리치기 시작하면서 자비를 요청하는 그의 목소리와 운율이 살아 있는 그의 신음소리를 즐기곤 했다. 그의 아내나 정부의 목에 입맞춤을 할 때면 '내 말 한 마디면 이 사랑스러운 목은 잘려나

갈 것이다.'라고 말하기도 했다. 때때로 그는 자기가 왜 카이소니아를 사랑하고 있는지를 알아보기 위해 그녀를 고문했다고 자랑삼아 이야기하기도 했다."

계속해서 이런 이야기도 나온다(Suet., 32).

"유쾌한 파티에서 그는 박장대소한 적이 있다. 그러자 그 옆에 가까이 있던 집정관이 정중히 그 이유를 물었다. 그때 그는 '내가 만일 고개를 한번 끄덕이면 네 혀를 잘라버릴 수 있기 때문이지.'라고 대답했다."

또 다른 이야기는 이렇게 전하고 있다(Suet., 26).

"한 재무관이 그에 대한 반역의 혐의로 고발되었다. 그는 옷이 벗겨진 채 채찍질을 당했으며, 병사는 그의 옷을 밟고 서서 채찍질을 더 심하게 해댔다."
"맹수들의 결투를 훈련시키는 감독은 쇠사슬로 하루 종일 채찍질을 당했으며, 칼리굴라는 머릿속에서 잠재하는 묘한 정신병적인 상태가 만족스럽게 충족될 때까지 결코 그를 죽이지 않았다. 자신의 아틀라네 광대극의 작품 속에 이중적 의미를 지니는 복선적 내용의 구절을 삽입한 작가를 원형 극장의 한복판에서 산 채로 화형에 처하기도 했다. 한 로마의 기사는 자신의 결백을 주장함에도 불구하고 맹수들의 우리로 던져졌다. 그리고 칼리굴라는 그를 투기장 밖으로 끌고 나온 다음에 그의 혀를 자르고 다시 그 몸을 우리 안으로 내던졌다(Suet., 27)."

이러한 사례는 비일비재하다. 수에토니우스는 이외에도 많은 유사한 행동과 기질을 서술하고 있다. 이 모든 것 중에서 반드시 알아두어야 할 것은 칼리굴라 자신이, "자신 그 어떤 성격보다도 자신의 무감각을 가장 칭찬했다."는 사실이며, 이는 그가 사디즘을 자랑스러워했고, 이것이 바로 진정한 로마인의 태도라고 간주했다는 점을 보여 준다. 그의 할머니 안토니아가 그에게 경고했을 때 그는, "나는 어느 누구에게 무슨 짓이라도 할 수 있는 권력을 가지고 있다는 것을 잊지 마세요."라고 하면서 자신을 정당화했다.

일반적인 경우와 마찬가지로 절대 권력과 사디즘은 항상 그에게 동시에 다가왔다. 칼리굴라의 희망이 자신이 원할 때면 언제나 목을 자를 수 있도록 로마 사람들을 길들이는 것이었다는 유명한 사실과 비교해 본다면 쉽게 이해할 수 있을 것이다. 그는 놀이를 하거나 연회를 베풀고 있는 동안조차도 이러한 사디스트적인 욕망을 억누르지 못했다. 너무나 많은 사람들을 자신의 눈앞에서 고문했으며, 심지어는 참수하기도 했다(Suet., 32).

> "그는 즐겁고 행복한 시간에도 사악하고 잔혹한 성품을 참지 못했을 뿐더러 오히려 형벌과 처형을 행함으로써 더욱 큰 기쁨을 누렸던 것 같다(Suet., 11)."

1권에서 이미 로마의 사디즘을 다루었으므로 로마인들의 가학적인 경향 중에서도 특히 타락된 형태의 여러 측면들이 완전하게 투영된 성격을 소유하고 있는 사람들에 대해서는 충분히 설명됐다고 생각한다.

칼리굴라의 모든 성적인 사치와 방종은 우리가 알고 있는 그의 사
디스트적인 성품으로부터 쉽게 추론해 낼 수 있을 것이다. 수에토
니우스는 다음과 같이 강조하고 있다(35).

> "좀 과장하자면 칼리굴라에 의해서 피해를 입지 않은 사람이라고는
> — 경제적, 계급적으로 신분이 낮은 사람들은 특히 더했다 — 한 명
> 도 없을 정도였다."

그가 소유해 보지 않은 예쁘게 생긴 젊은 여인에게 매료되는 것은
불가항력적인 것이었다. 놀랍게도 그의 여동생들은 근친상간의 대
상이었다. 그는 특히 높은 지위에 있는 여성들을 유혹했으며, 그들
의 향기와 열매를 향유한 다음에 마치 헌신짝 버리듯 내버렸다. 마
침내 카이소니아에 이르러 천성적인 관능성과 방종함에 있어서 그
자신의 성향과 필적할 만한 한 여인을 만나게 된 것이었다. 그녀는
그를 순식간에 사로잡아, 그가 종종 갑옷을 입고 창과 투구를 쓴 군
인들 앞에 혹은 벌거벗은 자신의 친구들 앞에 그녀를 내보일 정도
로 관계가 발전하게 되었다(Suet., 25). 이들 사이에서 태어난 딸이
하나 있었는데, "어릴 적부터 그녀는 잔인하여 같이 놀던 친구의 얼
굴과 눈을 손톱으로 할퀴곤 했다."는 이유로 그는 그 딸을 자신의
유일한 혈족이라고 여겼다(ib.).

그가 남성들과 동성 연애를 맺었다고 비난받았다는 사실은 그다
지 놀랄 만한 일이 아니다. 이러한 성관계의 주요한 파트너는 팬터

마임 배우 므네스테르, 영사관 집안의 젊은 친구인 발레리우스 카
툴루스 등이었다.

그의 성격 묘사에 있어서 마지막 대상은 놀라운 사치벽이다. 단지
몇 달 동안에 티베리우스가 몇 년 동안의 경제 운영을 통해서 쌓아놓
은 금고를 모두 다 탕진해 버렸던 것이다. 사치스러운 요트와 궁전,
고대의 잘 꾸며진 정원, 그리고 미친 듯한 토목 공사, 금으로 만든 둔
덕 위에서 구르는 버릇 등으로 이를 확인할 수 있다(Suet., 37, 42).

그의 성격이 강렬하게 드러나지 않음에도 불구하고 네로와 유사
하게 그 역시 체육 선수로 전차를 모는 사람으로 가수와 무희로 표
현되기도 했다.

> "운동 경기가 시작되기 전날부터 군인들은 그의 경기말인 인키타투
> 스가 방해받지 않도록 주변의 모든 사람들이 조용히 해 줄 것을 지시
> 했다. 그 말은 우아한 마굿간과 상아빛의 여물통, 진홍빛의 말 안장
> 과 보석이 장식된 목걸이, 가구가 배치된 집 등으로 치장되었으며,
> 그 말을 관리하기 위해 일단의 사람들을 배치할 정도였다(Suet.,
> 55)."

몇몇의 사무관들이 개인적인 복수의 측면에서 이러한 타락상들을
보고만 있지 않았다는 것은 로마에서 공지의 사실이었던 것 같다.
수에토니우스는 이러한 공모자들이 "살인을 하는 대신에 그들의 칼
로 그의 성기를 잘라버렸다."라고 언급하고 있다. 이것은 물론 조작
된 것이다. 그러나 칼리굴라가 성적인 타락이라는 면에서 제일 선

두에 선 사람이었다는 점만은 확실하다. 그의 부인 카이소니아와 귀여운 딸은 동시에 죽음을 맞이했다.

클라우디우스

칼리굴라의 계승자인 클라우디우스가 황제가 되었을 때, 그의 나이는 50세였다. 현대의 학자(뮐러 같은)나 고대의 작가들은 그에 관해서 과장된 많은 이야기가 전해 내려옴에도 불구하고, 결코 지적이고 차분한 사람은 아니었다고 평가하고 있다. 뮐러의 판단은 전해 내려오는 동전 그림과 조각상에 근거한다. 그에 따르면 클라우디우스는 지적인 면에서 매우 부실한 삶을 살았으며, 노년에는 가벼운 노인성 치매 증상으로 고생했다고 한다. 심리학자가 아니라고 할지라도 이러한 그림 속에서 나타난 그의 모습을 본 사람은 누구라도 충격을 받지 않을 수 없을 것이다. 즉 심각한 표정 속에 치졸한 기질이 드러나 슬프게 묘사되어 있다.

클라우디우스는 다른 종류의 타락상이라고 지적될 만큼의 독특한 성적인 특징을 소유하고 있었기 때문에, 이 장에서 반드시 토론해 볼 필요가 있다. 제일 먼저 그의 혈통으로부터 클라우디아 가계와 율리아 집안의 안토니우스 같은 성격을 물려받았다는 것을 우리는 기억해야 할 것이다. 수에토니우스는 그의 교육에 대해 매우 중요한 표현을 하고 있다. 이와 관련된 표현들은 너무 무성의하게 쓰여졌다고 생각한다. 수에토니우스는 다음과 같이 얘기한다 (Claudius, 2).

"아주 오랫동안(그가 성년이 되었을 때까지도) 그는 가정교사의 지도를 받았다. 그는 자신의 다른 책에서 이 가정교사가 착실한 환경에서 자라나 너무 고지식하고 완고한 외국인이었으며, 어떠한 이유를 들어서라도 잔인할 정도로 자신을 억압하기 위해 들여온 사람이라고 불평을 하고 있다. 유약하고 여린 젊은이는 회초리에 의해서 길러졌던 것이다."

이것은 나중에 그의 성격이 다른 사람들에게 특히 여성들에게 의존적으로 변화한 것을 설명 해주는 요인이다. 덧붙이자면, 젊었을 때 그는 조용한 학자로서의 인생을 살아가려는 경향이 있었다. 야심에 찬 친척들의 만류로 이루지 못하기는 했지만. 아우구스투스가 클라우디우스와 관련하여 리비아에게 보낸 편지를 몇 개 인용해 보는 것이 유용할 것이다(Suet., Claud., 4).

"티베리우스와 나도 똑같은 생각이다. 우리는 클라우디우스의 장래와 관련된 중대한 결정을 내려야만 한다. 말하자면, 만일 그가 정상적이라면 왜 그의 동생이 거쳐갔던 그 모든 공직의 단계를 섭렵시키지 않았단 말인가?(물론, 그의 동생은 게르마니쿠스이며 매우 다른 성격의 소유자다)."
"그러나 만일 그가 정신적으로나 육체적으로나 뭔가 부족한 사람이라면 본인을 위해서나 우리를 위해서나 이런 종류의 일에 관심을 기울이면서 입방아찧기를 좋아하는 사람들의 웃음거리가 되지 않도록 해야 한다."

또 다른 편지에서 아우구스투스는 이렇게 말하고 있다.

"차라리 그가 막연하거나 불투명하지도 않게, 자신이 따라 배울 만한
사람의 행동 양식, 걸음걸이 등을 모방했으면 좋겠다."

그리고 세 번째 편지에서 클라우디우스가 행하는 연설을 듣고 매
우 즐거워하면서, "말은 엉망진창으로 하는 사람이 어떻게 연설은
저리도 잘할 수 있는지 도무지 믿어지지가 않는다!"라고 했다.

따라서, 어린 클라우디우스는 침착하고 수줍음이 많으며, 학자풍
의 소년이었으나, 이처럼 어린 왕자의 개성에 맞지 않는 전혀 다른
측면의 역할을 기대하고 강요당했기 때문에 자신의 성격을 자연스
럽게 계발하지 못했다고 이해해야 한다. 이는 클라우디우스가 "정
치적인 성공의 꿈을 포기하고, 은퇴하여 사적인 생활로 돌아와 로
마 가까운 곳의 시골집이나 멀리 떨어진 캄파니아에서 자신을 숨기
면서"라고 전해지는 것과 같은 맥락이다(Suet., 5).

그러나 그의 전기 작가는 그가 완전한 백치는 아니었다는 색다른
표현을 전하고 있다. 그는 칼리굴라 아래서 집정관을 지낸 경험이
있으며, 칼리굴라가 살해된 이후에 황제를 뽑는 자리에 모인 사람
들에게 그의 갖가지 우수한 능력들을 보여 주었다(모든 군주의 완
전한 역사를 보여 주는 것이 우리의 목적은 아니므로, 그의 장점에
대한 토론은 여기서 하지 않는 것으로 한다).

클라우디우스도 티베리우스처럼 오랫동안 잘못 이해되어 왔으나,
현대에 와서는 긍정적인 판단이 내려지기도 한다. 그러므로 이해하
기 어려운 그의 성격에 관련된 측면으로 시야를 돌려보도록 하자.
수에토니우스가 작성한 클라우디우스의 사디즘에 관한 구절(사디

즘에 관한 장에 인용되어 있다)이 사실의 왜곡이나 곡해 없이 쓰여 졌는지를 살펴볼 필요는 없을 것이다. 반대로, 클라우디우스는 종 종 부드럽고 온화한 사람으로 나타나기도 한다. 예를 들자면 그는 병들고 버려진 노예들에게 자유를 주는 법령을 제정했으며, 그러한 노예들을 죽이는 것을 살인으로 간주했다.

우리가 그의 성생활에 대해 알고 있는 것은 모두 확실하고 논쟁의 여지가 없는 것들이다.

> "여성에 대한 그의 사랑은 무절제한 것이었지만, 남자들은 거들떠 보 지도 않았다(Suet, Claud., 33)."

이제 그의 여성 편력에 대해 서술해놓은 수에토니우스의 26장을 전체적으로 인용해 보도록 하자. 여기에는 몇 가지 중요한 사실이 포함되어 있다.

> "그는 어렸을 때 두 명의 여자와 약혼했다. 아우구스투스의 증손녀인 아이밀리아 레피다와 카밀루스의 집안에 속해 있기 때문에 카밀라라 고도 불리는 리비아 메둘리나가 그 여자들이다.
>
> 아이밀리아는 그녀의 아버지가 아우구스투스를 공격했다는 죄목 때 문에 결혼식도 올리기 전에 이혼당했다. 카밀라는 병이 들어 결혼식 을 올리기로 한 바로 그날 죽고 말았다. 그 이후 그는 두 명의 새로운 여자―먼저 자신의 아버지가 전쟁에서 큰 공을 세운 플라우티아 우르 굴라닐라와, 나중에는 아버지가 집정관이었던 아일리아 파이티나와 차례로 결혼했다. 결국 그는 그 둘 다와 이혼했는데 전자는 그녀의 관 능성과 살인 혐의로 인해, 후자는 경박한 범죄가 그 이유였다.

그후 그는 사촌 메살라 바르바투스의 딸인 발레리아 메살리나와 또 결혼했다. 그러나 그 여자가 많은 사람들이 보는 앞에서 결혼 지참금까지 내면서 카이우스 실리우스와 결혼했었다는 불명예스러운 범죄를 발견하게 되었다. 그는 그녀를 처형했으며, 집정관의 수호신이 지켜보는 앞에서 자신의 지금까지의 모든 결혼이 불행하게 끝났으므로 다시는 결혼하지 않을 것이며, 만일 이것을 지키지 않는다면 스스로 목숨을 끊어버리겠다고 맹세했다.

그러나 카이우스 카이사르의 첩인 롤리아 파울리나와, 이미 한번 이혼한 바 있는 파이티나의 결혼 요청에는 견딜 수가 없었다. 한편 그의 형 게르마니쿠스의 딸인 아그리피나는 친족들 모임에서의 입맞춤이나 서로의 잡담을 주고받는 중에 그를 매혹시켰다. 이렇게 되자 그는 몇몇의 원로원 의원을 움직여 다음번의 원로원의 모임에서 결혼이 마치 공적으로 중요한 일인 것처럼 아그리피나와의 결혼을 유도했다. 당시까지는 삼촌과 조카딸의 결혼이 근친상간으로 규정되어 있었으나 역시 이를 허용해달라고 요청했다. 그리고 하루도 안 되어 그는 결혼에 성공했다. 이들 외에는 아무도 이와 같은 예가 없었으나, 한번도 관직에 등용되지 않은 노예 출신의 평민인 한 사람만이 예외가 있었고, 이들의 결혼식에는 그와 아그리피나 둘과 자유민 한 사람만 참석했다."

수에토니우스가 여기저기에서 이야기하고 있는(29), "클라우디우스는 그의 시종과 부인의 입장에서 바라볼 때 그들의 지배자가 아니라 오히려 그들의 시중이었다."라는 것은 아마 쉽게 인정될 수 있을 것이다. 전체적인 문제가 심리적인 것에 있음은 분명하다. 남자의 성적인 욕구가 커지면 커질수록, 그의 인생에서 여성에 대한 의존도 더욱더 증가한다. 특히 그가 클라우디우스처럼, 영웅이 아니고 차분한 학자이거나 서투르고 비현실적인 남자라면 더욱 그러하다.

메살리나의 성애적인 성격에 관한 재미있는 내용은 이와 관련된 다른 책이 있으므로 더 이상 언급하지 않기로 한다. 그러나 네로의 어머니인 아그리피나에 대해서는 이 책의 뒷부분에서 보다 상세히 다루도록 하겠다. 우리가 여기에서 확언할 수 있는 것은 아그리피나의 결혼은 오로지 그녀의 아들인 네로에게 권력을 넘겨주는 것을 확실하게 보장받기 위한, 즉 권력 획득의 야심적인 음모에 불과했다는 것이다. 클라우디우스와 메살리나의 아들인 브리타니쿠스가 네로보다 더 앞서나가는 것을 염려하여 그녀가 클라우디우스를 살해한 것은 상당히 믿을 만하다. 그러나 클라우디우스가 자연사했다는 것도 똑같이 유추가 가능하다. 그는 몇 년 동안 소화 장애로 고생을 했으며, 병으로 앓고 있는 동안에도 그의 병을 치료하는 데 요구되는 적당한 음식과 음료를 섭취하지 못했다.

그는 상당한 수준을 갖춘 교양인이었다. 그는 그리스를 잘 이해하고 있었다. 그는 에트루리아와 카르타고인의 역사가 포함된 몇 권의 역사책을 저술했으며, 이것은 알렉산드리아에서 매년 열리는 공식적인 자리에서 읽혀질 정도로 매우 귀중한 사료들로 간주되었다. 그가 부인에 대해서 말한 것처럼, 그는 모든 아내들의 내면적인 본성를 이해하고 있었을 것이다(Suet., 43).

"나의 아내들은 모두 간통에 빠져들 운명을 타고났고, 나는 그로 인해 고통받는 운명을 타고났다."

네로 황제

네로에게 영향을 끼친 사람들

로마의 황제 중에서 학자들에게 가장 많이 토론되고, 문학에 가장 빈번히 등장하는 황제는 아마 네로일 것이다. 그럼에도 불구하고, 역사가들은 그의 성격에 대해서 아직도 의문을 가지고 있다. 이는 오늘날에 살펴보건대, 그들이 전 시대의 사가들보다 더 훌륭하고 가치 있는 요소를 그의 성격 중에서 찾으려고 하기 때문에 야기된 것으로 보인다. 그 예로 타키투스를 번역한 스타르를 들 수 있다.

우리는 다른 사람들의 의견을 단순히 반복하려는 것이 아니며, 현대적인 성과학이 이루어놓은 성과물들을 가지고 모든 자료들을 세심하게 살펴볼 것이고, 얽히고설켜 있는 여러 전통적인 것 중에서 진실의 핵심을 발견해 낼 것이다. 네로의 성격을 토론하는 과정에서 심리 분석학적인 용어와 개념을 쓴다면, 그 이유는 네로의 성격은 심리 분석학적 방법을 사용할 때만

네로와 그의 어머니 아그리피나

이 가장 잘 이해될 수 있다고 믿기 때문이다. 우리가 가지고 있는 이 황제에 대한 성격 묘사는 일반적으로 주관적인 것이므로 반복하지는 않겠다.

네로가 심각한 유전적인 감염으로 고통을 받았다는 것은 확실하다. 덧붙이자면 그는 어떤 감독하에서도 성애적인 규범으로부터 벗어날 수 있는(모든 남자와 여자가 그렇듯이) 능력이 있었다. 심리 분석가들은 어느 누구에게나 "괴팍한 형태의 다중 인격(여러 가지 방법으로 잠재의식 속에서 비정상적으로 되는)"이 존재한다고 말하고 있으며, 네로의 경우가 바로 정확한 지적이다.

황제의 집안이라는 특수한 환경 속에서 어린 네로는 성적인 특징들이 너무도 많이 계발되었을 뿐 아니라, 종종 모순되기도 하여 그것이 바로 한 사람의 동일 인물이라는 점을 발견하는 것은 매우 놀라운 일이다. 일단 요약한다면 다음과 같다. 네로는 좋은 남편임에도 불구하고 강력한 동성 연애적 성향을 가지고 있었으며, 덧붙이자면 그는 많은 여성들과 혼외 정사를 즐기기도 했다. 현대의 학자들이 믿는 것보다는 훨씬 강도가 적게 고대인들이 받아들이기는 했

지만 그의 성격은 사디스트적 요소를 포함하고 있었다.

우리가 살펴본 잔인성은 로마의 국민성 속에 뿌리깊게 박혀 있던 것이다. 네로의 가문은 그에게 독특한 사디즘을 전해주었다. 그의 할아버지는 잔인하고 냉정한 사람이었다. 그는 당시에 서커스뿐만 아니라, 도시의 가능한 한 모든 장소에서 대중적으로 유행하고 있었던 맹수 사냥에 참석했으며, 아우구스투스 황제에 의해서 법으로 금지되기까지 한 이 잔인한 검투사 경기를 매우 좋아했다.

네로의 아버지는 더욱 심한 사람이었다. 수에토니우스(Nero, 5)에 따르면, 그는 칼리굴라와 동방 여행을 하던 중 자신이 명령을 내린 만큼의 음료를 먹지 않는다는 죄목을 씌워 그의 시종 중의 한 명을 죽음에 처했다고 한다. 아피안의 도로에서는 일부러 과속으로 마차를 몰아 한 어린아이를 죽이기도 했다. 또 그는 자기와 논쟁을 하던 상대편 사람의 눈을 주먹으로 때려 눈알을 뽑곤 했다. 그도 역시 부정 축재와 간통, 근친상간의 죄를 범했다. 이러한 것들이 네로의 한쪽 가계의 혈통이다.

다른 한쪽의 혈통도 그렇게 좋은 것은 아니다. 야심에 가득 차고, 수많은 남자들을 자신의 정부로 데리고 있을 정도로 관능적인 아그리피나가 그의 어머니이다. 그녀는 소 율리아의 딸 — 호색성을 이유로 아우구스투스에게 추방당한 — 이며 태어날 때부터 그 성질을 물려받았다. 이런 점에서 네로의 아버지가 자식을 얻게 된 것을 축하한다는 치사를 듣고 나서 그와 아그리피나의 사이에서 태어난 아들은 아마 살인마거나 국가를 저주할 사람이 될 것이라고 대답한 이유를 이해할 수 있을 것이다.

네로의 조상은 이미 이야기한 것처럼 성격적으로 조잡하고 잔인하며, 야망적이고 관능적이었다. 이 성격은 인격 형성에 결정적인 나이인 어렸을 때 관리와 감독의 결여로 인해 더욱 강화되었다. 그는 아버지를 세 살 때 여의었고 그의 어머니 역시 얼마 안 되어 추방당했다. 결국 그의 아주머니인 레피다와 두 명의 '가정교사' 즉 무희와 이발사에 의해서 양육되었다(Suet., 6).

어머니가 유형에서 돌아오자 그는 11살 때까지 어머니의 사악한 영향을 받으며 자라났다. 이 시기를 수에토니우스는 우리에게 이렇게 전하고 있다.

> "그녀의 권력과 명성은 그를 매우 유명하게 만들었으며—소문에서도 확인되듯이 — 클라우디우스의 아내인 메살리나는 브리타니쿠스의 경쟁자인 그를 낮잠 자는 동안을 틈타 교살하기 위하여 밀사를 파견했다."

메살리나는 충분히 그런 의도를 가지고 있었을 것이다.

이렇듯 네로는 보기 드문 환경과 관계 속에 둘러싸여 성장했다. 그는 현명한 아버지의 지도와 인도를 받지 못했으며, 대신에 두 여자의 영향 하에 있었고—마치 남자들처럼 공격적인 그의 숙모와 어머니—덧붙이자면 그가 아주 어렸을 때는 자신보다 확실히 신분이 낮은 무희와 이발사의 영향을 받았다. 네로가 어렸을 때 경험한 무희와의 접촉이 그의 타고난 운동과 연극에 관한 열정을 일깨웠을 것이라는 추측은 상당히 근거 있는 것이다. 그의 어머니와의 관계가 다시 설정되었을 때는 무희와의 관계가 비극적으로 중단될 수밖에 없었다. 결국 아그리피나는 자신의 호색적인 탐욕을 포기했음에도 아들의 손에 의해 살해되고 말았다.

수에토니우스(7)의 다음과 같은 재미있는 언급을 놓쳐서는 안 된다.

> "네로가 아주 어려서 소년이라기보다는 단지 어린아이에 불과했을 때, 서커스에서 공연되는 쇼인 트로이 게임을 자주 관람하곤 했으며, 이것을 훌륭히 개작하여 되풀이했다."

이것이 나중에 그가 원로원의 귀족들은 놀라게 해 주기 위해 했던 것처럼 무대 연극을 통하여 대중에게 호소하게 된 시초일 것이다.

11살 되던 해에 황제 클라우디우스가 그를 후계자로 기용한 이후에, 그는 교육을 받기 위하여 철학자 세네카의 휘하로 보내지게 되었다. 세네카가 그의 의무에 충실히 집중하고 있을 때 매우 재미있는 방식으로 네로의 미래가 눈에 보였다. 바로 그 다음날, 그는 칼리굴라가 학생으로 자신의 밑에서 공부하는 꿈을 꾼 것이다. 만일 네로가 정직하고 악의 없는 소년이었다면, 왜 위대한 심리학자 세네카의 꿈속에서 이런 방식으로 자신의 임무를 수행하는 것을 상상했는지를 설명할 수 없을 것이다. 수에토니우스는 계속해서 이렇게 말하고 있다.

"네로는 가능한 빨리 자신의 잔인성을 보여줌으로써 그 꿈은 얼마 안 되어 현실로 전환되었다."

　과연 그의 교육이 혹독한 것이었는지는 알 수 없다. 예를 들자면 육체적인 체벌의 경우(다른 자료를 통해서 알고 있듯이) 일반적인 로마인의 교육에서는 자주 사용된다 하더라도, 황제 집안의 왕자의 경우에는 전적으로 금지되었다. 우리는 그가 권력에 접근하기 전에 보낸 몇 년간의 기간에 관해 정확한 근거 자료를 많이 가지고 있지 않다. 수에토니우스는 그가 "음악을 비롯한 일반적인 과목을 배웠으며(22)", 경마에 큰 관심이 있었고, "비록 금지되었을지라도, 서커스에 관해 이야기하곤 했다. 한번은 그가 그의 학교 친구에게 녹색 마차를 모는 사람이 말에서 미끄러져 한참을 질질 끌려갔다고 우울한 빛으로 말하고 있을 때, 선생이 그를 꾸짖자 헥토르에 대해서 이야기하고 있는 중이었다고 대답했다."고 한다.

　우리는 네로의 그밖의 소년 생활에 대해서는 알 수가 없다. 나는 수에토니우스의 다음 표현이 중요하다고 생각한다(7). 그가 말하기를 네로는 클라우디우스로 하여금 브리타니쿠스가 서자라는 사실을 믿도록 시도했다고 한다(브리타니쿠스는 네로의 의형제로서 그보다 세 살이 어리다). 이로부터 그의 어머니 아그리피나가 기회가 있을 때마다 그에게 장차 언젠가 세계를 지배하는 지도자가 될 것이라고 반복해서 주입시켜 왔음을 알 수 있다.

　좋든 나쁘든 세네카의 영향에 관해서는 다음과 같이 얘기할 수 있다. 세네카는 이전 세기를 통틀어서 거의 성인처럼 취급된다. 교양 있고 박학다식한 면에 있어서 그가 최고라 할지라도 그는 쾌락주의적 경향이 있었다. 그의 생활 신조는 "생기 발랄하게 살자"였다. 이로써 우리는 타키투스가 말하듯이 세네카가 네로의 연애 사건을 묵인했을 뿐 아니라 어떤 때는 실제적으로 지원까지 한 일이 어떻게 해서 일어나게 되었는가 하는 것을 이해할 수 있을 것이다.

네로의 성생활

젊었을 때 네로의 성생활은 어떠했는가? 그가 겨우 16살이었을 때, 무정한 의자매인 옥타비아와 결혼했다는 것에서부터 논의를 시작해야 할 것이다.

이 결혼은 시작에서부터 가장 중요한 요소인 상대방에 대한 성적인 욕구가 상당히 결여된 상태로 출발했다고 할 수 있다. 강력한 성적인 욕망을 가지고 있는 네로가 이런 종류의 정상적인 부부 관계에서 아무런 만족도 찾을 수 없었다는 것은 어쩌면 당연하다. 아마 야심에 찬 그의 어머니가 자신의 목적을 이루기 위해서 그 결혼을 독려했을 것이며, 아들에 대한 자신의 영향력을 줄이지 않을 수 있다는 것을 알고서 충동질했을 것이다. 우리는 네로와 그의 어머니가 무의식중에 모종의 성애적인 관계를 맺고 있었다는 명확한 인상을 갖고 있다. 그들 둘 사이의 관계에서 진정한 아버지는 존재하지 않았으며, 사악한 아그리피나가 자신의

옥타비아

끝없는 욕망을 영원히 채우기 위하여 아들로 하여금 이런 종류의 힘(성적인)을 요구했다고 볼 수 있다.

아그리피나와 네로와의 근친상간에 대해 끊이지 않는 소문이 이를 설명해 준다. 이러한 가설 하에 불편한 결혼 생활 이후에 그의 어머니의 마음속에 무서운 분노를 감수하면서까지 네로가 다른 여자와의 밀애를 통해서 어떻게 진정한 만족을 느끼게 되었는가를 이해할 수 있을 것이다. 그녀는 직감적으로 자신의 힘이 더 이상 아들에게 통하지 않는다는 것을 느꼈다. 타키투스는 이 문제를 위대한 심리 분석가의 날카로움으로 이야기한다(Ann., xiii, 13).

> "그러나 아그리피나는 여자들의 시기와 질투처럼 자신의 며느리와 경쟁 관계에 있다고 불평을 늘어놓곤 했다. 아그리피나는 더 이상 아들이 후회나 싫증을 내기만을 기다릴 수 없었으며, 그녀의 트집이 더욱더 추잡한 소문으로 커져갈수록 아들의 분노는 점점 더 강해졌다. 그가 완전하게 자신의 사랑을 찾아가자 그는 어머니에 대한 충성을 벗어버리고, 세네카에게 자신을 의탁하였다."

한편 네로는 아주 어렸을 때부터 다른 종류의 성적인 사랑 — 동성 연애를 즐겨왔다. 당시에는 이러한 것은 전혀 충격적인 것이 아니었다. 카툴루스로부터 알 수 있듯이, 로마의 젊은 청년들 사이에서는 그들이 결혼하기 전까지 아름다운 남성 노예와 성적인 관계를 갖는 것은 매우 일반적이었다. 그런데 왜 관능적인 젊은이인 네로만이 예외적이거나 참아야 한단 말인가?

카시우스 디오는 직접적으로 그의 가정교사 세네카로부터 — 소년과의 동성 연애를 세네카 자신이 즐기고 있었으므로 — 네로가 유사한 경향을 배웠다고 지적하고 있다(61, 10). 우리는 이것을 후세의 작가들이 무자비한 네로를 중상 모략하기 위해 악의적으로 날조하여 구성한 소설 중 하나라고 간주한다. 그러나 카시우스 디오가 이야기한 것이 사실일 수도 있다는 것은 얼마든지 예측 가능한 일이다.

네로는 권력을 잡은 직후에 그의 의형제인 브리타니쿠스를 독살했다. 이 불행한 소년은 불과 14살이었으나, 네로에 의해서 자신의 권력을 위협할 가능성이 있는 자로 낙인 찍혀 살해되었다. 그러나 다른 자료에서 그 동생은 잘생기고 훌륭하게 성장한 소년이었다고 나타나고 있으며, 타키투스(Annals, xiii, 17)는 네로가 그를 독살하기 전에 그와 성관계를 맺었다고 전하고 있다. 이것은 그가 동생을 변변치 못한 평범한 시민의 관점이나 당시의 도덕적인 관점에서도 아무런 비난을 받을 이유가 없는 노예로 대하고 있음을 보여주는 것이다. 더구나 우리의 모든 자료는 네로가 자유롭게 태어난 평범한 소년들과 부도덕적인 관계를 맺고 있었음을 확인시켜 준다.

우리가 여기서 강조하는 것은 바로 '시민'이라는 점이다. 타키투스는 또한 네로가 연극 배우 파리스와 동성 연애를 즐겼다고 전하고 있다. 결국 모든 작가들이 네로의 '결혼'은 차라리 남성과의 쾌락 — 현대적인 관점에서는 불합리한 것이지만 — 을 즐기는 데 있다고 말하기를 주저하지 않는다(남자들과의 쾌락을 즐기는 사람들로는 피타고라스나 스포루스 등도 있었다). 이러한 주장들 중 어느 것이 사실인지를 떠나서 이것 하나만은 확실하다. 네로는 호라티우스나 카툴루스, 그리고 다른 유명한 로마인과 같이 기본적으로 남녀 양성의 소유자였다.

이와 관련해서 수에토니우스의 표현을 인용하는 것이 적절할 것이다(29).

> "나는 몇 가지 사실로부터 네로 자신은 정숙하거나, 신체의 일부라도 순결한 남성과 여성은 이 세상에 존재하지 않으며, 단지 그들의 악행을 이런저런 핑계로 덮어두면서 살아간다고 확신했다고 추론할 수 있다."

이러한 주장은 인간의 심리에 대한 깊은 이해를 보여 주는 것이며, 이는 겨우 31살로 죽은 네로로부터 나왔다기보다는 수에토니우스 자신의 인생 경험으로부터 우러나온 것으로 보인다. 쇼펜하우어의 회상처럼 보이지 않는다고 할 수 있을까?

네로의 동성 연애적 경향을 살펴보면서, 독자들은 어린아이에 있어서의 동성 연애적인 요소는 그의 어머니가 남성적인 성격의 소유자일 경우 증가된다는 프로이드의 주장을 기억할 필요가 있다[이것은 《레오나르도 다 빈치의 어린 시절로부터(From Leonardo da Vinci's Childhood)》라는 수필집에서 인용한 것이다].

네로의 괴팍한 특성은 모든 자료에서 언급된 바, 그의 성격의 한 측면이라고 나는 믿는다. 타키투스는 말한다(Ann., viii, 25).

"56년에는 평화가 사라졌다. 시민의 삶은 네로의 음탕한 술잔치로 도시의 거리 전체에 매음굴과 여관이 들어서 볼썽사납게 되었다. 그는 자신의 신분을 속이기 위해 노예의 옷을 입고는 가게에서 물건을 훔친 자와 공모해서 마주치는 사람들에게 부상을 입히고 다녔다. 그의 변장은 너무 완벽해서 때로는 폭행을 당해 얼굴에 상처를 달고 다니기도 했다."

이런 기이한 이중 생활은 수많은 신종 동성 연애자들의 특성이다. 우리가 네로의 경우를 정신 분열증의 한 예로 진단하는지는 모르겠다. 그러나 그의 성격의 밑바탕에는 이런 종류의 무엇인가가 있음이 분명하다. 네로에 대한 평가는 이렇다.

"그는 변장한 모습으로 비밀리에 음란함, 정욕, 사치, 탐욕, 잔인함을 마치 젊음으로 인한 실수인 것처럼 행사했다(Suet., 26)."

그러나 모든 사람들은 이런 악행들이 교육에 의해서가 아니라 그의 성벽에 기인한다고 확신했다고 그들은 덧붙인다. 이것은 틀림없는 사실이다. 우리는 집권 초기의 '훌륭한' 황제가 종국에는 형언 못할 괴물로 변해가는 네로를 묘사한 몇 권의 역사책을 발견한다. 그러나 이런 설명은 전혀 역사적 사실에 기초를 두고 있지 않다. 네로는 일생을 한결같이 살았다. 그것은 그의 젊은 시절의 행태로 증명된다. 그러나 그의 어머니와 세네카는 그를 잠시 동안 일반적인 시민의 기만적 탈을 쓰도록 하여 통제할 수 있었음에 틀림없다. 그는 어머니와 선생이자 장관인 세네카의 속박을 벗어나자, 더욱더 분명하게 지독한 변덕과 소름끼치는 정확함으로 묘사되었던 자신의 속성을 드러냈다.

정치가로서 그는 오늘날 빈틈없고 신중하다고(특히 대외 정책 분야에서) 인식되지만, 여기에서 고려할 필요는 없다고 본다. 우리는 그의 성생활에 대한 조사를 계속할 것이다.

네로를 둘러싼 여인들의 다툼

우리는 네로에게 아내와 연인이 있었으며, 동시에 동성애적 특성이 있었다고 말했다. 또한 집권 초기에는 포악하고 잔인한 행동을 하지 않았다고도 말한다. 사형 지시서에 서명을 하면서 "내가 글을 배웠던 것이 유감이다."라는 유명한 말을 한 것이 그때였다.

타키투스에 따르면, 네로의 그때까지의 좋은 성격은 그 유명한 사비나 포파이아(Sabina Poppaea)와 처음으로 열렬한 연애에 빠지면서 방탕하고, 잔인하며, 호색적으로 변하기 시작했다. 그녀는 이미 결혼을 했으며 네로보다 몇 살 위였다. 그녀는 매우 아름다웠으나 가식적이었으며 도덕성이라곤 전혀 찾아볼 수 없었다. 여기에 그녀에 대한 타키투스의 묘사가 있다(Ann., viii, 45).

"이 여자는 덕을 빼고는 무엇이든 다 가지고 있었다. 그녀의 어머니는 그 시대의 모든 사랑받는 여성을 능가했으며, 딸에게 자신의 명성과 아름다움을 물려주었다. 그녀의 재산은 그녀의 높은 지위만큼이나 많았다. 그녀는 매력적이고 재치있는 대화를 구사할 줄 알았다. 그녀는 정숙한 척했으나 항상 관능적이었다. 그녀는 대중적인 장소에 거의 나타나지 않았다. 대중적인 장소에 나타날 때는 자신을 바라보는 사람들의 흥미를 끌기 위해 자신의 옷차림에 어울리도록 베일로 얼굴을 부분적으로 가렸다. 그녀는 자신에 대한 평판에 전혀 관심을 기울이지 않고, 남편과 연인간의 관계를 구별하지 않았다. 또한 자신의 정열이나 타인의 정열에 얽매이지 않았으며, 자신에게 유리한 쪽으로 애정을 돌렸다. 이는 그녀가 한 유명한 한 마디 말로 입증된다.

'내 아름다움이 스러지는 것을 보느니 차라리 죽겠다.'

그녀의 아름다움은 전설적인 것이었다.

그녀는 로마 귀족과 결혼했다. 그 남자는 그녀를 사모하는 젊은이들 중의 하나로 후에 황제가 된 화려한 쾌락주의자 오토(Otho)였다. 그는 네로의 모임에 참가하려고 하지 않았다. 그와 같은 또래이며, 이런 양식의 생활을 좋아하지 않았던 네로의 모습을 도리안 그레이는 오스카 와일드의 소설 《헨리(Henry)》 〈오토〉편에서 발견할 수 있다. 수에토니우스에 따르면, 오토는 네로가 오만하고 술에 취해 방황할 때의 동료였다. 포파이아의 아름다움에 시선을 돌린 것도 오토였다. 그리고 그는 마지막에 포파이아의 애정을 가로챈 네로의 경쟁자였다. 그 대가로 그는 무척 사랑했던 여인을 잃었으며, 그녀가 더욱 강한 경쟁자에게로 떠나는 것을 보아야 했다. 이 사건에서 네로에 대한 오토의 행동은 놀랄 만하다. 그는 포파이아와 깊은 사랑에 빠졌지만 친구 앞에서 자신의 아내를 칭찬하며, 네로의 허영심과 그로 인한 욕망을 일깨우는 경솔함을 범했다.

포파이아에게는 처음부터 냉철하게 계산된, 로마의 황후가 되려는 한 가지 목적이 있었다. 그것을 위해 그녀는 기꺼이 네로의 포로가 되었다. 그리고 그녀의 전술은 놀랄 만큼 빈틈이 없었다. 때로 그녀는 요염하고 고분고분한 연인이었으며, 때로는 오만하며 수줍은 숙녀였다. 네로가 그녀를 자신에게 붙들어 놓으려고 하면 자신은 유부녀이며 자신의 명예를 도박으로 잃을 수는 없다고 분개하며 외쳤다. 그녀의 마음은 다른 사람들보다 더 낫게 살 수 있는 법을 알고 있던 오토에게 기울어져 있었다(Tacitus, Ann,. viii, 46)."

평소에는 네로의 방문을 달가워하지 않는 척했으며, 남편이 있을 때만 방문을 허락했다. 이런 태도는 자연스럽게 젊은 황제의 열정에 불을 붙였다.

오토는 네로에게서 아내를 지키려고 노력한 것 같지는 않다. 따라서 그는 궁정에서 밀려나 결국 외딴 지방으로 전출되었다. 네로는 이제 포파이아와의 결혼에 장애가 되는 속박을 깨뜨리는 단 하나의 목표만 있었다. 그 첫째 속박은 옥타비아와의 불행한 결혼이었으며, 둘째는 포파이아가 궁정에서 다른 모든 여성의 영향력을 제거할 것이라는 것을 알았던 네로의 어머니였다.

스타르는 그의 훌륭한 책에서 네로의 어머니 아그리피나의 말을 이렇게 적는다.

"다시 한번 로마 제국의 두 여성 사이에서 삶과 죽음의 투쟁이 벌어졌다. 한 여자는 모든 것을 잃었으며, 다른 여자는 모든 것을 얻었다. 하나는 방어했으며 다른 여자는 공격했다."

이 여자들 중 누가 승리했는지는 쉽게 알 수 있다. 승리는 젊음,

아름다움, 매혹하는 기술, 지성, 궤변, 그리고 계산된 목적을 가진 쪽이었다. 포파이아가 네로를 조롱하여, "명령에 복종하는 마마보이(Tacitus, Ann,. xiv, I)"라고 불렀던 것은 네로가 모든 일에 즉각 복종해왔던 어머니의 감시에 대해 누적된 반발심을 자극하기 위한 가장 가능성 있는 전술이었다. 그리고 만약 아그리피나에 대한 네로의 애정 저변에 무의식적으로 성적인 사랑이 깔려 있었다면 그가 진실한 사랑을 찾았다고 느꼈을 때, 근친상간한 어머니에 대한 반감을 완전히 드러냈으리라는 것을 쉽게 이해할 수 있다.

그러나 그 상황은 우스꽝스러운 것이 되어버렸다. 즉 포파이아는 네로보다 나이가 많았으며 거리낌없이 자신을 드러내는 표현 감각이 완전한 여성이었다. 따라서 네로에게 있어서 포파이아는 자신이 증오했던 어머니의 반영에 지나지 않았다. 네로의 왕비 옥타비아(어머니와 전혀 다른 유형의 여성)는 실질적으로 결혼 생활 동안 그에게 아무런 성적 감흥을 불러일으키지 못했으나 포파이아는 그의 성격에 지대한 영향을 끼쳤다. 우리는 네로가 창녀를 연인으로 삼은 것이 자신의 어머니와 닮았기 때문이라는 의견에서 어머니의 영향에 대한 투사의 중요성을 깨달을 수 있다(Suet., 28).

나는 이런 사실에 비추어 네로의 모친 살해를 설명하려고 한다. 우리는 타키투스의 묘사가 단지 순수한 창작인 소설적 부산물이라는 것을 익히 알고 있으나, 모친 살해의 역사적 진실은 의심받지 않고 있다. 네로에 관한 여러 이야기를 보면 모친이 죽기 전까지는 그의 본성은 드러나지 않았다는 사실과 일치한다. 그러나 그때까지 그는 조금이나마 어머니를 사랑했으며, 최소한 그녀를 두려워했다. 또한 살인죄가 그의 양심을 무겁게 짓눌렀을 만큼 자식으로서의 감정을 잊지 않고 있었으며, "언덕 주변에서 들리는 트럼펫 소리와 아그리피나의 무덤 주위에서 애도하는 사람의 통곡소리"에 시달렸다는 사실은 매우 믿을 만하다(Tacitus, Ann,. xiv, 10).

그의 아내 옥타비아와의 이혼은 모친 살해보다 늦게 이루어졌다. 이것도 역시 끔찍한 이야기다. 네로의 실질적인 아내로 대우받지 못했던 이 불행한 여인은 이혼에 동의하라는 설득이나 협박에 전혀 응하지 않았다. 따라서 그녀는 플루트 연주자와의 간통이라는 조작된 혐의로 추궁을 받았다. 그녀의 하인들이 고문을 받으며 취조를 받았으나 그들은 이 죄를 시인하지 않았다. 그녀의 충직한 하녀는 티겔리누스(세네카가 은퇴한 후에 그 자리를 물려받은 네로의 비열한 공범자)에게 오랫동안 고문을 당했다. 그리고 그녀는 고통이 극에 달하자 옥타비아의 몸은 티겔리누스의 주둥이보다 훨씬 깨끗하다고 외쳤다.

그들의 음모가 실패한 후에 옥타비아는 강제로 로마를 떠나야 했으며, 군대의 감시하에 캄파니아에 구금되었다. 그때 전혀 예기치 않았던 일이 발생했다. 일반 대중들이 공공연하게 황제의 품행에 대한 불만을 토로했다. 옥타비아가 유형에서 풀려났다는 소문이 퍼지자 대중들은 주피터의 신전으로 몰려가서 신에게 감사의 제물을 바치며 포파이아의 동상을 넘어뜨리고 그들이 사랑하는 옥타비아의 동상을 꽃으로 장식했다. 네로는 이제 옥타비아를 증오하게 되었다. 그는 군대를 소집하여 거리의 대중들을 쫓아버리도록 했으며, 힘을 과시하며 위협했다. 한편 자신의 안전과 야심 찬 계획에 위험이 드리워졌다는 것을 깨달은 포파이아는 나약하고 겁 많은 황제로 하여금 이 참을 수 없는 상황을 종결짓도록 하는 데 모든 영향력을 행사했다. 옥타비아의 죽음은 확실해졌다. 적들은 그녀가 아그리피나의 살해범과 간통했다고 날조했으며, 이 증거를 인정하지 않으면 죽이겠다고 협박했다. 그녀의 유죄 증거가 발표되자 그녀는 판다타리아라는 버려진 섬으로 추방당했으며, 그곳에서 무참하게 살해되었다.

이제 최소한 네로는 아무런 장애 없이 포파이아를 황후로 삼을 수 있었다. 그는 지체하지 않았다. 그러나 이 야심차고 냉혹한 여인은 자신의 지위를 오랫동안 누리지 못했다. 그녀는 소문에 의하면 3년 후 임신 중에 화가 난 네로의 발길에 채여 죽었다고 한다. 그러므로 이 이야기를 전해지는 그대로 믿을 수는 없다.

심장은 로마인, 정신은 그리스인

여태까지 우리는 네로의 예술적 재능에 대해 거의 언급하지 않았다. 그의 본성에서 이 측면은 그의 성적 특성을 평가하는 데 매우 중요한 의미가 있으므로 반드시 논의되어야만 한다. 전하는 바에 따르면 네로는 예술과 지식의 모든 분야에 대해 훌륭한 교육을 받았으며, 따라서 특별한 재능이 있었음에 틀림없다고 한다.

수에토니우스는 말한다(52).

"그는 시를 좋아했으며 항상 여유 있고 기쁘게 시를 썼다. 그는 자신의 시만큼 다른 사람들의 시를 출간하지 않았다. 나는 그가 직접 쓴 유명한 시들을 담고 있는 노트와 기록들을 보았다. 그 시들은 타인의 말을 빌거나 베낀 것이 아니라, 시적 창작의 모든 표시를 사용해서 스스로 지은 것이었다. 그것들은 지운 자국, 삽입, 그리고 추가의 표시로 가득 차 있었다. 그는 또한 그림과 조각에도 매우 열의를 보였다."

또한 네로가 그리스식의 경주나 마차 경기와 관련된 모든 것을 열광적으로 즐겼다는 것은 익히 알려진 사실이다. 고대의 저자들에 의해 어느 정도 과장되었다고 할지라도 그가 배우, 가수, 전차 기수, 권투 선수, 투사로서 대중적으로 알려진 것에 대해 논의하는 것은 적절하다.

철학자 스테켈은 "그 정도의 예술적 야망을 가진 황제가 시적 창조력을 가졌더라면 절대로 잔인하지 않았을 것이다."고 대담하게 주장한다. 이 이론에 따르면 네로는 "야망을 달성시키지 못한 재능있는" 신경증 환자였다. 만일 그렇다면 네로가 결코 어머니 콤플렉스에서 벗어나지 못했다는 위의 의견은 확정적일 것이다. 네로의 모든 도락과 하나의 예술로 빛나게 하려는 아마추어적인 모든 시도 또한 단순하게 설명될 것이다. 네로는 자신의 충동을 위대한 예술작품의 창작으로 승화시킬 수 없었기 때문에 대단한 죄인이 되어야만 했다. 그것이 그의 삶의 비극이다.

근대 이탈리아 시인 피에트로 코사(Pietro Cossa)는 이전의 수많은 다른 시인들처럼 무대 위에서 네로의 삶을 되돌리려고 했다. 그는 네로의 본성을 한 마디로 요약했다.

"그의 심장은 로마인이지만, 그의 정신은 그리스인이다."

이 표현은 유별난 남자가 자신의 심장 안에서 견뎌내야 하는 운명이라는 총체적인 비극적 갈등을 표현한다. 네로가 어떻게 로마의 허영과 겉치레로 조잡해진 모든 그리스적인 것들을 받아들여, 특히 그리스의 경기에 얼마나 황홀해했으며 가수로서, 배우로서, 경주의 승리자로서 수천 명의 환호를 받았을 때 그의 무절제한 허영심이 얼마나 우쭐해졌는지, 그러면서도 마음속으론 가책으로 인한 고통으로 비참하도록 허약했던 그를 상상하는 것은 쉬운 일이다. 역사 속에서 그는 대단한 독재자로 보이지만, 마음속으로는 절망으로 의기소침한 군주의 다른 예를 보여준다.

비참한 종말

네로의 동성애에 대한 모든 세부 묘사는(진실이든 과장이든) 그의 성격 속의 그리스 문화주의와 잘 맞아떨어진다. 이런 유형의 남자들은 자연히 신중하지 않고 재정을 현명하게 운용하지 못한다. 그들은 자신의 부를 지키지 못하고, 화려한 축제와 모든 종류의 사치로 재산을 허비한다. 네로는 굉장히 사치스러웠던 것 같다. 사람들의 눈에는 성행위나 악행보다도 그의 낭비벽이 더욱 해로운 것으로

비쳐졌다. 왜냐하면 그 당시는 재정과 국가를 분리할 수 없었기 때문에 화폐 가치를 저하시키고 심지어 지방에 대한 노골적인 약탈 등의 의심스런 방법으로 그는 보물을 채워넣어야만 했기 때문이다.

나는 로마를 불태운 그의 심리 상태를 설명하기 위해 네로의 순수한 심미적인 조망을 하고자 한다. 그는 궁전에서 불타는 도시의 화염을 바라보면서 쓰러져가는 도시의 그 광경의 참혹한 아름다움에 대해 뻔뻔스러운 말을 내뱉었다. 네로의 말이 불길에 휩싸인 로마의 아름다움을 즐기기 위한 것이라거나, 혹은 그 폐허 위에 새 궁전을 짓기 위해 화재를 부추겼다는 것은 상당한 신빙성을 가진다. 여기서 로마의 화재를 네로의 탓으로 돌리지는 않겠다. 만일 그가 화재에 대한 책임이 없다면, 타키투스가 저술한(Ann., xv, 44) 화재 후의 그리스도교도에 대한 박해에 대한 유명한 장은 그 주장의 신뢰성을 잃게 된다. 어떠한 그리스도교 저자도 그 박해에 대해서는 언급하지 않는다. 그것은 그 장이 그리스도교 신자가 예수의 존재를 역사적으로 증명하기 위해 끼워넣은 창작품인 것처럼 보이게 한다.

그러나 수에토니우스는 간략한 일반명사로 그 당시의 그리스도교 신자에 대한 박해에 대해 언급한다. 그는 타키투스가 저술한 세세한 내용에 대해서 아무것도 몰랐다. 우리는 그가 역사가들 사이에서 대단한 화젯거리인 이 문제에 대해 아무 말도 하지 않는다는 사실을 소홀히 해서는 안 된다.

또한 네로의 심미주의는 여전히 강력한 세력을 가지고 있던 원로원이 그를 매우 미워하게 한 요인이라고 할 수 있다. 원로원은 그를 너무도 싫어해서 비밀리에 차례로 음모에 가담함으로써 결국 국경 지방의 군인들이 폭동을 일으켰을 때 그를 죽도록 했다. 카시우스 디오의 작품을 읽어보자.

"로마인이, 원로원 의원이, 귀족이, 성직자가, 카이사르가, 황제가, 아우구스투스가 그를 경쟁자의 명단에 올려놓았던 것을, 그의 목소리를 흉내냈던 것을, 여러 노래를 연습했던 것을, 겉옷을 벗어 던진 긴 머리에 매끈한 턱을, 한 명이나 두 명의 참석자와 함께 스스로 명단에 올렸던 것을, 자신의 반대자를 노려보았던 것을, 욕지거리로 경쟁자를 무시했던 것을, 그들에게 비난받는 것을 두려워하며 명단에서 빠지는 것을 피하려고 경기의 감독관과 참석자를 매수했던 것을, 그리고 이 모든 것이 수금 연주에서 이기기 위해서였다는 것을⋯⋯. 그리고 제국의 명예를 잃기 위해서였다는 것을 보는 것은 말할 것도 없고, 그것에 대해 듣는 것도 참을 수 없었다!"

그의 또 다른 말을 주목해보자(62, 10).

"일반 대중과 군인들은 이것을 보고 반대하지 않았으며, 오히려 이를 찬양했다."

의지가 약한 그가 심미주의와 쾌락에 탐닉함은 왕위가 휘청거릴 때, 그의 불명예스러운 태도에 반영되었다. 이 경우에 네로의 실제적인 성격과 거의 일치하는 수에토니우스의 설명이 받아들여질 수 있다. 그는 말한다(47).

"다른 군인들의 폭동은 그의 저녁 만찬 때 전해졌다. 그는 전보를 찢어서 식탁 너머로 던지고는 그가 디자인 때문에 호메로스식 컵이라고 부르며 아꼈던 두 개의 컵을 바닥에 집어던졌다. 그리고는 루쿠스타에게서 황금 단지에 넣어두었던 독약을 받아들고 세르빌리안 정원으로 갔다. 그곳에서 그는 자신에게 가장 충성스런 자유민 한 명을 오스티아에게 보내 함대를 준비시키도록 했다. 그는 그 동안에 호민관과 백인 대장에게 자신의 탈출에 협력할 것을 설득하려 했다."

그들이 거절하자 그는 완전히 정신이 나가서 명백한 저항을 고려하지 않고 계획을 세웠다. 그는 상복을 입고 광장으로 나가서 대중들의 연민을 불러일으키기 위해 열심히 호소할 생각을 했다. 그러나 그가 그런 방법을 쓰기도 전에 적에게 살해될 위험에 처하게 되었다. 결국 그는 자신의 부하 한 명과 시골의 영지로 도망쳤으며 외딴 곳에 숨어서 자신의 비참한 삶에 대해 끊임없이 불평을 늘어놓았다. 마지막으로 그는 자신의 장례에 필요한 모든 것을 준비하도록 지시했다. 장례식을 준비하는 동안 내내 눈물을 흘리면서 이렇게 외쳤다.

"내 안의 예술가가 소멸하도다!"

겁쟁이었던 만큼 그는 여전히 자신의 목숨을 끊는 것을 겁냈다. 결국 원로원에서는 그를 사회적으로 버림받은 자로 선포했으며, 메신저는 그를 로마로 끌고 가서 죽을 때까지 채찍질을 하도록 했다는 끔찍한 소식을 가지고 도착했다. 네로는 점점 더 공포에 짓눌렸다. 그는 수천 명의 동포에게 가혹하게 가했던 그런 육체적 고통을 견딜 수가 없었다. 그는 기마병들이 자신을 체포하기 위해 달려오는 소리를 들었으며, 이제 이 탐미주의자는 호메로스의 시 한 구절을 인용하는 것을 억제할 수가 없었다.

들어라!
말들이 노도처럼 뛰는 소리가 들리는도다!

드디어 그는 죽음을 받아들였다. 부하(그와 함께 피신했던)의 도움을 받아 자신의 목에 칼을 찔렀다.

그의 몸은 그가 걱정했던 것처럼 잘려지지 않았다. 그의 연인 아크테와 두 명의 충성스런 유모가 정중하게 장례를 치렀으며, 가족 묘지에 묻기 위해 시신을 집으로 운반했다. 그는 일반 대중들에게 미움을 받지 않았음이 분명하다. 왜냐하면 오래도록 그의 무덤이 꽃으로 덮였으며, 그가 죽자마자 그야말로 진정한 황제였다고 믿는 그를 흉내낸 가짜 네로가 많이 나타났기 때문이다.

이런 방식으로 그의 성격을 요약할 수 있다.

네로는 무서운 유전적 폐해로 고통을 받았다. 그의 본성의 발달은 어린 시절의 변칙적 교육과 어머니의 오랜 동안의 강력한 강요에 의해 지대한 영향을 받았다. 이러한 요인들에 더불어 여러 가지 다른 예술 부문에 대한 아마추어적 노력에도 불구하고, 결코 조직화할 수 없었던 그의 다재다능한 예술적 기질을 덧붙여야 한다.

따라서 그는 마치 신경증 환자처럼(종종 심미적인 사람처럼) 밑바닥부터 허약하고 소심한 모습을 보였다. 성적으로 그는 항상 어떤 욕망이라도 만족시키려고 했기 때문에, 여러 가지 방법으로 만족을 찾았다. 그는 분명히 본질적으로 양성주의자이다. 그는 종종 자신이 묘사했듯이 철두철미한 사디스트는 아니다. 다른 무엇보다도 그는 모성에 대한 집착에서 자유로울 수 없는 사람이었다.

그의 성격은 항상 보통 사람들과는 다르게 나타난다. 이것은 그와 그의 시대를 다루었던 다양한 작품에서 찾아볼 수 있다. 때때로 네로는 차갑고 냉소적이며 무심한 심미주의자로(코사의 연극에서처럼), 때로는 악마적인 반그리스도교주의자로[솅키에비치의 유명한 소설 《쿼 바디스(Quo Vadis)》에서처럼], 때로는 가련한 전제 권력의 광기로 멸망하는 폭군의 모습으로 나타난다. 우리는 아직도 진짜 네로가 어떠했는지를 알 수 없으므로 실제적인 네로를 예술적으로 승화시킨 작품은 없을 것 같다.

이상 성격의 황제들

도미티아누스

네로의 계승자 가운데 가장 흥미로운 사람은 역사적으로 불가사의한 도미티아누스다. 역사책에서는 일반적으로 그를 "잔인하고 악질적인 황제"라고 묘사한다. 그러나 학자들이 점차로 그에 대해 다른 평가를 하고 있는 것 같다. 뮐러는 그를 "미치광이 같고 불안정한" 사람이라고 했다. 그의 광기는 악명 높은 잔인성으로 충분히 설명될 것이다. 그러나 뮐러는 "동전과 동상에 새겨진 도미티아누스의 초상에는 잔인한 본성의 직접적인 흔적이 나타나지 않는다."고 하며 이의를 제기할 각오를 하고 있다.

따라서 그가 비난받는 대부분의 잔인성은 원로원의 입장에 동조하는 역사가들의 심술궂은 창작품일 가능성이 있다. 원로원은 전임자인 티투스만큼 자신들에게 아첨하지 않는 그를 싫어했다. 소문난 잔인성과는 별도로, 그는 모든 행정부서를 주의깊게 관리하는 정력적인 황제였으며 예술에 대한 날카롭고 지적인 보호자로 잘 알려져 있다.

그의 성적인 본성은 어떠한가? 수에토니우스(1)는 한 경호원이 자신과 밤을 보내기로 약속한 도미티아누스의 편지를 공개한 사실이 잘 알려져 있다고 말한다. 이것은 물론, 평판이 좋지 못한 청년의 일상적인 스캔들이었을 것이다. 왜냐하면 도미티아누스의 일반적인 평판은 여성과 즐기는 애정 행각에 관한 것이 대부분이다. 그는 "수많은 다른 사람들의 아내를 유린한 후에" 아내 도미티아를 그의 남편에게서 빼앗아 왔다. 후에 그는 배우 파리스와 애정 행각을 벌인 이 여자와 이혼한다. 그러나 얼마 지난 후에 그녀를 다시 데려왔다. "그녀와 떨어져 있는 것을 견딜 수 없었기 때문"이라고 수에토니우스(3)는 심술궂게 추측한다. 도미티아누스가 백성들의 품행에 대해 아우구스투스 못지않게 주의를 기울였다는 것은 분명하다. 우리는 앞 장에서 이것에 대해 언급한 바 있다. 그는 소년들의 거세를 금지시켰으며, 그들을 사려는 동기를 감소시키기 위해 거세된 남자의 값을 내렸다. 그는 또한 자유민 소년과의 동성애 행위에 반대하는 인기 없는 스칸티니안 법을 부활시키려고 했다. 그리고 그는 전시대의 부정한 수녀들과 그 애인들에게 가혹한 형벌을 내렸다.

분명히 이런 조치가(분명히 인기와는 거리가 멀었던) 도미티아누스에게 잔인하다는 평판을 받게 했을 가능성이 있다. 그의 일상적인 언어 감각에서 그가 사디스트가 아니었음을 확신할 수 있다. 특히 수에토니우스가 상세하게 설명하듯이(II), 도미티아누스는 끔찍하게 매를 맞아 죽는 구식 풍습을 비난했던 몇 명의 죄인들을 잠시 살려두었다. 그리고 "그는 잔학한 처벌을 기피했으므로," 그들에게 자신들의 처형 방법을 선택하도록 했다. 이 표현으로 보아 우리는 그가 죄인의 성기를 불태우는 새롭고도 잔인한 고문 방법을 창안했다는 그 자료(Suet., 10)를 믿을 수가 없다.

그러나 보다 주목할 만한 가치가 있는 다른 설명이 있다. 그 설명은 수에토니우스와 카시우스 디오의 글에서 나타나는데 둘 사이에는 큰 차이가 없다. 도미티아누스는 파리를 죽이는 것을 좋아했다고 한다. 보다 놀라운 것은 카시우스 디오의 자료에서 나타난다(이것은 다른 작가들의 작품에는 나오지 않는다). 여기에서 그것을 전부 인용해 보도록 하겠다(67, 9).

"도미티아누스에게는 천장과 벽과 바닥이 전부 검은 색으로 장식되고 쿠션이 없는 검은색 장의자만 놓여진 방이 있었다. 그의 손님들은 시종도 없이 한밤중에 이 방으로 안내되었다. 그곳에는 손님의 이름이 적힌 묘비처럼 생긴 석판이 그들 각각의 옆에 있었다. 무덤에 걸려 있는 작은 등불의 빛이 그 석판을 비추었다.
그때 벌거벗은 몸에 유령처럼 검은 칠을 한 미소년들이 나타났다. 그들은 소름끼치는 춤을 추면서 손님들 주위를 돌았다. 그러고 나서 손님 아래에 한 명씩 멈춰 섰다. 이제 죽음의 연회처럼 검은 그릇에 담긴 검은 음식과 검은 술이 들어왔다. 손님들은 공포에 몸을 떨었다.

그들은 갑자기 치명적인 타격을 받을 거라고 생각했다. 곧 그 방은 무덤 같은 정적에 싸였다. 오직 도미티아누스만이 살인과 갑작스런 죽음에 대한 이야기를 했다. 마침내 그는 그들을 퇴장시켰다. 그렇게 하기 전에 그는 사람들이 손님들을 집으로 데리고 가게 하기 위해 미리 안마당에서 기다리고 있던 시종들을 멀리 보냈다. 이것이 그들의 공포를 가중시켰다.

그들이 집에 도착해서 어느 정도 회복되었을 때 메신저가 황제의 전갈을 전했다. 모든 손님들은 자신의 마지막 순간이 닥쳤다고 생각했다. 그러나 그 대신에 각각의 손님들은 자신들의 비석(은으로 된)을 받았으며, 다른 선물들은 앞서의 연회에서 사용했던 훌륭하게 세공된 귀한 접시를 포함하여, 마지막으로 몸을 깨끗이 씻고 아름다운 옷을 입고 유령 노릇을 했던 소년들까지 있었다. 이것들은 그들이 지난 밤 받았던 죽음 같은 고통에 대한 보상이었다. 이것은 도미티아누스가 자신의 승리를 축하하는 연회였다(그의 말에 따르면). 그러나 그것은 다키아와 로마에서 생명을 잃은 사람들에 대한 경의의 표시였다(사람들의 말에 따르면).”

그러나 이 모든 것에도 불구하고, 우리는 이 장의 문헌에서 무엇을 보았는지를 기억해야 한다. 도미티아누스의 시대에는 음산하고 공포스러운 깜짝 놀랄 만한 선물 주기를 즐겼다. 이것은 우리에게 살풍경하게 비춰지지만 그 당시에는 최신의 유행이었다. 우리가 이것을 기억한다면, 도미티아누스의 악명 높은 장례 축제는 그의 사디즘의 명백한 증거가 아니라는 것까지 알 수 있을 것이다. 또한 그가 아내의 애인, 파리스를 죽이고, 게다가 아내와 화해했음에도 불구하고, 조카딸인 율리아를 자신의 애인으로 삼았다는 사실로 그의 본성이 잔인했다고 추론할 수도 없다.

우리는 수에토니우스의 말을 잊어서는 안 된다(Domit., 9).

"처음부터 그는 어떠한 형태의 유혈도 기피했다."

티베리우스처럼 그가 말년의 잔혹한 경험, 때로는 지나쳤던 가혹함 때문에 자신을 끊임없이 보호하려 했다는 것은 부인하기 어렵다. 그는 말년에 이르러 불가해한 교활함으로 더욱더 주목받게 되었다. 그는 이야기를 나누자는 명목으로 부정한 관리를 초대하여 그들과 저녁 식사를 하고, 그 다음에 그를 행복하고 즐겁게 하여 은퇴하도록 하는 방법으로 그를 해고하는 능력이 있었다. 다음날, 그 남자는 처형되었다. 이것은 친절하거나 자비로운 성격을 표시하는 것이 아니다. 여태까지 역사 속에서 이와 유사한 태도가 알려진 것은 없다.

인생의 황혼으로 접어들면서 도미티아누스는 의심이 많은 본성과 음모에 대한 두려움 때문에 이상하고 거의 무시무시한 공포에 항상 떨었음에 틀림없다. 이 두려움은 때로는 정당화되었으며, 그의 전임자가 어떻게 죽었는지를 기억하는 황제라면 충분히 당연한 것이었다. 마지막으로 그의 아내 도미티아(배우 파리스와 함께 그를 배반했던)마저도 그를 살해하는 것에 관여했다면, 이것을 도미티아누스의 성격에 대한 비평으로 받아들일 수가 없다. 무언극 배우인 애인은 고상한 영혼을 지닌 사람이 아니었다. 도미티아누스는 자주 오판을 했는데, 다음 글을 읽으면서 동정을 느끼지 않을 수 없다(Suet., 21).

"그는 호화로운 연회를 자주 열기는 했으나, 항상 급하게 서둘러서 치렀다. 그래서 그 연회는 해진 뒤까지 이어져 본 적이 없었으며, 전혀 흥청대지도 않았다. 왜냐하면 해가 진 후 잠자리에 들 때까지 그는 항상 어느 누구의 눈에도 띄지 않는 비밀스런 장소에서 홀로 산책을 했기 때문이다."

이것과 카시우스 디오의 몇 가지 표현을 비교해 보기로 하자(67, 1).

"그는 한두 명의 여자를 빼고는 어떤 인간에게도 참된 사랑을 느껴 본 적이 없었다."

이와 관련해서 앞으로의 요점을 논의해야 한다. 도미티아누스는 특별히 스토아 철학자들을 잔인하고 부당하게 박해했다는 것으로 유명하다. 우리는 제국 시대에 스토아 철학자들의 연극에 대하여 여기저기에서 언급했다. 여기에서 우리는 이 특별한 박해의 실질적인 본질에 대해 논의해야만 한다.

먼저 도미티아누스의 통치 시기 이전에 심지어 자비로운 전임자 베스파시아누스의 통치 시기까지도 박해가 있었는지를 관찰해야 한다. 이를 알아보기 위해 적어도 우리는 수에토니우스의 글을 살펴보아야 한다(Vesp., 13).

"베스파시아누스는 철학자의 고집에 화를 내지 않고 견뎠다. 냉소적인 데메트리우스는 유죄 판결(추방시키라는)을 받은 후에 길에서 베스파시아누스를 만났다. 가던 길을 멈춘 그는 그에게 인사하는 것을 거부하고 욕설을 퍼부었다. 베스파시아누스는 그를 망나니라 부르는 것으로 스스로를 위안했다."

카시우스 디오는 보다 자세하게 그 이야기를 다룬다(65, 12).

"헬비디우스 프리스쿠스는 트라세아의 양자였다. 그는 스토아 교리를 교육받았으며, 트라세아의 자유에 대한 연설을 때로 부적절하게 모방했다. 집정관으로 있는 동안에 그는 황제에게 경의를 표하지도 않았으며, 그를 욕하기를 그치지 않았다. 이 때문에 한번은 호민관이 그를 체포하여 시중 드는 임무를 주었다.

베스파시아누스는 이것을 보고 기가 죽어 울며 원로원을 떠나면서 말했다.

'내 뒤는 아들이 잇거나 아니면 대가 끊어질 것이다.'

베스파시아누스는 헬비디우스가 자신이나 친구들을 모욕했다는 것보다 그 사람이 대중들을 선동하거나 영합했으며, 언제나 군주제를 깎아내리고 민주정치를 찬양했기 때문에 싫어했다. 헬비디우스는 자신의 말에 따라 행동했으며, 마치 지배자를 모욕하며 대중들을 선동하고 체제를 전복하여, 혁명을 야기하는 것이 철학의 기능인 양 동조자의 연맹을 형성했다.

헬비디우스는 트라세아의 양자가 되면서, 트라세아를 모방하려 했으나 실패했다. 왜냐하면 트라세아는 자신을 싫어하는 네로 통치 시대를 살아왔으나 네로와 같은 행동을 하는 것을 거부한 것말고는 그를 모욕하는 언행이나 행동을 한번도 한 적이 없기 때문이다. 그러나 헬비디우스는 베스파시아누스에 대해 악의를 품었으며, 공적으로나 사적으로 그를 그냥 내버려두지를 않았다. 그의 그런 행위는 죽음을 초래하여 결국 아무도 모르는 곳에 묻힘으로써 죗값을 치러야만 했다.

수많은 사람들이(냉소적인 철학자 데메트리우스를 포함하여) 스토아 교리에 의해 시대에 맞지도 않는 교리들을 공공연히 연설했다. 그들은 자신들의 행동을 철학이라는 이름으로 포장했다. 따라서 무키아누스는 논리와 철학을 사랑해서라기보다 화가 나서 그런 사람들을 모두 로마에서 추방하라고 베스파시아누스를 설득했다. 그는 스토아 학파에 대해 황제에게 길고도 주목할 만한 연설을 했다.

'그들은 허황된 겉치레로 가득 찼습니다. 만일 그들 중 하나가 턱수염을 길게 기르고 눈썹을 세우고 천박한 망토를 걸치고 신발도 신지 않은 채 어슬렁 거리며 다닌다면(그들의 말에 따르면), 그가 비록 수영은 물론이고 글 한 줄을 쓸 줄 모른다 해도 당장 지혜롭고 용감하고 정의롭다고 받들어질 것이며, 스스로 엄청나게 거만을 떨 것입니다. 그들은 모든 사람들을 깔봅니다. 그들은 귀족을 멍청이라 부르고 평민을 촌뜨기라 부르며 미남을 바람둥이라 하고 추남을 얼뜨기라 부르며 부자를 욕심쟁이라 하며 가난한 자를 비굴하다고 합니다.'

베스파시아누스는 즉시 무소니우스를 제외한 모든 철학자들을 로마에서 추방했다. 그는 데메트리우스와 호스틸리아누스를 섬으로 추방했다. 호스틸리아누스는 추방에 관한 이야기를 듣고도 전혀 신경을 쓰지 않고(그때 그는 누군가에게 설교하고 있었다) 더욱 신랄하게 전제정치를 비방했다. 그리고 그는 즉시 로마를 떠났다. 그러나 데메트리우스는 그때까지도 물러서지 않았다. 베스파시아누스는 다음과 같은 전갈을 그에게 전하도록 명령했다.

'그대는 내가 당신을 죽이도록 열심히 노력하지만, 나는 나를 보고 짖는 개는 죽이지 않는다.'"

이 설명은 스토아 철학자들이 이후의 그리스도교 신자처럼 단지 황제를 모욕하는 것만이 아니라, "현존하는 제도에 반대하는 교리를 설명했으며” 이 교리를 신봉하고, 그들의 모습과 행동으로 관심을 끌려고 했다는 것을 충분히 보여준다.

도미티아누스는 그때 베스파시아누스가 시작했던 과정을 실행한 것에 불과했다. 고집스런 트라세아와 헬비디우스는 처형당했으며(Cass. Dio., 67, 13), 다른 사람들은 추방되었다. 일부 사람들은 “신을 모독했고 그들 중 많은 사람들이 유대교에 동조하여 비난받을 만한 죄를 지었으므로” 도미티아누스에게 사형이나 재산 몰수 등의 판결을 받았다.

이 죄명은 후에 그리스도교 신자를 겨냥한 비난과 유사하지 않은가? 그들이 그리스도교 신자들과 거의 구별되지 않는가? 이 장의 논문에서, 우리는 그 신봉자들의 가식적인 조소를 살피는 것으로 스토아 학파의 실질적 중요성을 지적하려고 한다. 이것은 진실한 구도자의 시대 정신 가운데 가장 폭넓게 확산된 비밀스러운 교리였다. 아마도 우리는 언젠가 스토아와 초기 로마 그리스도교 간의 유기적 관계를 강조한 드류와 브루노 바우에르에게 동조할지도 모른다. 초기 그리스도교에 대해 말해야 하는가? 그런 생각은 물론 관료적인 신학이 받아들이지 않았다. 그러나 최소한 로마 스토아주의가 창시한 가장 심오하고 가장 인본적인 복음에 대한 설교는 받아들여졌던 것 같다. 그것을 받아들인 영향은 학자들에게 남겨졌다. 오늘날 이 질문들은 너무도 중요해서 간과할 수가 없다.

하드리아누스와 안티누스

우리는 이제 하드리아누스에게 사랑을 받았던 미소년 안티누스의 구슬프고 감상적인 모습에 눈을 돌린다. 그의 성격의 수수께끼는 그것의 종교적인 요소를 강조한다면 금방 풀릴 것이다. 그러나 우선 자료에 의거해서 사실을 알아보아야 한다.

카시우스 디오는 이렇게 쓰고 있다(69, II).

> "하드리아누스는 팔레스타인을 지나 이집트로 여행을 했다. 그곳에서
> 그는 폼페이우스의 영혼에게 제물을 바치고, 그를 위해 시를 지었다.
> '수천의 사원을 지은 이가 매장도 안 된 채 누워 있네.'"

하드리아누스는 폐허가 된 폼페이우스의 무덤을 보수하라고 지시했다. 그는 또한 그곳에 안티누스의 도시를 건설했다. 안티누스는 클라우디오폴리스라고 불렸던 도시 출신의 비티니아인이었다. 그는 하드리아누스의 남자 첩이었으며 하드리아누스가 주장하듯이 나일강에 실수로 빠져 죽었거나, 아니면 신빙성 있는 이유로 제물로 바쳐졌기 때문인지 이집트에서 죽었다. 왜냐하면 하드리아누스는 꼬치꼬치 캐묻기를 너무나 잘해서 점과 마술로 쓸데없는 간섭을 잘했다.

안티누스에 대한 그의 사랑 때문이든 안티누스가 자신을 위해 죽었기 때문이든(자발적으로 자신의 생명을 희생하기를 요구했으므로), 하드리아누스는 그가 죽었던 장소에 그의 이름을 딴 도시를 건설할 만큼 죽은 청년에게 경의를 표했다. 그는 제국의 거의 모든 도시에 안티누스의 동상과 흉상을 세웠다. 그는 심지어 하늘에 떠 있

는 별들 중에서 안티누스의 특별한 별을 보고 싶어했으며, 안티누스의 영혼이 이전에 하늘에서 볼 수 없었던 별이 되었다는 얘기를 꾸며댈 때 친구들이 거들면 매우 기뻐했다.

여섯 명의 '황제의 사학자' 중 하나인 스파르티아누스(Spartianus)가 한 또 다른 설명 역시 놀랍다(나중에 이들 중에서도 가장 저질인 람프리디우스의 이야기도 접하게 될 것이다). 이 여섯 작가들은 어리석고 쓸데없는 소문들을 자신들 마음대로 조작하여 훌륭한 증거로 바꿔버리는 재능이 있었다. 스파르티아누스는 하드리아누스의 전기에서 이렇게 썼다(chap. 14).

"아라비아를 관광한 후에 하드리아누스는 폼페이우스의 무덤을 매우 화려하게 보수한 펠루시움을 방문했다. 나일을 여행하는 동안, 그는 자신이 좋아했던 안티누스를 잃었으며, 여자 같은 모습으로 그를 애도했다(버트가 '유약하게'라고 번역한 'muliebriter'라는 라틴어는 자식을 위한 어머니의 통곡과 같은 말이다)."

"안티누스의 죽음에 관한 다양한 자료가 전해져 내려오고 있다. 몇몇은 그가 자신을 위해서, 또는 하드리아누스를 위해서 희생되었다고 말한다. 어떤 자료는 안티누스의 아름다움과 하드리아누스의 관능성으로 쉽사리 추측할 수 있는 다른 이유를 제시한다. 안티누스는 하드리아누스에게 큰 기쁨을 주었으며, 하드리아누스가 스스로 기록하여 실제로 이야기했듯이 그에게 신탁을 받게 한 그를 그리스에서는 신성하게 섬겼다.

하드리아누스는 과학은 물론 시에도 큰 관심을 기울였다. 그는 산수와 지리, 그림을 배웠다. 그는 또한 우수한 가수인 동시에 뛰어난 하프 연주자였다. 관능적 기쁨에 대한 그의 지식은 한계가 없었다. 그는 자신의 애인에 관한 연애시들을 직접 지었다. 그는 전략과 무기의 사용에 대해서도 경험이 매우 많았다. 그는 심각하면서 쾌활했고, 친근하면서 위엄이 있었으며, 방자하면서 우유부단했고, 근검하면서 인색하지 않았다. 그는 감정을 표현하거나 숨길 수가 있었으며 잔인하면서 점잖았고, 실로 아무 때나 그리고 모든 것에서 다재다능했으며 변화가 많았다."

안티누스에 관해 현존하는 세번째 자료는 훨씬 후에 나타났지만, 주목할 만한 작가 섹투스 아우렐리우스 빅토르(Sextus Aurelius Victor)에 의해서 제시되었다(History of the Emperors, 14).

"하드리아누스는 평화로운 시기에 여느 때와 같이 티부르에 있는 영지에서 휴양을 위해 칩거하면서, 루키우스 아일리우스 카이사르에게 로마를 맡겼다. 티부르에서 그는 운 좋은 부자처럼 궁전을 짓고 연회와 조각, 그림에 몰두했다. 그는 모든 사치와 관능적 환희에 열중했다. 이것이 스캔들이 되었다. 그가 청년들과 성관계를 맺었으며, 안티누스와 열광적으로 사랑에 빠졌다는 소문이 돌았다. 이것은 그가 청년의 이름을 가진 도시에서 발견되었으며 그를 위해 동상을 세웠기 때문이었다. 사람들은 이것을 경건하고 종교적인 행동이라고 생각했다. 하드리아누스는 자신의 생을 예견하길 원했으며, 그를 대신해 기꺼이 죽어줄 대리인을 구해달라고 마법사에게 부탁했다. 다른 모든 사람들이 거부했으나 안티누스는 자신을 희생했다. 그리고 이것이 앞에서 말한 의무적인 행동의 이유라고 사람들은 말한다. 세대가 다른 두 사람 간의 우정은 그들 중 하나가 음란한 기질을 가졌을 때는 항상 의심스러운 것이라고 생각하지만, 결론을 내리지는 않겠다."

이 수수께끼 같은 청년에 관한 또 다른 중요한 자료는 뒤늦게 발견되었다. 버트가 이것을 인용했다(Roman Portraits, 301). 이것은 하드리아누스와 안티누스가 참가한 사자 사냥에서 사나운 사자의 발톱에서 하드리아누스가 애인을 구조하는 것을 묘사한 4행시로 된, 이집트에서 발견된 파피루스다. 이 파피루스에서 청년에 대한 중년 황제의 관계는 자신의 노리개에 대한 천박한 육욕이 아니었다는 결론을 내릴 수 있다. 그리고 이 결론을 보면 황제의 애정은 그 소년이 죽은 후 그를 기리는 것을 꺼리지 않았으며, 심지어 너무나 짧은 인생을 산 청년을 위해 새로운 종교를 발견하려 했다는 사실에 의해 확인된다.

로마인이 가장 경멸하는 남자 첩을 숭배할 수 있었다는 것을 어떤 사람이 믿을 수 있겠는가? 아니다. 비티니아의 이 미소년은 플라톤이 에로스라 이름 붙인 논문집에서 하드리아누스와 이상적인 관계라고 일컬어졌다.

하드리아누스는 그리스적인 것에 경외심을 가졌다. 그의 심장은 진정 그리스인의 것이었다. 두 사람 간의 관계는 순수하게 정신적인 것이었음에 틀림없다. 황제는 그의 고향에서 안티누스를 보자마자 그의 미모에 매혹되었다. 그리고 그때부터(A. D. 124) 그와 변함없는 동반자가 되었다. 소크라테스가 알키비아데스에게 구애한 것처럼—왜냐하면 지혜는 아름다운 것을 사랑하게 마련이므로—현명한 하드리아누스는 가장 가치 있는 사랑을 했으며, 그것을 신처럼 숭배했다. 이것은 이해하기 어려운 일인가? 우리도 하드리아누스뿐만 아니라 그의 애인도 이해하지 못했던 고대의 사학자들처럼 이들의 관계를 순전한 성적인 관계로만 생각해야 하는가?

내 생각에 안티누스에 대한 하드리아누스의 사랑과 그가 죽은 후 그 청년을 특히 신성시한 것에 대한 가장 좋은, 그리고 가장 의미심장한 발언은 일반 독자들에게는 잘 알려지지 않은 근대의 작품에서 발견되었다. 이것은 플라톤의 마지막 자손인 스테판 조지(Stefan George)가 지은 《막시민(Maximin)》이라는 훌륭한 연작시다. 조지의 주목할 만한 시를 인용해보겠다.

> 그대 안에서
> 나는 경외심을 갖고, 헌신적인 사랑으로
> 받아들이는 신을 본다오.

이것은 처음 안티누스를 보았을 때, 하드리아누스의 마음에 타올랐던 불꽃이다. 그리고 하드리아누스는 다음의 시처럼 절규했을 것이다.

> 다시금 봄이 왔네!
> 그대는 내게 가장 신성한 대지이며 공기,
> 그대의 관심에 대한
> 나의 더듬거리는 감사는 그대의 것.

그리고 여전히 애인이 죽은 후에 더욱 자주 절규했을 것이다.

짓누르는 대기, 그리고 쓸쓸한 하루.
어떻게 그대에게 걸맞는 숭배를 할 수 있을까?
온종일 그대의 등대를 어떻게 밝혀야 하오?
내 기쁨은 오직 내 일생의 가식과
유해를 대지에 숨기는 것.
내 슬픔은 오직 노래나 연극의 공허함처럼,
생애가 스러지는 방법을 일일이 가르쳐주는 것.
내 인생의 여정에서 안개와 어둠을 걷어내고,
나의 완전한 생을 위한 희생을 받아들인다.

그때 계시가 왔다. 새로운 힘으로 가득 차서 울부짖었다.

신 앞으로 나아간 그대의 도시를 경배하오.
신이 살았던 그대의 시대를 동경하오!

나는 이 단순하지만 비범하게 의미심장한 시가 하드리아누스의
총체적인 사랑의 경험을 조명하므로 기꺼이 시 전체를 인용할 것이
다. 그는 정신적 사랑의 매우 깊은 의미를 실제로 느끼고 있었다.
너무도 일찍 죽은 그 청년은 신이 되었으며, 누군가가 그의 경배
자에게 이렇게 말했다.

머리를 들라, 문 앞이다!
촛불의 희미한 빛을 꺼야 한다.
장례곡이 울려퍼진다!

그리고 황제는 지상의 삶이 끝나는 것에 대해 스스로 이렇게 말한다.

그대 이름은 우리의 영혼을 맑게 끌어올리며,
이제 높게 멀리 떠나네.
영겁의 어둠에 대항하여
그대의 별을 불 밝혀 강하게 하네.

이 마지막 시가 하드리아누스가(역사가들이 말하듯이) 애인을 위해 별들 가운데 자리를 내주었다는 의미로 대치될 수 있다는 것은 의심할 여지가 없다. 세속적인 소문을 뛰어넘은 이 고상한 해석은 하드리아누스와 안티누스의 사랑에 대한 실질적인 실마리이다. 이것은 색다른 사람들의 삶을 영혼 깊숙한 곳까지 설명한다.

현명하고 동정심 있는 모든 독자들은 하드리아누스는 결코 젊은 벗의 자기 희생의 원인이 아니었으며, 심지어 승인하지도 않았다는 것을 느낄 것이다. 안티누스는 꽃다운 나이에 삶에 대한 희망으로 요절했다. 그의 죽음의 세세한 내용을 알 수도 없으며 알 필요도 없다. 그러나 그 죽음은 그의 삶과 운명을 신화로 꾸미게 한다.

이토록 깊은 사랑과 하드리아누스의 다재다능한 성격에 관한 그리스의 신비주의는 그가 왜 안티누스가 죽은 장소인 안티누폴리스를 찾았는지, 그리고 왜 그가 그 도시의 신성함을 수호하게 됐는지를 설명해준다. 그를 숭배하는 다른 중심지에서 그리스의 디오니소스가 되었듯이 그 도시에서는 이집트의 젊은 신 오시리스가 되었다. 그의 고향말고도 많은 곳에서 그를 숭배했던 곳이 발견된다. 고대의 신전에 가보면 보통 수많은 그의 동상이 발견된다. 그 동상들은 아도니스를 모델로 했거나, 일부 학자들의 견해에 따르면 예수를 모델로 한 독특한 종파의 한 형태이다.

오늘날 우리는 이에 대한 많은 정보를 가지고 있다. 프랑스 학자들은 안티누폴리스의 광대한 지역을 발굴했으며 그곳에서 그 성직자들의 미라를 발견했다. 그들의 가장 중대한 의식은 "해마다 치러지는 그의 죽음과 부활을 상징하는 제례 무용 또는 동작인, 안티누스의 정열이라는 신비로운 움직임"이다(Birt, lib. cit.).

로마의 역사가들이 이 의식의 깊은 뜻을 오해한 것이 틀림없다. 강력한 황제의 아름다운 그리스 청년에 대한 사랑이 오랜 세월 동안 여러 도시에서 그를 위한 제단과 아름다운 동상을 가진 종교로 발전했다는 사실은 항상 기억될 것이다.

안티누스의 얼굴은 그리스 문화의 영향을 받은 로마의 예술이 이상화되어 빚어진 최후의 작품이다. 부드러운 입술, 물결치는 머리칼, 아이 같은 볼을 가진 완벽한 젊은이의 조각상을 보았던 모든 사람들은 진지한 응시의 실제적인 의미에 놀라워했다. 가장 비현실적인 이론이 이것을 설명하기 위해 구성되어 왔다. 버트가 설명한 단순한 인성만이 유일하게 진실한 것이다. 안티누스의 얼굴은 지나간 젊음, 스러지는 아름다움, 그리고 결국 죽음으로 완성되는 것에 대한 영원한 슬픔을 표현한다.

헬리오가발루스

　제국 말기의 가장 알 수 없는 인물은 소년 헬리오가발루스다(혹은 때때로 엘라가발이라고 불렸던 소년이다). 그는 동양의 신과 관련이 있으므로 그것과 따로 떼어서 이해할 수가 없다. 그러므로 헬리오가발루스에 대해서 말할 수 있는 모든 것은 로마인의 종교적 이상에 대한 우리의 논의에서 모두 다루어졌다. 그러나 우리는 그 소년에 대한 생생하고 구체적인 정보를 많이 가지고 있으므로, 거의 비슷한 정도로 흥미를 끄는 제국 시대의 다른 인물들과 관련을 지어 논의하는 것이 더욱 적당할 것 같다.

　그의 일생을 이해하기 위해서는 한 가지 점을 명확하게 해야 한다. 그에게는 세 가지의 모순이 통합되어 있다. 그는 14세의 소년이다. 그에 대해 디트리히는 이렇게 설명한다.

　　"그는 심오한 신비주의와 거친 외설과 일치되지 않으면서 결합되어 있는 한 종파의 성직자이다."

　그는 자신이 믿는 시리아의 제례를 로마에 도입하려고 했고, 사실상 다른 종교가 있는 모든 곳에 그것을 심으려는 어리석은 시도를 했던 로마의 황제이다. 우리는 서로 다른 요소를 포함하는 특성으로 인해 모종의 비극이 간직되었다는 것을 금방 이해할 수 있다.

　그러나 그밖에도 헬리오가발루스는 그의 타고난 성격으로 인해 방탕하고 관능적인 삶을 살았다. 그는 시리아인으로서 셉티미우스

세베루스 황제와 시리아 여인 율리아 돔나의 종손이었다. 그 시대의 역사학자 헤로디아누스(Herodian)가 지은 책 《역사(History)》는 헬리오가발루스에 관해 사실을 말하는 것 같다. 꾸밈이 없는 자료를 제시하는 그의 말을 들어보기로 하자(v, 3, 7).

> "그는 꽃다운 젊은이였으며 그 시대의 다른 모든 사람들을 능가하는 아름다움을 지니고 있었다. 그는 젊음과 아름다움, 훌륭한 옷차림을 겸비했기 때문에 사람에게 젊은 바쿠스의 아름다운 모습을 떠올리게 했다."

그는 로마의 혈통보다는 셈족의 혈통을 이어받았으므로 그 시대의 남성들이 특히나 감탄했던 거의 여성에 가까운 아름다움을 지니게 되었다.

헤로디아누스는 계속해서 이렇게 기술하고 있다(v, 3, 8).

> "그가 제물을 바치고 이국적인 방법으로 제단 주위에서 플루트와 피리와 다른 악기들의 소리에 맞춰 춤을 추었을 때, 모든 사람들 특히 그가 왕족임을 알고 있는 군인들의 눈이 그에게 쏠렸다. 그의 젊은이다운 아름다움은 그를 보는 모든 사람들을 매혹시켰다. 군인들은 종종 그 도시에 와서 일을 도와주러 사원을 방문해서는 젊은이를 바라보는 기쁨을 누렸다."

이 군인들의 도움과 그의 야심 많은 할머니 마이사의 선동으로, 헬리오가발루스는 자신이 태어난 시리아의 에메사 또는 헤메사에서 스스로 로마의 황제라고 선포했다. 니코메디아에서 잠깐 머물렀던 그는 할머니의 억지로 로마로 오게 되었다. 그는 여전히 자신이 모시는 신을 충실하게 신뢰했다.

> "그는 그가 모시는 신의 성직자들이 대단히 많음을 과시했다. 그는 금으로 수놓은 자주색 로브, 목걸이, 팔찌, 터번식으로 된 값진 보석으로 장식된 황금관 등 매우 값진 옷을 입고 있었다. 그의 복장은 페니키아의 사제복과 메데스의 사치스러운 옷의 중간쯤되는 것이었다. 그는 그리스와 로마의 옷들이 품위 없는 값싼 울로 만들어졌다며 싫어했다. 그는 비단만 좋아했다. 그가 대중들 앞에 나타날 때는 그가 신에게 제사를 드릴 때처럼 플루트와 케틀드럼이 연주되었다 (Herodian, v, 5, 3)."

그를 통해서 제국의 궁정에서 권력을 회복하기를 바랐던 신중하고 교묘한 할머니 마이사는 그에게 그러한 복색을, "로마인들이 좋아하지 않을 것이며, 그 화려함은 남자보다는 여자에게 어울린다고 생각할" 거라고 경고했다.

그러나 헬리오가발루스는 인생을 잘 몰랐음에도 불구하고 경험 많은 할머니의 충고를 귀담아 듣지 않았다. 그는 오직 결코 진실을 말하지 않는 아첨꾼들의 이야기만 들을 뿐이었다. 그는 제물 앞에 나타날 때의 성직자 같은 옷을 입고 있는 자신의 그림을 스스로 그렸다. 그리고는 이 그림을 로마로 먼저 보내서 그대로 만들도록 했으며, 또한 로마인들이 자신들의 새로운 황제의 이국적인 모습에 익숙해지도록 하기 위해서 원로원의 빅토리 신 위에 걸어놓았다.

동시에 어떤 신에게든 제물을 바칠 때는 "새로운 신 엘라가발"에 대한 기원을 함께 넣어야만 한다는 법을 제정했다.

어떤 신이 이렇게 충실한 소년 황제의 섬김을 받겠는가? 오늘날에도 그의 본질에 대한 의견은 상충하고 있다. 위소바는 바알보다 잘 알려진 시리아의 태양신이었다고 생각한다. 에메사에서 그는 원뿔형의 검은 돌의 형태로 숭배되었다(남근상?). 위소바에 따르면 로마에서는 정복되지 않는 태양신 , 즉 "솔 이누익투스 데우스(Sol Inuictus Deus)"라는 이름으로 A. D. 158년부터 알려졌다고 한다. 스스로 엘라가발이라 이름지은 젊은 황제인 이 신의 실제 이름은 바시아누스였다(엘라가발을 그리스어로 번역한 것이 헬리오가발루스다. 왜냐하면 태양의 그리스 말이 헬리오스이기 때문이다)

이 새로운 신에게 성직자와 몇 개의 사원이 주어졌다. 하나는 제국의 궁전 부근의 팔라티네에 있었으며, 나머지는 로마 근교에 있었다. 이 사원들 중 하나에다 황제는 헬리오가발루스가 다른 모든 종교의 비밀을 포용하고 있다는 것을 보여주기 위해서 존재하는 다른 모든 신의 상징들을 모아놓았다(람프리디우스가 주장하듯이). 물론 이것은 모든 신들이 제각각 혼동되고 있었던 혼합주의의 시대에서는 특별한 일이 아니었다. 예를 들어 알렉산데르 세베루스는 집 안에 알려진 모든 신들의 상을 다 갖춰놓았으며, 심지어 기피되던 예수의 상까지도 세워두었다. 그러나 헬리오가발루스는 이러한 일을 중단하지 않았다. 그는 자신의 신과 여신을 결혼시킬 생각(우리가 흔히 어리석은 환상이라 부르는)을 했다. 이것이 디트리히의 수필 《고대 종교의 쇠퇴(The Decline of Ancient Religion)》 496쪽에 소개되어 있다(ed. 1911, in the book named Essays and Papers.).

"어리석어 보이는 이 의식에는 대지를 축복하고 비옥하게 하는 신성한 왕과 여왕의 결혼에 대한 심오한 종교적 사상이 숨어 있다. 헬리오가발루스는 때로는 유노라고 불리며, 때로는 천국의 처녀, 때로는 단순히 퀸이라고 불리는 카르타고의 위대한 여신을 자신의 왕비로 찾아냈다. 그녀의 거대한 조각상이 젊은 황제가 찬미하는 굉장한 결혼식에서 신부가 되기 위해 로마로 운반되었다."

젊은 황제의 종교적 혁신의 기초는 시리아의 태양신에 대한 숭배라는 것을 알 수 있다. 이것은 헤로디아누스가 로마 황제의 제례 의식에 대해 말한 것이다(v, 5, 8).

"그는 신을 위해 수많은 제단으로 둘러싸인 거대하고 훌륭한 사원을 지었다. 그는 매일 새벽에 이곳을 찾았다. 그는 수많은 황소와 양을 죽여서 제단에 올려놓고, 그 위에 모든 종류의 향료를 뿌리고, 피와 포도주가 모든 곳으로 흘러가도록 하기 위해 수많은 병에 가장 좋고 오래 된 포도주를 담아 제단 앞의 땅바닥을 흠뻑 적셨다.
그는 여러 가지 악기 소리에 맞춰 제단 주위에서 춤을 추었으며, 시리아 여인이 주변을 뛰어다니며, 심벌즈를 울리고 케틀드럼을 치면서 그와 함께 춤을 추었다. 그를 둘러싸고 원로원의 모든 의원들과 기사들이 제례복을 입고 서 있었다. 제물로 쓴 동물의 창자와 향료는 황금 단지에 담겨 참배자의 머리 위로 높이 들려졌다. 그것들은 노예나 평민에 의해서가 아니라 완전무장한 경비대와 국가의 가장 중요한 관리들에 의해 운반되었다.

이 사람들은 발까지 닿고 팔을 덮는 페니키아식의 자주색 줄이 로브 중앙에서 아래로 그어진 긴 로브를 입었다. 그리고 동양의 성직자들처럼 아마포로 만든 신을 신었다. 헬리오가발루스는 세상에서 가장 큰 명예는 어떤 사람이든 이 예식에 참가하도록 하는 것이라고 생각했다."

여름에 신을 조각한 석상이 엄숙한 행렬을 따라 다른 사원으로 옮겨졌다(v, 6, 6).

"그는 신을 황금과 훌륭한 보석으로 치장한 마차에 실어서 로마를 떠나 근교로 옮겼다. 마차는 황금 마구와 현란한 뱃대끈을 했으며, 점 하나 없는 커다란 여섯 마리의 백마가 끌었다. 마차에는 마부가 없었다. 고삐는 신의 둘레에 칭칭 감겨 있어서, 그 스스로가 몰았다. 헬리오가발루스는 마차 앞에서 뒷걸음 치며 얼굴은 신에게 향한 채, 말 채찍을 들고 달려갔다. 그는 끝까지 신의 얼굴을 응시하며 뒷걸음질을 했다. 그는 혹시라도 발부리가 걸리거나 넘어지지 않으려고(발이 어디를 딛는지 보지 않으면서) 길에 금모래를 두텁게 깔았으며, 양옆에서 병사가 그를 잡고 그와 함께 달리면서 그를 보호했다. 다른 양옆에서는 평민의 무리가 횃불을 들고, 화환과 꽃다발을 뿌리면서 달려갔다. 행렬에는 모든 기사들과 군인 전체가 참여해 신의 상징과, 진귀하고 값진 제물, 황제의 모든 상징물과 제국의 보물들을 운반했다. 헬리오가발루스는 그렇게 해서 신을 새로운 안식처로 옮길 수 있었다."

이와 관련해서 우리는 헬리오가발루스가(자신처럼 성적으로 숙성한) "성직자가 여자 성직자와 결혼하는 것은 종교적으로 적절한 행동이다."라고 말하면서 베스타 신을 섬기는 처녀들 중 하나와 결혼했다는 사실을 인정해야 한다. 이것이 그의 두 번째 결혼이었으며 그 뒤에도 여러 번 결혼을 했다. 얼마 지나지 않아서 그는 이 아내(그보다 나이가 훨씬 더 많았을)와 이혼을 하고 마르쿠스 아우렐리우스의 손녀와 결혼을 했다.

어떻게 헬리오가발루스는 단 4년 동안만 로마의 왕좌를 차지했을까? 역사가들은 이 질문에 대해 여러 가지 다른 답을 내놓는다. 그들 중에서 가장 사실적인 헤로디아누스는 군대가 그를 왕좌에 올려놓고, 환멸을 느껴서 그를 축출했다고 말한다. 그가 권좌에 오르도록 도와준 야심만만한 할머니는 그의 괴상한 생활과 행동, 특히 공공연하게 무용수로, 마부로, "자연이 만들어준 아름다운 얼굴에 볼꼴 사납게" 그림을 그려 보이면서 네로(여러 면에서 그와 닮은 듯한)를 흉내내는 것이 군대를 불쾌하게 한다는 것을 금방 알아차렸다(Herodian).

마이사는 교활함과 경험으로 그의 최후의 실수에 의해 자신의 권력을 잃게 될까 두려워했다. 그녀는 훌륭하면서도 위험한 해법을 찾아내었다. 헬리오가발루스에게는 제국의 직무와 신성성에 더욱 적합한 성격을 가진 듯한 알렉시아누스라는 열두 살 된 조카가 있었다. 따라서 알렉시아누스는 "헬리오가발루스의 양자가 되어 제국을 나누어 가졌다. 헬리오가발루스는 이제 스스로의 위엄과 성직자로 헌신할 수 있었으며 신비한 예식과 주신제와 신에 대한 봉사에 골몰했다." 그 동안에 누군가가 이 나라의 직무를 수행해야만 했으며, 알렉시아누스가 해 나가는 것이 가장 적당했다. 이윽고 알렉시아누스는 알렉산데르라는 이름으로 왕좌를 물려받았다.

그의 빈틈없는 어머니 맘마이아는 그에게 그리스 문학과 로마 문학을 가르치며, 운동과 체력 단련을 시키는 개인 교수를 두었다. 헬리오가발루스는 그에게 자신의 신을 숭배하도록 감화시키려고 했다. 그는 개인 교수를 내쫓으려고 노력했다. 군대가 정직하고 분별 있는 알렉시아누스에게 관심을 돌리기 시작했다는 것을 감지한 헬리오가발루스는 그를 죽이려고 했다. 그러나 궁중에 있는 여인들인 맘마이아와 할머니 마이사가 그를 위협하는 위험에서 소년을 지켜주었다.

황제의 여자 같은 생활은 군대를 더욱더 화나게 했다.

> "그들은 어떤 정숙한 여자보다도 더 정성들여 화장한 그의 얼굴과 금 목걸이와 우아한 옷으로 여자처럼 장식을 하고 세상이 다 보도록 춤을 추는 것을 볼 때면 그를 경멸했다. 그래서 그들의 마음은 알렉산데르에게로 기울기 시작했다. 그들은 품위 있고 침착한 사람으로 성장하는 그에게 새로운 희망을 걸었다(Hadrian, v, 8, I)."

헬리오가발루스가 통치권을 물려준 지 얼마 안 되서 조카에게서 다시 빼앗으려는 어리석음을 저지르자, 그들은 더욱 격분하여 마침내 폭동을 일으켰다. 헬리오가발루스는 그가 싫어했던 어머니 소아이미스와 모든 가족들과 함께 살해당했다. 그와 소아이미스의 몸은 고리에 꿰어 도시 전체를 끌려다녔으며 티베르 강에 던져졌다. 마음속으로부터 사랑을 받는 알렉산데르가 어머니와 할머니의 보좌를 받으며 왕위를 물려받았다. 이것이 헤로디아누스가 들려주는 이야기다.

헬리오가발루스에 대해 우리가 인용했던 것과 매우 다른 두 가지의 설명이 있다. 첫째는 그와 동시대인인 카시우스 디오의 글이고, 두 번째는 후대의 하찮고 선정적인 작가 람프리디우스의 것이다. 두 가지 설명은 모두 헬리오가발루스의 삶을 남근 숭배적 요소를 강조한다는 점에서 헤로디아누스의 단순하고 사실적인 역사와 대비된다. 이 대비는 몇가지 방법으로 설명될 것이다.

가장 간단한 해결은(모든 역사책에서 표현되는) 물론 카시우스 디오와 람프리디우스가 "타락한 악당"의 삶에 대한 진실을 제시하는 것이다. 이 방법이 편리한 것은 내가 일체의 관련에서 빠진다는 점이다. 이 셈족의 혼혈 청년은 갑자기 세상에서 가장 강력한 왕위에 올랐으며, 스스로 네로를 회상하게 하는 행동을 했다는 것은 틀림없는 사실이다. 예를 들어 이 작가들은 그가 즉위한 지 얼마 안 되어서 전임 황제 마크리누스와 함께 전쟁중에 그를 위해 크게 공을 세운 개인 교수를 포함하여 그에게 충성한 수많은 사람들을 죽였다고 주장한다. 그러면 이것에 대한 카시우스 디오의 묘사를 보자.

> "그는 그 교수를 자신에게 침착하고 이성적으로 행동하라고 권유했다는 이유로 죽였다. 그리고 군인들 중에서 아무도 학살을 시작하지 않으려 했으므로 스스로 첫번째 타격을 가했다(Cassius Dio, 80, 6)."

이것에 대한 우리의 첫번째 언급은 이런 행동이 잔인하고 사악하게 묘사되는 그의 어머니의 허락이 없이는 일어날 수 없었다는 것이다. 그녀와 야심적인 할머니는 어린 네로와 아그리피나의 관계와 비슷하게 그의 통치에 한 부분을 차지하고 있었다. 헬리오가발루스가 개인 교수를 잔인하게 살해한 것에서 보여지는 냉혹한 배은망덕은 다음과 같이 심리학적으로 설명할 수 있다. 즉 그 젊은이는 자신의 새로 발견된 인성을 자각했으며, 마지막으로 오래된 방해 세력을 격파하기 위해 칼을 움켜쥐었다. 그러나 아마 이 전체 사건은 단지 악의적이고 근거 없는 소문일 것이다. 이런 종류의 소문은 황제가 폐위되고 살해되자마자 급속하게 불어났다. 아직 아무도 내가 알고 있는 것처럼 시도하지 않음에도 불구하고 카시우스 디오와 람프리디우스가 언급한 다른 모든 잔학성(특히 성적인 면에서) 또한 매우 다른 의미에서 해석될 수 있다. 내 해석이 오류일 수도 있다. 그러나 나는 이것을 실증해야 한다. 여기에 그 증거가 있다.

디트리히가 말한 것처럼(위에서 인용한 문장에서) 헬리오가발루스의 시리아 신 숭배는 음탕함을 증가시키는 한 요인이 되었다. 시리아에 있는 그의 사원의 입구에는 바쿠스가 세웠다고 전해지는 구리로 된 두 개의 거대한 남근이 놓여 있었다는 것을 우리는 알고 있다. 그리고 에메사의 신의 상징물은 단지 남근처럼 생긴 "거대한 원뿔형의 검은 돌"일 뿐이었다. 헬리오가발루스에 의해 소개된 이 종파가 단지 남근 숭배, 특히 매우 다른 형태로 고대 세계 전체에 나타나는 남근 숭배라는 것을 믿을 수 없는가? 그런 종파의 젊은 성직자는 무의식중에 자신을 여성으로 보았을 것이다. 이 주장을 뒷받침해 주는 것은 헬리오가발루스가 스스로 거세하기를 원했으며, 게다가 스스로 할례를 했고 항상 여자 같은 제례복을 입은 채 자신의 신에게 경의를 표하는 춤을 추면서 나타났다는 점이다. 그는 순전히 남성다운 신에 대비해서 자신을 본원적인 여성으로 보았다. 헬리오가발루스는 자신의 신을 본원적인 남성으로 생각했음이 분명하다. 그가 수행한 신들 간의 결혼이 이에 대한 충분한 증거가 된다.

말하자면 만약 그가 남성다움으로 여자의 넋을 빼앗았다면, 모든 것이 저절로 설명된다. 왜 이 "악명 높은" 청년이 주목할 만한 천부적인 남근 숭배의 자질을 갖추었으며, 결국은 자격도 없으면서 "결혼한" 사람으로 보여졌는지를 쉽게 알 수 있다. 이 연인들 사이에서 일어나는 질투의 장면은 동일한 환상적 생각이 지나치게 전개된 것일 뿐이다. 여성적 특질(사실상 양성적 요인인)은 항상 본능적으로 발전한다. 그는 단지 축제의 장 안에서만 춤을 추는 것이 아니라, 일상 생활에서 특별하게 "춤추듯 거니는" 것이라는 카시우스 디오(80, 14)의 표현으로 종종 지적된다. 이 같은 특성은 동성애를 즐기는 현대 남자들의 전기에서도 나타난다.

마지막으로 그의 성격에서 카시우스 디오가 언급한 마조히즘의 흔적에 주목해야 한다. 헬리오가발루스는 종종 질투심 많은 애인에게 폭행을 당했으며, 몸에 그 상처를 달고 다녔다고 알려진다(매우 의심스러운 자료들 가운데서). 카시우스는 계속 기술한다(80, 15, 4).

"이 애인에 대한 그의 애정은 우연한 충동이 아니라, 강하고 뿌리 깊은 사랑이다. 거친 태도는 그를 화나게 하는 것이 아니라, 오히려 그의 열정을 증가시켰다. 그는 애인에게 통치권을 넘겨주고 싶어했다."

우리는 헬리오가발루스를 섬세한 기품과 부드러운 여성적 외모를 가진 매력적인 예쁜 소년으로 상상한다. 그러나 일반적으로 믿고 있듯이 로마 동전에 그려진(그리고 동전의 초상화가 성격을 드러낸다고 믿고 있는) 그의 초상에 진실한 구석이 있다면, 우리는 또 다른 수수께끼에 직면할 것이다. 그의 얼굴을 셈족의 용모를 매우 닮은, 동양적 고수머리, 흐릿한 눈, 툭 튀어나온 아랫입술, 그리고 커다란 매부리 코를 가진 사실상 "젊은 바쿠스"와 정반대되는 매우 추한 청년으로 그려놓은 동전은, 수년 후의 성인이 된 모습이다. 그러나 바로 이 시리아인의 용모(사실상 거의 흑인 같은)는 그토록 젊은 남자의 선정적인 성격을 충분히 표현한다.

어쨌든 간에 이상의 모든 사실들과 묘사에서 헬리오가발루스의 수수께끼는 아직 풀리지 않았음을 알 수 있다. 그 해답은 람프리디우스와 관련된 불합리하고 저속한 이야기를 역사적 사실로 다루거나, 혹은 독일인 작가 쿠페루스가 했던 것처럼, 그 자료들로써 관능적 소설을 구성하는 것으로는 발견되지 않을 것이라고 생각한다. 이 문제는 그것보다 더 복잡하다. 내 생각에 헤로디아누스의 전기가 이 이상한 시리아 청년에 대해 거의 사실적 묘사에 접근하고 있는 것 같다. 따라서 나는 그의 증언에 내 설명의 기초를 두었다.

로마의 멸망과 그 원인 3

마지막 제국

마지막 제국

멸망에 대한 예감과 경고

초기 그리스도교의 저술들과 수많은 도덕주의자와 역사가들의 저술에서는 로마의 몰락이 성적 타락과 사치, 백성들의 방탕에 따른 자연스러운 귀결이라는 주장이 끊임없이 거론되고 있다. 이 장에서 우리는 그 주장이 얼마나 타당하며, 또한 거부해야 할 것은 어느 정도나 되는지 알아본다.

현대 로마의 소란스러운 거리를 벗어나 거룩한 적막함이 감도는 폐허의 포럼(대광장)으로 들어가보라. 고대의 벽들과 하늘의 푸른 빛과 대비되는 상아빛 기둥들을 응시해 보라. 그리고 눈을 들어 황제의 궁전의 무너져내린 돌더미 사이에 검은 빛이 감도는 소나무

문장과는 대조적으로 부드러운 푸른 꽃이 피어 있는 나무들이 늘어서 있는 팔라티눔의 영지를 살펴보라. 혹은 티투스의 유대인 정복을 기념하는 거대한 아치 밑에 있는 비아 사크라를 따라 걸어가보라. 그리고 경외심을 가지고 당신 앞에 무너져내린 산처럼 솟아 있는 플라비아의 원형 극장에 가까이 다가가 보라. 그러면 당신은 횔더린이 다음과 같이 표현한 생각에 사로잡히게 될 것이다.

> "나라들 그리고 용맹스러운 도시들은
> 죽음의 욕망에 사로잡혀 버렸다.
> 수많은 세월이 흘러 그 업적의 진보를 목격하고 난 뒤에
> 또한 최선을 추구하고 난 뒤에,
> 로마는 마침내 거룩한 종말을 맞이하게 되리라."

세계의 다른 어떤 곳과는 달리 로마에서는 인간과 국가의 생성과 몰락이 현실적이고 당면한 문제로 등장한다. 영원히 건재할 것처럼 보였던 로마와 같은 대 국가가 일장춘몽처럼 하루 아침에 몰락해버리고 말았다면, 이제까지의 우리의 인생과 우리의 업적 그리고 우리의 희망과 앞으로의 신념이 지니는 의미와 목적은 도대체 무엇이 될 수 있단 말인가?

이러한 질문이나 생각들이 어쨌든 현대적 관점에 불과할 뿐이라거나, 또는 로마인 자신들은 스스로 그러한 문제에 대해 반성해 본 적이 결코 없다고 생각하는 것은 잘못된 것이다. 사람들은 그 제국이 아무리 크고 강력했을지라도 결국 몰락할 운명이었다고 생각하

는 경향이 있게 마련이다.

일찍이 제3차 포에니 전쟁이 일어났던 시기에 역사가인 폴리비우스는 세계의 여러 국가들의 운명의 변화를 점치고 있었다. 비록 그가 뚜렷하게 말하고 있지는 않을지라도, 그가 로마 제국이 영원할 것이라고 믿지 않았던 것만은 분명하다.

아피안이 보관해 온 제38권 책에 나오는 인상적인 장면은 모든 사람들이 기억하고 있다. 거기에 등장하는 카르타고의 당당한 정복자는 고대 로마의 폐허 속에서 인간의 운명에 개재되는 우연과 변화를 우울하게 회고하고 있다. 그는 《일리아드(Iliad)》로부터 유명한 문장 두 줄을 인용한다.

거룩한 트로이가 멸망할 날이 올 것이니,
창의 왕 프리암과 그의 모든 백성들이 멸하리라.

그 속에서 그는 조국의 운명을 예상하고 있었던 것이다. 폴리비우스는 덧붙여 이야기한다.

"오직 위대하고 완벽하고 기념할 만한 영혼만이 그의 적들에게 승리를 거두는 절정의 순간에도 그 자신의 운명의 좌절과 몰락을 생각할 수 있으며, 가장 행복한 순간에 덧없이 행복이 사라져버림을 기억하게 되는 것이다."

키케로가 받은 서간문 중에는 현대의 저자들이 일반적으로 소홀히 여기지만 유별나게 흥미있는 단락이 하나 있다. 그 단락에서 그의 친구인 세르비우스 술피키우스는 그의 딸의 이른 죽음을 위로하기 위해 애쓰고 있다(Cic., Ad fam., iv, 5).

"나는 자네의 슬픔을 조금이라고 경감시켜 주기를 희망하면서 나에게는 위안을 가져다 주었던 얘기를 자네에게 해 주겠네. 아시아에서 돌아오는 길에 나는 아이기나로부터 메가라까지 배를 타고 왔다네. 그 덕분에 주변에 있는 여러 고장들을 구경할 수 있었지. 뒤쪽으로는 아이기나가 있었으며, 앞쪽으로는 메가라가 있었고, 오른쪽으로는 피레우스, 그리고 왼쪽에는 코린토가 있었지. 모두 한때는 번성하던 도시들이었지만 지금은 황폐화되어 있다네. 그때 들었던 나의 감회는 이렇네.

'이토록 수많은 도시의 시체들이 매장되지도 못한 채 누워 있는 이곳에서도 하루살이 같은 우리 피조물들은 우리들 중에 하나가 죽거나 살해당하는 것조차(그래 보았자 짧은 인생이겠지만) 참기 어려워한다는 것을 깨달아야 한다! 이보게 세르비우스. 너 자신을 통제하고 네가 인간이라는 것을 명심해야 한다.'

친구여, 이러한 반성이 나에게 힘을 주는 데 큰 도움이 되었다는 것을 믿어주게. 자네도 또한 자네의 정신을 잘 조절하게 될 걸세. 머지 않아, 아니 곧 수많은 명사들이 사라져 가고, 이 로마 제국은 그 커다란 손실로 인해 고통을 받게 될 것이며, 모든 지방이 동요하게 될 걸세. 그러니 한 소녀가 목숨을 잃었다고 해서 자네가 그다지 슬퍼해야 할 까닭은 또 무엇이란 말인가? 그 아이가 이번에 죽지 않았다고 해도, 몇 년 안에 종말을 맞이할 것이 분명하네. 어차피 유한한 존재가 아니던가!"

로마 제국이 영원할 것이라고 믿었던 저술가라면 이와 같은 글을 써놓을 수 있겠는가? 공화정이 물러가고 원수정치가 등장하면서 우리는 그러한 목소리들을 좀더 자주 접하게 된다. 호라티우스는 그 유명한 〈로마에 바치는 시(Roman Ode)〉(iii, 6)에서 세상은 새로운 세대의 등장과 함께 타락해 가고 있다고 선언한다. 네로 시대의 시인 루칸은 지나치게 거대한 제국의 규모로부터, "운명의 질투"라는 위험성을 감지하고 있다. 그 밖의 저술가들도 그들 주변에 나타나고 있는 정신적 타락을 주시한다.

티베리우스 밑에서 글을 썼던 벨레이우스 파테르쿨루스는 예술의 타락을 지적하면서 다음과 같이 말한다(i, 17).

"완벽함이 지속되기란 매우 어려운 일이다. 앞으로 나아갈 수 없는 것은 뒤로 물러서야만 한다."

그는 이러한 현상이 로마의 조각과 그림, 판화, 시 등에서 나타나고 있다고 말한다.

타키투스는 《웅변술에 대한 대화(Dialogue on Oratory)》에서 수사학의 쇠퇴에 대해 언급하고 있다.

"웅변술을 비롯한 여러 기예들이 고대의 영화 이래로 쇠퇴하고 있다는 것은 주지의 사실이다. 그 이유는 그것을 행하는 사람들이 부족해서 그런 것이 아니라 젊은 세대들의 게으름과 연장자들의 소홀함, 그리고 교사들의 무지와 옛날로부터의 도덕의 상실 탓이다. 이러한 악덕은 이탈리아의 영향을 받아 로마 내부에서 생겨난 것이며, 이제 전국으로 번져나가고 있다."

어떤 세대에 대해서도 좋은 점을 지적하여 사물을 긍정적으로 보려 했던 세네카조차도 로마 제국이 원수정치 속에서 자유를 상실했을 때부터 이미 옛시절로 진입했다는 점을 인정하지 않을 수 없었다(Div. inst., vii, 15).

과도한 욕망이 부른 결과

2세기의 역사가인 플로루스는 로마 민족의 발전을 사람의 성장과 비교하고 있다(i, 1).

"로마 민족을 사람이라고 보고 그 생활의 성장 과정 — 탄생과 성장, 절정기와 노년기 — 을 반영한다고 생각한다면, 우리는 그것이 4 단계로 구분되어 있음을 깨닫게 될 것이다. 첫 단계는 400년 동안 지속된 왕정으로, 그 기간 동안 로마는 주변의 이웃들과 다툼을 벌였다. 이 단계가 유아기다. 다음 단계는 브루투스와 콜라티누스로부터 아피우스 클라우디우스와 퀸투스 풀비우스에 이르기까지 약 150년간 계속된 집정관 통치 시대이다. 이 기간 동안 이탈리아가 정복되었다. 남성적인 활력과 패기가 충만했던 이 기간은 로마의 청년기라고 볼 수 있을 것이다. 다음 단계는 아우구스투스에 이르는 150년간으로, 이 동안 로마는 전 세계를 정복했다. 이 시기는 국가의 성년기의 초기 단계로, 말하자면 그 일생의 절정에 달한 시점이었다. 마지막으로 아우구스투스로부터 현재에 이르는 거의 200년에 달하는 시기는 황제들의 나태함이 제국을 노년기로 위축시켜 나가고 있는 단계이다."

플로루스는 또한 로마의 권력과 거대함 속에서 그 쇠퇴의 원인을 찾고 있기도 하다(i, 47 또는 iii, 12).

"아마도 로마는 그 자신의 권력을 버거워할 정도로 거대한 규모로 성장하기보다는 시실리와 아프리카 정도로 만족하거나, 아니면 그러한 지역도 없이 그저 이탈리아만을 다스리는 것이 더 좋았을지도 모른다. 그렇게 지나친 번영을 제외한다면 광기어린 내전의 원인이 될만한 것이 무엇이 있겠는가?

우리는 먼저 시칠리아 정복에 의해 붕괴되기 시작했으며, 이어서 아탈루스의 유산인 아시아 정복에 의해 손상을 입었다. 그로 인해 획득한 부와 권력은 도덕성의 뿌리에 타격을 가했으며, 국가를 악덕의 늪에 빠져들도록 했다. 노예로 이루어진 병단에서 나오는 병력의 풍부함이 없었다면, 노예 전쟁이 어떻게 일어났겠는가? 지나치게 사치스러운 생활이 오락거리로서 공연과 경기를 보여 주고, 심지어는 일종의 예술이라는 구실로 우리의 적들을 공개 처형하는 장면을 보여 줌으로써 평민들을 긁어모으지 않았다면, 검투사들이 그들의 주인에 대항하여 무장하게 된 원인은 과연 무엇이겠는가? 훨씬 더 소란스러워진 악행들을 생각해 보면, 우리가 쌓은 부에 의해 정치적 야심이 고무된 것이 아니겠는가? 그리하여 마리우스와 술라에 의해 폭풍이 야기되었던 것이다. 또한 값비싸고 성대한 연회와 아낌없는 금품의 증여는 가장 찬란했던 부를 빈곤으로 바꿔놓지 않았던가? 카틸리네를 그의 조국에 대하여 반역하도록 만들었던 것은 바로 그 빈곤이었다. 그리고 무엇보다도 제국의 유일한 지배자가 되겠다는 욕망을 만들어낸 것은 바로 과도한 부유함이 아닌가? 그렇다면 부유함이 카이사르와 폼페이우스를 결국 그들의 나라를 파괴한 분노의 횃불로 무장시켰던 것이다."

민족성과 전통의 문제

조시무스(Zosimus)도 동일한 문제에 대하여 서술하고 있다. 그는 호노리우스(Honorius) 시대에 활동한 역사학자였다. 그러나 그는 그리스도교인은 아니었으며, 국교의 오래된 독실한 신봉자였다. 그는 고트족과 반달족의 침략을 목격했으며, 제국의 몰락(혹은 그가 지칭했던 대로 로마에서 게르만으로의 권력 이동)을 조상의 신념에 대한 로마인들의 불성실의 결과라고 생각했다.

그의 서술은 그리스도교인들 사이에서는 인기를 끌지 못했으며, 학자들은 그의 저술을 이교도적 내용을 담고 있는 것으로 간주했다. 그러나 그의 저술들은 여러 가지 측면에서 볼 때 그리스도교적 사상과 당시의 여러 문헌들에 대해 중요한 보완 역할을 하고 있다. 로마의 쇠퇴에 대한 그의 견해는 특히 테오도시우스를 다룬 글에서 잘 나타나고 있다(iv, 59).

"원로원은 여전히 선조들의 전통을 고수하고 있었으므로 신들에 대한 모독을 승인하는 일에 찬동할 수 없었다. 테오도시우스는 원로원 회의를 소집했고, 그가 보기에 잘못이라고 생각되는 그들의 입장을 철회하고 그리스도교 신앙을 택하라고 설득하는 연설을 했다. 그것은 모든 죄악과 불경에 대한 용서를 의미하는 것이었다. 그러나 그의 연설을 듣고 마음을 바꾼 사람은 아무도 없었다. 로마의 기원으로부터 전해 내려온 전통을 버리고, 그리스도교인들의 바보 같은 교리를 기꺼이 선호하려는 사람은 아무도 없었던 것이다.

그들은 전통적 종교를 수호함으로써 로마를 1,200년 동안 외침으로부터 안전하게 지켜낼 수 있었지만, 옛부터 내려오는 신념을 새로운 것으로 바꾼다면, 앞으로 무슨 일이 벌어지게 될지 장담할 수 없을 거라고 말했다.

테오도시우스는 평민들은 제물을 바치고 종교적 의식을 위해 돈을 바치는 데 억눌려 있으며, 그러한 관심이 마음에 들지 않을 뿐만 아니라, 긴급한 군사적 문제가 더 많은 자금을 요구하고 있으므로, 평민들에게서 종교의 부담을 덜어주고 싶다고 답변했다.

원로원 의원들은 국가가 거룩한 의식을 위한 비용을 지불하지 않는다면 정식으로 치뤄지지 못할 것이라고 응답했음에도 불구하고, 제물에 관한 법률은 폐기되었으며, 그 결과 선조들의 전통은 방기되고 말았다.

그리고 그에 따라 로마 제국의 권세도 점차 다각화되었으며 야만인들의 본고장이 되어 갔다. 또는 그곳의 원주민들이 모두 사라지면서 한때 그곳의 어디에 도시들이 있었는지 아무도 그 경계를 알지 못하는 지경에 이르게 된 것이다."

다른 지면에서(ii, 7) 조시무스는 디오클레티아누스가 제례 의식을 소홀히 여긴 이후로 "제국은 서서히 쇠퇴해 갔으며, 야만 속으로 침몰해 갔다."고 말하고 있다.

정복에 대한 대가

우리는 그리스도교 계통의 필자들이 그와는 반대로 로마의 몰락, 또는 쇠퇴를 하느님의 의지가 실현된 것으로 항상 표현했다는 것을 잘 알고 있다. 이들 필자들 중에서 가장 중요하고 흥미를 끄는 사람을 예로 드는 것만으로도 충분할 것이다.

초기의 저술가인 미누키우스 펠릭스(Minucius Felix, 2세기 말), 아우구스티누스(4세기에서 5세기) 자신과 그의 제자인 역사학자 오로시우스 등을 꼽을 수 있다. 전적으로 그들만의 종교적 관점으로부터 로마인의 생활을 판단한 이들 저자들에 대해서 우리가 어떤 견해를 갖든지 간에, 우리는 여전히 그들로부터 가치 있는 교훈을 얻을 수 있을 것이다. 우리는 수많은 저명한 현대 학자들이 범하고 있는 잘못을 피하는 법을 배울 수 있으며, 로마 제국과 그 거대한 조직에 대한 이상화에 대해 거부할 수도 있다. 다른 사람들보다도 그리스도교 저술가들에 의해 한 가지 진실이 인식되었다. 로마 제국은 미누키우스가 말한 대로 "약탈자, 살인자, 범죄자들에 의해 건설되고 확장"된 것이 사실이다. 우리가 1권에서 로마인들의 잔인성에 대한 장에서 보여주려고 시도했던 것과 같은 주장이다.

아우구스티누스는 《신국론(On the City of God)》에서 좀더 깊이 있는 사고를 전개하고 있다. 그는 제국이 부정의와 범죄에 근거하고 있으며, 타락의 병균을 함유하고 있다는 것을 입증하기 위하여 다양한 보기를 제시한다. 전체 작품의 중심 사상이 다음 단락에서 가장 명쾌하게 표현되고 있다(iv, 33).

"하나님께서는 홀로 행복을 창조하시고 나누어주신다. 그분만이 유일하고 진정한 신이기 때문이다. 하나님은 선한 사람들과 악한 사람들에게 지상의 권력을 주신다. 그러나 무차별적으로, 말하자면 우연에 의해서가 아니라(그분은 하나님이시며, 따라서 단순한 운이 아니기

때문이다), 우리에게는 숨겨져 있지만 그분에게는 알려져 있는 시간
과 사건의 구도에 따라서 이루어지는 것이다. 그분은 이러한 구도에
따라 하인처럼 통제당하지 않는다. 그는 주인으로서 그것을 다스리
고, 정리하며, 통제한다. 그러나 그분은 오직 선한 사람에게만 행복을
주신다."

아우구스티누스는 이교도적이긴 하지만 위대한 선조들의 의견에
동의하며 다음과 같이 말했다.

"로마의 놀라운 업적에는 두 가지 근원이 있다. 자유와 명예에 대한
열정이 바로 그것이다."

그러나 그는 내가 보기에는 그의 역사 철학에 의해 이룩된 위대한
진보를 담고 있는 또 다른 생각을 품고 있었다. 그에게 있어서 로마
정책의 거대한 성공은 로마인들이 위대한 인간성을 지니고 있었다
는 증거가 결코 아니다. 그의 말대로 우리는 로마 제국이 정당한 전
쟁을 통해 항거했던 사람들을 부당하게 억압하면서 성장했다는 점
을 잊어서는 안 된다. 다시 말해서 로마의 권력 앞에 여러 민족들이
길을 열어 주었던 것은 그들에게 정복당하는 것이 훨씬 더 나빴기
때문이라는 것이다. 제국주의의 전반적 문제에 대한 아우구스티누
스의 생각은 오늘날에도 쉽게 이해될 수 있고 많은 흥미를 던져주
고 있다. 나는 여기서 그 일부 내용을 인용하고자 한다.

"다른 민족에 대한 전쟁과 정복은 악인들에게는 행복 그 자체인 것처

럼 보이지만, 선인들에게는 단지 어쩔 수 없는 필요한 일로 보일 뿐이다. 이러한 필요성을 행복이라고 부를 수도 있지만, 그것은 정의가 부정의에게 정복당한다면 상황이 훨씬 더 악화될 수 있기 때문에 그런 것이다. 그러나 의심할 여지 없이 좋은 이웃들과 조화를 이루며 살아가는 것은 나쁜 이웃들을 전쟁으로 정복하는 것보다 더 행복한 일이다. 정복할 적을 찾기 위해 공포 또는 증오의 대상이 되기를 원하는 자들은 오직 사악한 사람들뿐이다."

이것은 제국주의적 정책에 대한 진정한 그리스도교인의 평가이며, 그 속에서 그리스도교인들만이 감당할 수 있는 정치적 사상의 거대한 진전이 표현되고 있다. 아우구스티누스는 로마 제국이 영원할 것이라는 생각을 도저히 믿을 수 없었다. 독실한 그리스도교인이었던 그는 "천국과 지상이 사라져버리리라."는 성경 말씀을 확신했던 것이다.

아우구스티누스의 정신적 제자였던 그리스도교 역사가 오로시우스는 로마 몰락의 최초의 증상은 율리우스 카이사르의 살인이 벌어졌을 때부터 나타났다고 믿고 있다. 즉 이들 그리스도교 저술가들은 로마 그리스도교가 신앙이 없었던 로마의 계승자로서 세계의 역사를 규정해야 하는 과제를 떠맡아야 했다는 것이다. 그러한 과제는 새로운 기초, 즉 신의 의지에 따르는 기초에 근거하여 수행되어야 하기 때문이다. 이러한 관점은 게르만 침공 시기에 사람들에게 영향을 주었다. 즉 물질 세계에 대한 주도권은 침략자의 수중에 떨어지고 정신 세계에 대한 지도력은 그리스도교에 주어졌던 것이다.

그러나 이 책의 한계로 인해 더 이상 그것의 발전을 쫓아가 보는 것은 불가능하다.

여태까지 우리가 고찰한 결과는 다음과 같다. 많은 고대의 저술가들은 로마 제국 내부에서 모종의 내적인 변화가 작용하고 있음을 느꼈으며, 이러한 생각을 여러 가지 방식으로 표현했다. 그러나 그것은 정신적 측면에서 그리스도교가, 정치적 측면에서는 야만족들이 내부적으로 쇠퇴해 가는 로마 제국을 승계해나감에 따라 광범위한 믿음으로 자리잡기 시작했다.

전쟁에서 패한 시대적 요인

그러나 지금에조차도 우리는 로마 제국의 이러한 붕괴와 변화, 타락, 또는 혹시 있었을지도 모르는 발전의 원인이 대체 무엇인지 분명하게 알 수 없다. 특히 우리는 성생활의 타락이 차지하는 역할의 중요성에 대해 알지 못한다. 다시 말해서 우리는 성생활의 타락이 어떤 역할을 차지했는지조차 모르고 있다. 따라서 우리는 역사과정에 대한 모든 일반적 관념과 생활에 대한 철학들을 일단 접어두고자 한다. 우리가 가지고 있는 증거들을 좀더 객관적으로 사용하고, 그렇게 함으로써 이러한 발전을 주도했거나 영향을 미친 원인들의 일정한 징후를 찾으려 하는 것이다.

로마의 혈통은 매우 다양한 요소(아마 에트루리아 같은 이방인들의 피도 포함되어 있을 것이다)로 구성되었다고 말할 수 있다. 또한 그러한 기원을 지닌 민족은 때때로 정복을 하고 영토를 확장하려는 경향이 있다고 할 수 있다. 그러한 정복이 마침내 야심을 실현하고 결국에 가서는 그 자체만으로는 결코 완벽한 것이 아니기 때문에 결국 타락의 길로 접어들게 된다고 할 수 있다. 그러나 종족학적 문제는 상당히 다르다. 그러므로 나는 그 주제들을 여기에서 논의하지는 않겠다. 그럼에도 불구하고 로마가 카르타고와 그리스, 그리고 소아시아와 접촉을 하고 난 이후에 다양한 혈통이 이탈리아로 쏟아져 들어왔으며, 순수한 토착 혈통과 혼합되었다는 것은 분명한 사실이다. 그것은 고대의 이상과는 다른 절대적인 변화를 뜻하는 것이었다. 제국은 거대 귀족 가문들의 굳건한 결합 위에서 건설되었기 때문이다.

여기에 더하여 이탈리아의 가장 뛰어난 혈통은 지속적이고 야만적인 전쟁에 의해 끊임없이 잠식되었으며, 그러한 손실을 상쇄할 만한 것은 아무것도 없었다. 또한 노병들에 의한 식민지 제도의 정착은 인구 감소의 원인이 되었다. 식민지에 정착한 퇴역 군인들은 아마도 로마의 건전한 혈통을 대표하는 인물들은 아니었을 것이다. 공화국 말기에조차도 식민지에서 차지하는 순수한 로마인들의 비율은 매우 적었다. 제국이 공식적으로 종말에 이르기 이미 오래 전에 그들은 가뜩이나 적었던 순수한 혈통의 비율을 더욱 감소하도록 했던 변화와 이질적 혈통의 유입으로 인해 고통받았다.

우리는 앞에서 공화국 말기와 같은 이른 시기에 이미 로마의 전통적 가문들이 여러 세대에 걸쳐 자녀를 낳지 않는 현상이 늘어남으로써 인구의 감소로 인해 고통을 받았다고 말한 바 있다. 이것은 당시에도 매우 심각한 문제로 대두되었기 때문에 아우구스투스는 그에 대한 조치(결혼 관련 법안을 통하여)를 취할 수밖에 없었지만, 그의 대책은 그리 성공을 거두지 못했다.

A. D. 2세기 후반에는 전체 제국이 전염병에 의해 고통을 겪었다. 조시무스는 이에 대하여 다음과 같이 말하고 있다(i, 26).

> "모든 것을 파괴하는 전쟁과도 같은 위력으로 전염병은 도시와 시골 마을들을 똑같이 함락시켰으며, 인류의 생존자들을 파멸로 몰고 갔다. 그처럼 많은 사람들을 파탄으로 몰고 간 사건은 이전에 결코 일어난 적이 없었다."

이 진술은 250년 전후의 것이다. 조시무스는 268년에 다시 다음과 같이 말했다(i, 46).

> "침략적인 스키타이인들도 모두 전염병에 감염되었다. 그들 중 일부는 트라케에서 죽었으며, 일부는 마케도니아에서 숨을 거두었다. 그 전염병으로부터 벗어난 사람들은 로마의 기갑 병단에 입대하거나, 그들이 전심 전력을 다해 경작해왔던 땅에 정착했다. 그러자 로마 군단 내에서도 전염병이 발생했으며, 황제를 포함하여 수많은 사람들이 죽고 말았다."

전염병에 의해 인구가 감소한 지역들은 게르만 침공이라는 급박한 위험에 거의 아무런 대처를 할 수 없었다.

우리는 제국 시대 말기 동안의 로마 정책의 전반적 발전을 여기에서 추적할 수는 없다. 그것에 대해서는 어쨌든 역사에 관한 유명한 저술들을 통해서 충분할 정도로 재론되고 있다. 그러나 독자들에게 핵심적인 사실 몇 가지를 상기시켜 주는 정도는 여기에서도 허용될 수 있을 것이다.

A. D. 251년에 데키우스 황제는 동쪽으로부터 트라케와 소아시아에까지 진출했던 고트족에 맞서서 전투를 벌이게 되었다. 260년에는 라인과 라임스(라인의 전방) 사이에 있는 티스 지역 일대가 알레마니족에게 함락당했다. 이 시기에 수천 명에 달하는 평화적인 게르만족 이주자들이 로마의 영토로 스며들어왔다. 그들은 식민지의 주민(coloni)이 되어 제국 안에 정착했으며, 병사가 되어 전방을 방어하는 임무를 수행했다. 그들 중의 대다수는 로마 군대와 협력 관계를 유지했다. 라인과 모젤에서 포도 재배를 장려했던 사람인 프로부스(276-82년)와 다른 황제들은 위와 같은 방법에 의해 군대를 개선하고 위력을 증강시키려는 시도를 했다. 당시의 위정자들이 그러한 조치의 중요성을 조금이라도 인식하고 있었던 것은 분명하다.

콘스탄티누스 치하(306-337년)에서 이 정책은 좀더 발전되었다. 고트족에 의해 심한 압박을 받고 있던 반달족이 유럽 방면으로 진출하는 것을 허용해달라고 호소하자 콘스탄티누스는 그들을 판노니아에 정착하도록 했다.

몽고족이 훈족에게 서쪽으로 압박해 들어가라는 명령을 내리게 됨에 따라 그곳은 요충지가 되었다(c. 375). 로마와 게르만 사이의 긴 전쟁의 마지막 단계가 시작되었다. 훈족에 의해 압박을 받던 서부의 고트족들도 황제에게 동일한 청원을 했다. 발렌스는 그들이 다뉴브 강을 건너도 좋다고 허락했다. 그 뒤, 얼마 지나지 않아 로마 관리들은 그들을 잘못 다루었고, 그들은 곧 그에 반발하여 무장했다. 로마 군단은 아드리아노플에서 커다란 패배를 당했으며, 발렌스 자신도 그 전투에서 전사하고 말았다. 그러나 제국은 테오도시우스에 의해서 다시 한번 재건되었다(물론 그리스도교는 콘스탄티누스 시대 이래로 국교가 되어 있었다). 테오도시우스는 고트족과 연합하여 그들을 로마의 방패막이로 삼았으며, 고트족에게 로마의 군대와 합류하여 장교의 지위를 차지할 수 있도록 허용함으로써 종족간의 융화를 꾀했다. 그러나 그가 죽고 난 뒤에, 제국은 동로마와 서로마로 분열되었다. 명목상으로는 테오도시우스의 아들들인 아르카디우스와 호노리우스에 의해 통치되었으나, 실제로는 게르만족 출신 장군들인 알라리크와 스틸리코가 실권을 장악하고 있었다.

그들이 전쟁을 치르는 동안, B. C. 387년의 갈리아 침공 이후로 한번도 일어난 적이 없었던 사건이 일어났다. 로마가 적에게 패배하여 함락당했던 것이다. 서고트의 알라리크는 A. D. 410년에 로마를 점령했다. 조시무스의 글에 따르면, 그 점령 기간 동안도 도시에서는 여전히 대중적인 오락 경기들이 벌어졌다고 한다.

혈통이 다른 게르만 종족들은 제국의 다른 지방들을 점령했다. 반달족은 북아프리카에서 자신들의 왕국을 건설했으며, 프랑크족은 벨지움에서, 앵글로 색슨족은 브리튼에서 나라를 세웠다. 그러나 로마에게 가장 위험한 적은 사나운 아틸라의 지휘 하에 이미 갈리아인들을 습격한 적이 있었던 훈족이었다. 활기가 넘치던 서고트족과 아이티우스 치하에 있던 로마인들과 협력에 의해서만이 그들의 진출을 저지할 수 있었다.

그리하여 451년에 그 유명한 칼론스의 피로 얼룩진 전투가 벌어졌다. 그러나 그 전투도 운명적 행군의 방향을 궁극적으로 가로막을 수는 없었다. 455년에 반달족은 바다로부터 로마로 쳐들어와서 2주일 동안 도시를 유린했다. 그리고 마침내 열여섯 살짜리 황제 로물루스(조롱하는 의미로 아우구스툴루스라고 불리기도 했다)까지도 게르만의 군대가 그들의 지도자로 선출한 오도아케르에게 정복당하고 말았다. 이 사건은 476년에 일어났다. 이 사건은 대개 수세기에 걸친 복잡한 역사적 사건에서 "서로마 제국의 멸망"이라고 명명됨으로써 독자적인 위치를 차지한다.

그 이후로 서로마는 호전적인 게르만 민족의 전쟁터이자 전리품이 되어버렸다. 우리가 아는 바와 같이, 동로마 제국은 그 이후로 몇 세기를 더 잔존했다. 때로는 그들이 서양에 대한 지배권을 주장하기도 하지만, 그러한 주장은 결코 오래 지속될 수 없었다. 진정한 로마 민족으로 구성된 제국으로서의 서구는 영원히 사라져 버리고 말았던 것이다.

우리가 이상에서 서술한 로마의 외적인 정치적 관계는 제국의 종말에 일정한 요인으로 작용했다. 그러나 전적으로 그것에만 책임이 있는 것은 아니다. 역사에서는 그 어떤 결정적 변화에 대해 단 하나의 원인만 존재하는 경우는 결코 없는 법이다. 로마 제국의 몰락을 초래할 정도로 거대한 변화의 가장 먼 원인과 충분한 의미를 우리가 이해하는 것이 과연 가능한 것인지 나는 감히 의문을 품지 않을 수 없다. 언제나 우리의 사고로부터 숨겨져 있는 비이성적 요소가 있으며, 그것은 늘 숨겨진 채로 남아 있게 마련이다. 우리의 연구뿐만 아니라, 역사에 있어서도 우리는 괴테가 말한, "최초의 현상(First Phenomena)", 즉 우리가 그 존재는 알 수 있지만 그 본질에 대해서는 결코 이해할 수 없다는 것에 대해 생각해야 한다. 우리는 여기에서 편견 없는 연구를 통해 이해될 수 있고 인식될 수 있는 여러 원인들을 알아 보는 것으로 만족해야 할 것이다.

경제상의 모순과 한계

예를 들어 우리가 논의하고 있는 변화에 있어서 경제적 요소는 매우 중요한 비중을 차지하고 있지만, 여기에서는 소홀히 다뤄질 수밖에 없다. 내가 아는 한, 전반적인 문제는 막스 베버(Max Weber)의 뛰어난 논문 〈고대 문명 몰락의 사회적 원인(The Social Causes of the Decline of Ancient Civilization)〉[《사회경제사 논문 선집(Collected Papers on Social and Economic History)》이라는 이름으로 1924년에 출간된 책에 수록되어 있음]에서 최초로 설명되고 있다. 모든 고전적 학자들은 세심한 주의를 기울여 쓰여진 이 걸출한 저술의 연구에 큰 빚을 지고 있다. 물론 베버의 논문을 충분히 분석하는 것은 이 책의 영역을 벗어나는 일이므로 우리는 타당하다고 믿을 수 있는 결론 부분만을 인용하겠다.

베버에 따르면 고대 문명의 발전 경로는 다음과 같다.

고대 문명은 애초에는 도시 문명이었다. 도시는 그 자체에서 생산한 것들을 소비했다. 연안 도시를 제외하면 교역 활동은 전혀 없었다. 예외적인 교역은 주로 값비싼 물건들에 국한되었으며, 일용품은 거의 없었다. 그리하여 보다 고도화된 문명 형태는 연안 도시들에서만 발흥하게 되었던 것이다. 그러한 문명은 궁극적으로 노예 노동에 기초하고 있었으며, 끊임없는 대규모 전쟁을 통한 막대한 양의 노예 공급이 없이는 불가능한 것이었다. "고대의 전쟁은 노예 시장에 꾸준히 물건을 공급했으며, 강압적으로 노동력을 이용하고 방대한 인구의 축적을 가능하도록 했다."

따라서 노예 시장은 이러한 문명이 존재하기 위한 '필요 조건'이었다. 노예의 공급이 고갈된다면, 문명에 미치는 그 효과는 "석탄 채굴의 고갈이 용광로에 미치는 영향"과 동일한 것이다. 마침내 티베리우스가 라인에서 팽창 전쟁을 멈추자, 그와 같은 일이 벌어지고 말았다. 노예 시장에 남자와 여자들의 공급이 끊어지자 즉시 광범위한 노동력 결핍 현상이 나타났다. 노예 노동에 의해 이루어지던 거대한 농장 경작은 점차 쇠퇴하기 시작했다. 노예들의 막사는 장원의 영주를 섬기는 농노들의 정착지로 바뀌었다. 즉, 자연 경제에 광범위한 변화가 일어난 것이다. 베버는 다음과 같은 말로 그의 논문을 끝맺고 있다.

"문명은 농촌적인 것이 되었고 고대의 경제적 발전은 완벽하게 순환적인 것이 되었다. 모든 면에 있어서 그것의 정신적 성취는 흔적도 없이 사라져 버렸다. 교역이 사라지자 영화롭고 거대하던 도시들도 사라졌으며, 도시를 기반으로 한 예술, 문학, 과학, 그리고 발전된 상법 등 모든 정신적으로 세련된 성취도 사라져 버리고 말았다. 그리고 장원에서는 서정 시인과 음유 시인들의 노래의 반향도 더 이상 남아 있지 않았다."

그러나 그러한 변화에도 일정한 위안거리가 있었으니, 그것은 기본적으로 보다 나은 미래를 지향하는 것이었다.

"농노와 노예들은 가족과 재산에 대한 권리를 회복했다. 그들은 점차 '말하는 도구'의 위치에서 진정한 인간성을 가진 존재로 격상했다. 그들의 가족 생활은 엄격한 도덕적 생활을 강조하는 그리스도교의 점증하는 권위에 지배되었다. 문화적이면서 세련된 귀족들은 야만 문화로 복귀하고 말았다."

내가 보기에는 충분한 근거를 가지고 있는 이러한 설명에 따르면, 고대 문명은 정복자와 약탈자들로 이루어진 소수 계급의 쾌락과 이득만을 얻으려 했으며, 노예를 다루는 방법 이외에는 군중을 이용하는 방법을 몰랐기 때문에 몰락했다는 것이다. 그러나 베버는, "하층 계급의 사치나 부도덕" 또는 "여인들의 타락과 지배 계급 사이에서 나타난 결혼이라는 결합의 이완이 고대 문명을 파괴했다. 그 문명은 개인적 죄악보다는 좀더 중요한 요인에 의해 파괴당한 것이다."라는 보편적 견해를 거부한다.

종교와 정치 간의 괴리

고대 문명의 몰락이 순수하게 경제적 원인에 의해서 비롯되었다는 것뿐만 아니라, 대개 "그리스도교의 발흥"으로 요약되는 정신적 원인에도 있었다는 것은 의심할 수 없는 사실이다. 삶에 대한 종교적 요구에 의해 낡은 국가가 보존될 수는 없었다. 그 종교는 국가를 통제하는 제국과 원수 정치를 비난했을 뿐만 아니라, 인간적 생활 속에서 현존하는 조직에 대한 반대로서 이 세상을 갈아엎는 새로운, 거의 금욕적인 이상을 설정했다.

우리는 이러한 원리의 진정한 본질을 깨달을 수 있도록 해 주는 몇 가지 두드러지는 특징을 보게 될 것이다. 그것은 로마에 오랫동안 결핍되어 왔던 이상—그 자체의 인간적 가치를 주장하는 것이었다.

따라서 "선한 사람들뿐만 아니라 악인들을 위해서도 해가 뜨게 하시고, 정의뿐만 아니라 불의를 위해서도 비를 내리시는" 것과 같은 은혜를 베푸시며 선과 악, 정의와 불의 사이에 구분을 두지 않았던 조물주를 닮아야 한다. 이러한 하느님만이 주인이고 여호와인 것이다. 그분 앞에서 '모든' 사람은 형제다. 그들은 서로를 돕고, 서로의 짐을 나누어지며, 서로를 사랑하기 위해 존재한다. 또한 다른 사람을 용서하고 고통을 감내해야 하며, 그에게 자비를 베풀고, 비록 그가 원수일지라도 선의로 대해 주어야 한다. 고도의 정신적 목표를 갖는 이러한 새로운 세상에서는 모든 부귀와 권력, 세속의 사치는 아무런 의미를 갖지 못한다. 다만 그것이 재산을 지니지 못한 동료들을 돕기 위하여 사용되는 경우만은 예외이다. 그러한 세계에서 가장 높은 존재는 권력을 쥐고 있는 사람이 아니라 다른 사람들을 섬기고 스스로를 겸손하게 낮추는 사람이다.

그리고 상처를 받았다고 해서 복수를 해서는 안 된다. 오른뺨을 치면 왼뺨을 내밀어야 한다. 재산은 아무런 중요성도 지니지 못한다. 추위에 떠는 자에게는 하나뿐인 외투라도 벗어주어야 한다. 우리는 하느님처럼 진력하며 살아야 한다. 그러나 하느님은 시기심 많고 복수심에 불타는 유대의 신이 아니며, 인간적 나약함과 욕망이 개재되어 있는 옛 신화 속의 일개 신상도 아니며, 온갖 죄악과 음욕을 일삼고 있는 로마의 황제도 아니고, 냉정하고 온기 없는 철학적 이상을 지니고 있는 분도 아니다. 하느님은 아버지, 인류의 사랑스러운 아버지이신 것이다. 그는 그의 자녀들이 그의 사랑의 품으로부터 벗어나 오랫동안 방황하다 돌아온 뒤에도 기꺼이 받아들이는 분이시다.

그러한 생각은 새로운 복음이었다. 그 자체만으로도 볼 때 그것은 어쩌면 인간의 마음속에서 이미 표출된, 언제나 준비가 되어 있었던 단순하고 순수한 인간성에 대한 선언에 다름아닐지도 모른다. 그러나 그 당시까지는 그러한 메시지라도 그렇게 직설적이고 명쾌하게 제시된 적이 결코 없었다. 우리의 목적에 비춰 볼 때 이러한 심오한 사상이, 적어도 그 일부분이나마 역사적 인물인 예수에 의해 발언되었는지(나는 그렇다고 믿고 싶지만) 알아보는 것은 그리 중요한 일이 아니며 오히려 지나친 일이 될 것이다. 또는 많은 학자들이 믿고 있듯이 "공중으로 들어올림(승천)"이 있었으며, 로마인들의 사디즘이 주는 공포와 폭력, 그리고 광기에 대한 자연스러운 반발로서 여러 가지 부수물들이 발달했다는 것도 여기서는 중요한 일은 아니다. 우리로서는 이러한 새로운 교리가 존재했다는 것, 즉 인생에 대한 새로운 태도와 생활과 그것이 주는 공포에 대한 내면적 정복의 자세가 분명히 존재했다는 것을 아는 것만으로도 충분할 것이다.

이쯤에서 새로운 복음을 통하여 로마 국가와 그 이상은 부인되고 거부되었다는 사실을 굳이 강조할 필요는 없을 것이다. 예를 들어, 니체는(그는 말년에는 그리스도교적 성향을 거의 지니지 않았다) 그의 글 《반그리스도(Antichrist)》에서 다음과 같이 쓰고 있다 (Works, viii, 305).

> "그들 거룩한 무정부주의자들은 '세상', 즉 로마 제국을 파괴하고 돌멩이 하나라도 남지 않을 때까지 그 흔적을 지워 버리는 것을 신성한 행동으로 만들어 버렸다. 그러나 결국 게르만족과 다른 시골뜨기들이 그 위에 군림하는 군주가 되었다."

그러나 니체는 한 가지 사실을 놓치고 있다. 원래의 복음에는 제국이나 그 밖의 그 무엇에 대한 파괴라는 말은 한 마디도 거론되지 않고 있다는 사실이다. 그러나 전체 제국(고대 제국뿐만 아니라 현대적인 제국들까지도)은 단 한 마디 말 속에서 전혀 중요하지 않은 존재로 묘사되고 있다. "나의 왕국은 이 세상의 것이 아니다."라는 말은 "나의 왕국은 구름 위에 두둥실 떠 있는 나라 또는 유토피아다."라는 뜻이 아니다. 이 말은 "나의 왕국은 사랑과 도덕, 그리고 영혼의 왕국이며, 이러한 것들에 의해 영감을 받는 모든 사람들의 마음속에 살아 있는 왕국이다."라는 의미를 지닌다.

니체의 다른 글에는 무엇을 진정한 그리스도교라고 불러야 할 것인가에 대한 빼어난 진실한 이해가 포함되어 있다. 따라서 우리는 여기에서 그 일부를 인용해 보지 않을 수 없다[1921년 브란에서 편집된 《권력 의지(The Will to Power)》에 나오는 글이다]

"예수는 직접적으로 이상적 상황, 즉 인간의 마음속에 있는 천국을 목표로 했다. 그는 유대 교회의 교리를 준수한다는 조건 속에서는 그에 이르는 수단을 찾지 못했다. 이상적인 그리스도교 신자의 생활은 사랑과 겸손, 가장 비천한 자에게도 마음을 닫지 않는 깊이 있는 감정, 한 사람만을 방어하기 위해 그의 권리에 대한 끈질긴 주장이나, 개인적 승리가 뒤따르는 정복에 대한 단호한 거부, 빈곤과 억압, 죽음에도 불구하고 지상의 삶에서 행복을 구할 수 있다는 신념, 분노와 저주를 삭일 수 있는 용서하는 마음가짐, 보상을 받거나 누군가의 채권자가 되는 것에 대한 거부 등으로 이루어져야 한다. 그것은 영혼과 종교의 주인이 없는 생활로, 청빈과 봉사에 대한 의지가 충만한 자부심이 넘치는 생활이다.

십자가 위의 강도.

그는 고통스럽게 죽어가면서도 이렇게 마음먹었다.

'이 예수라는 사람처럼 반발심이나 적개심 없이 순종적으로 고통받으며 죽어가는 것—이것만이 유일하게 옳다.'

그렇게 그는 복음을 받아들였고 결국 천국에 거하게 됐다."

따라서 니체는 예수의 가르침의 핵심은 으뜸이면서도 영원한 생활의 규칙이라고 여겼다. 그러나 인생에 대한 이러한 새로운 관점(참으로 단순하면서도 혁명적인 생활)과 생활에 대한 우리의 태도, 그리고 동족들을 바라보는 우리의 시각에 대한 복음 또는 새로운 소식은 그것을 전해 들은 어린아이처럼 단순한 사람들에게 그대로 계승되지는 않았다. 대신에 그것은 그리스의 철학과 헬레니즘과 로마 문명의 세련된 영향 속에서 원시적 소박성을 오랫동안 상실하고 있었던 사람들에게 전달되었다. 그리고 이러한 방향의 오도는 세계 역사에 있어서 가장 큰 비극 중 하나였다.

그로 인해서 복음을 새로 전해 들은 사람들은 그것이 너무나 복잡해서, 그것이 담고 있는 어휘와 문장의 의미를 파악하기 위해서는 상당한 논쟁을 겪어야 하는 철학과 신학의 체계로 정련해냈던 것이다. 그러한 논쟁은 여러 세기에 걸쳐 계속되었으며, 어떤 경우에 있어서는 오늘날까지도 이어지고 있다. 그것이 논쟁자들에게 미친 영향은 그들로 하여금 예수가 진정으로 의미하고자 했던 바를 전적으로 잊어버리게 만들었다. 우리는 이와 관련하여 니체가 강경하게 말한 바를 기억해야만 한다.

"교회는 예수가 말씀한 것에 대해 정확하게 반대되는 곳이며, 그가 그의 제자들에게 맞서 싸우라고 가르쳤던 곳이다. 본질적인 의미에서 그리스도인다운 것은 진실로 반그리스도교적인 것이다. 그것은 상징이 아니라 단순한 사람과 사물이며, 영원한 진리가 아니라 단순한 역사이고, 생활의 규율과 실천이 아니라 형식과 제례와 교조에 불과할 뿐이다. 도그마, 우상 숭배, 사제들, 신학 따위와 절대로 다르지 않은 것, 그것이 바로 그리스도교적인 것이다!

하늘의 왕국은 마음의 상태이지(아이들의 마음과 같은 상태를 하늘의 왕국이라고들 한다), 결코 지상 위의 어떤 것이 아니다. 하느님의 왕국은 역사적 견지에서 연대기적으로 실현되는 것이 아니며, 달력 속의 일정한 기간으로 설정될 수 있는 것도 아니다. 그런 점에서 어제는 이곳에 없었지만 오늘은 이곳에 존재하는 왕국이다. 하느님의 왕국은 각 개인의 마음의 변화로부터 오는 것이니, 언제나 마음속에 와 있으며 또한 올 수 있는 존재다."

이것이 예수의 진정한 가르침이라는 것이다. 나는 예수의 가장 오래 된 추종자들 중에는 이러한 가르침에 따라서 생활했던 사람이 아주 많이 있었을 것이라고 확신한다. 그러나 그러한 가르침이 점점 널리 퍼질수록, 당시의 소위 교육받았다는 식자층이 그 가르침으로부터 흥미를 구하기 시작했다(단순히 그것에 따라 생활하는 것이 아니라). 그에 따라 이질적인 요소의 직물들이 그것을 더 빡빡하게 에워싸면서 직조되어 들어오기 시작했으며, 결국 그 핵심적 교리는 담쟁이 넝쿨처럼 정적인 것으로 고착되어 버리고 말았다. 마침내 그리스도교의 체계는 원래의 진리와 새로 유입된 요소들, 즉 그리스 철학, 신비주의, 그리고 내외의 여러 민족들의 수없이 많은 관습들이 뒤섞여 어우러진 오가잡탕이 되어 버리고 말았다. 제국의 막바지에 이르러 공식적인 국교로 채택된 것은 바로 이와 같은 모습의 그리스도교였다. 그리하여 그리스도교는 권력과 운명적인 결합을 하게 되는 것이다. 그러한 모습은 애초부터 예수가 뜻하고 가르쳤던 것과 정면으로 대립하는 것이었다.

우리는 여기에서 그것의 발전 경로를 더 이상 따라가 볼 수는 없으며 그래서도 안 된다. 우리의 목적은 진정한 그리스도교적 이상은 로마 제국과 같은 강력한 권력과는 결합될 수 없었던 것이며, 그 국가의 구조를 기초부터 허물어뜨리고 형해화시키는 원인으로 일정하게 작용했다는 것을 가능한 한 입증하는 데 있다.

풀리지 않는 의문

이러한 붕괴의 여러 가지 원인들 중 제국의 행정과 조직의 부패를 과소평가해서는 안 된다는 견해가 일부 필자들에 의해 견지되고 있다[특히 페레로의 《고대 문명의 쇠퇴(The Decline of Ancient Civilization)》가 그러한 태도를 취하고 있다]. 페레로는 원로원 의원인 알렉산더 세베루스가 모든 권력을 잃고 난 이후로 군사력에 의해 권력을 얻게 된 황제와 군부가 독단을 행할 수 있게 되었다고 믿고 있다. '좋은' 황제들—베스파시아누스에서 마르쿠스 아우렐리우스에 이르는—은 원로원과의 적극적인 협력 관계 속에서 통치를 했다. 또한 그는 그렇게 하는 것이 전체 제국을 위해 이득이 되었다고 보고 있다.

그는 다음과 같이 기술한다.

"귀족들이 세계의 운명을 통제했던 세기는 경제적 번영의 도괴로 얼룩졌다. 원로원과 황제 모두 존경을 받았고 백성들의 복종을 이끌어냈으며, 원수정치가 시행된 초기 2세기 동안 군주제의 확립을 보고자 했던 역사 서술가들에 의해 미화되었던 권위들 사이에는 아무런 논쟁이나 갈등이 없었다."

그러나 페레로는 "내부적 고갈"에서 비롯된 "점증적 타락"이라는 것을 제외하고는, 제국에 그토록 이득이 되었던 정치 체제가 왜 좀 더 오랫동안 지속되지 못했는지에 대한 합당한 이유를 아무것도 제시하지 못했다. 그는 결국 "모든 인간과 민족들은 도덕률 앞에서 동등하다는 기본적 가설"을 전제로 하고 있는 스토아 철학과 그리스도교의 교리가 "귀족주의와 민족주의 원리의 갑옷"을 깨뜨리고 들어오게 되었다고 설명한다.

그렇다면 페레로는 그의 다른 저술들에서 내리고 있는 가설처럼 조직의 이완이 제국의 몰락의 강력한 원인이 될 수는 없었다는 것을 인정하지 않을 수 없게 된다. 그가 인용한 모든 원인들은 거창한 결과들과 뚜렷하게 관련되어 있어야 한다. 그러나 그것들은 결코 중요한 원인이 아니었으며, 수많은 비용과 필수불가결하게 과중한 세금이 필요했던 디오클레티아누스 시대의 관료제 이상으로 경제생활을 무기력하게 하는 데 보탬이 되지는 않았다. 우리가 서술했던 일련의 상황은 위에서 언급한 모든 원인들이, 개별적으로가 아니라 집합적으로 작용한 결과인 것이다.

그렇다면 이제 우리는 도대체 로마의 도덕적 타락(또는 새로운 발전일 수도 있겠지만)의 결과가 무엇이었는가라는 질문을 던져 볼 수 있겠다. 확실히 그것은 아우구스티누스의 설명을 따르는 많은 역사가들이 긍정하는 것처럼 그렇게 중요한 문제는 아니다. 반대로 로마인들은 그들이 사는 세상의 변화에 따라 사랑과 결혼, 성생활에 대한 그들의 태도를 바꾸었다는 주장이 진실인 것처럼 보이기도 한다. 남성의 생활에서 기본적인 것처럼 보이던 모든 것들이 불안정하고 의심스러운 것들이 되어버릴 때, 그의 성생활 또한 상궤를 벗어나기 십상이다.

반대로 예수의 가르침에서 삶과 인간에 대한 새로운 태도를 구한 사람은 사랑에 대해서도 새로운 가치와 견해를 배우게 된다. 그리고 그러한 변화는 타락과는 거리가 멀다. 그렇다면 우리는 고대 문명이 그 자체의 부도덕성으로 인해 패망했다고 말하는 것은 진실이 아님을 알게 된다. 일반적으로는 고대 세계의 쇠퇴라고 알려져 있는 몰락과 변이의 진정한 원인들은 전혀 다른 성질을 지니며 인간 생활의 다른 측면에 속하는 문제인 것이다.

결 론

고대 로마인들의 문명과 내면적 인간 생활에 대하여 서술하는 이와 같은 저서에서는 저자의 생활 철학이 밝고 다양한 색상을 사용한 그림의 배경처럼 부단히 드러나야만 한다. 물론 독자들은 저술 의도를 명확히 알기 위해서 고대 생활에 대한 저자의 일반적 태도를 기본적으로 숙지해야 한다. 또한 저자의 일반적인 생활상의 제반 문제에 대한 태도에 대해서도 사전 지식이 있어야 한다. 그러한 문제를 숨기려는 어떠한 시도가 있다면 그것은 살아 있는 작품이 아니라 단순한 자료들의 무미건조한 수집에 불과할 뿐이다. 그러한 책은 원본의 원문 그대로의 문장들을 선택하여 번역했다는 것 이상의 의미는 없다.

사실 이 책의 필자도 자신의 전망을 숨기려고 하지는 않았다. 이러한 책자는 일종의 신앙 고백의 성격을 지니고 있기 때문이다. 우리는 이미 앞에서 '객관적'으로 서술하지 못한다고 유죄를 시인하면서도 역사에 대한 그 어떤 책도 절대적으로 객관적일 수는 없다고 답변할 것이라고 밝힌 바 있다.

궁극적으로 역사적 상황과 심지어는 사실조차도 인간에 의해 가치를 부여받게 된다. 그리고 그러한 가치는 타키투스나 수에토니우스, 또는 현대의 역사가 등등 어느 누구에 의해 부여되었는가에 따라서 다양한 차이를 보인다. 이 책을 통해서 밝혀지는 증거에 대한 평가는 우리 자신의 주관적 관점을 반영한다. 그러니 독자들 앞에 그 관점을 밝히는 것이 타당한 일일 것이며 또한 바람직한 일이라고 본다. 이미 말했듯이 애초에 관점을 숨기는 것이 불가능하다면 말이다. 어떤 저자가 아무리 객관적이라고 해도, 고대 문명과 로마 제국, 제국주의의 이상형 등등에 접근해 나가다 보면 자신의 개인적 소신을 버리게 마련이다.

우리는 니체의 《아포리즘(Aphorisms)》이나 고대 사회를 다룬 그 어떤 위대한 저술들도 원래의 주제 자체보다는 필자에 대하여 좀더 많은 것을 밝혀주고 있다고 할 수도 있다. 그러나 나는 이 문제에 대해 반대하고 싶지는 않다. 그것은, 의문을 품고 있는 저자들이 고대 문명을 건조한 학문적 자료로 바라보고 있는 것이 아니라 그것을 거부하거나 혹은 자료로 받아들이기 위하여 씨름해야 하는 살아 있는 대상으로 바라보고 있다는 증거이기 때문이다. 요컨대 고대 문명이 저자 자신의 생활 철학의 일부가 되어 그들과 연계되어 있는 것이다. 학자들과 역사가들은 이러한 주장에 대해 고개를 가로 저을지 모른다. 그러나 니체는 고개를 가로젓는 것에 대해서 아무런 어려움도 느끼지 않았다. 왕이 궁전을 지을 때면 짐마차꾼은 언제나 바쁘게 마련이다. 말할 필요도 없이 이 책을 니체와 같이 위대한 정신을 소유한 사람의 저술과 비교하는 것은 지나친 일이라고 생각한다. 그러나 그의 사례는 우리의 의도, 즉 우리의 앞길에 조금이라도 빛을 밝혀 주기 위하여 역사의 일부를 이해하고자 하는 우리의 목적을 보여 주기에 충분할 것 같다.

이러한 이유로 인해서 저자 자신이 그가 쓴 책의 배경에 대하여 설명을 하고, 인생에 대한 그의 일반적 전망과 그의 의도와 관련된 지식들을 설명하는 것은 올바른 과정이라 할 수 있을 것이다. 그렇지 않다면, 그와 관련된 일부 내용들(예컨대, 로마의 몰락과 그 원인을 다룬 장이나 1권에서 종교와 성생활 그리고 철학과 성생활을 다룬 장)은 필자의 의도보다 이해하기가 어려워질 것이다.

현대의 도덕주의자들은 오늘날의 남성들이 "공허한 영원성 속에 뿌리 없이 서 있다."고 불평하고 있다. 살아가면서 느끼게 되는 그러한 허망함과 소외의 감정은 많은 사람들이 자신의 발밑을 안전하게 받혀줄 수 있는 든든한 기반과 든든한 반석을 찾아 헤매는 것에서 잘 나타나고 있다. 그 누구도 이러한 불안정하고 경황 없는 존재의 기원과 목적지를 알지 못한다. 현재 당면하고 있는 세계의 미스테리들은 우리에게 더욱 커다란 행복도 더욱 깊은 지식도 가져다 주지 못하는 발명과 발견에 의해 풀려나가고 있다.

불확실성, 무목적성, 무결단, 권태 등등은 현대 세계, 신이 존재하지 않는 이 공허한 '문명' 세계의 조건을 이루고 있다. 그리하여 인간은 교육에서 경제에 이르기까지, 심지어는 식이요법이나 종교에 이르기까지, 생활의 모든 국면에서 언제나 무언가 새로운 것을 추구하고 있다. 그것이 도덕주의자들이 그리는 세계의 모습이며, 각 개인들이 저마다 다르게 반응하고 있는 세계의 삽화이다. 빵과 유흥을 요구하는 대중들의 목소리가 점점 커져가고 있는 동안, 식자층 사람은 그들이 야만의 침공에 저항하여 문명을 지키는 마지막 보루라도 되는 듯이 개탄을 금치 못하고 있다.

그러나 우리의 부초 같은 인생의 무감각한 부산스러움에 의해 영혼이 물들지 않은 진정한 철학자는 그의 주위를 출렁이며 미친 듯이 소용돌이 치는 바다를 차분하게 응시하며 당당하게 서 있을 뿐이다. 그는 웃고 있다. 냉소하듯이? 아니면 우스꽝스럽게? 혹은 스스로 격랑과 굴레를 뒤집어쓰고 있는 동시대인들에 대하여 깊은 동정심을 지닌 채, 그는 올려다보고 있다. 그의 위에서는 영원한 태양이 불타고 있고, 영원의 바람이 그의 머리카락을 흩날린다. 그러나 그의 발은 거칠게 성을 내는 바다에 놓여 있다. 그 바다는 영원히 휘몰아치고 광폭하게 굴 것인가? 그렇지 않다. 바람이 가라앉고 폭풍우가 잠잠해지면, 마침내 평화가 깃들게 될 것이며, 태양은 파도 없이 잔잔한 푸른 수면 위에 그 모습을 드러내게 될 것이다.

그러나 그러한 평화는 영원히 지속되지 않는다. 폭풍은 자꾸만 되풀될 것이며, 원소들이 융합하고 반발하듯 파도는 기승을 부릴 것이다. 다가올 세상, 또한 흘러가 버린 세상에는 휴식이 없다. 그러나 침묵을 지키고 있는 사상가는 모든 폭풍을 지켜보면서, 화를 내거나, 놀라거나, 또는 슬픔에 잠겨 날뛰거나, 고요하게 그저 미소를 지을 뿐이다. 어쩌면 그는 괴테의 라인세우스처럼 "뜻대로 내버려두어라, 그것이 아름답지 않은가!"라고 외칠지도 모른다. 라인세우스는 또한 그의 망대 위에서 그리 자주 인용되지 않는 "세상의 어둠으로부터 그 어떤 두려운 공포가 나를 마주 대하고 있는가?"라는 말을 외치고 있다.

그리고 그는 연기와 불꽃 속으로 사라져버린 늙은 빌레몬과 바우키스의 행복을 맛보게 된다. 그것은 우리가 마음속에 간직하고 있는 하나의 상징이다. 오늘날에는 그러한 은둔 생활의 행복이 연기 속으로 사라지는 경우가 너무 자주 되풀이된다. 행복에 겨워하던 선남선녀들이 죽음이나 파탄에 이르고 있다. 오늘날? 단지 오늘만이 아니라 영원히 그러하며, 인간이 살아가면서 행복을 추구하는 모든 곳에서 그러하다.

우리는 아직 쇼펜하우어의 비판에 잠긴 목소리에 귀기울여 봄직하다. 그는 우리에게 어둠을 뚫고 길을 보여주고 있다.

"단 한 가지 선천적으로 타고난 잘못이 있다면 그것은 우리가 행복해지기 위해 이 땅에 존재한다는 믿음이다. 그 믿음은 우리 자신의 삶과 직결되어 있고, 우리의 전반적 존재는 그것의 메아리이며 우리의 몸체는 그것의 낙인으로 규정되어 있기 때문에 선천적이라고 하는 것이다. 그것은 우리의 삶의 의지 그 자체에 지나지 않는다. 우리의 의지의 반복되는 만족은 행복에 대한 생각에 있어서 우리가 상상하고 있는 바로 그것이다. 우리가 이러한 선천적 잘못을 감내하는 한, 그리고 낙관적 신조에 의해서 그 안에서 확신을 갖는 한, 세상은 모순으로 가득 차게 된다. 모든 단계에 있어서, 크건 작건 모든 행동에 있어서, 우리는 이 세상과 인생이 행복을 보존하도록 배열되어 있는 것이 아니라는 사실을 배워야 한다. 그리하여 인생에 있어서 모든 것은 우리를 그 원초적인 잘못으로 되돌아가게 하며, 우리 존재의 목표는 행복해지는 것이 아니라는 것을 확신하게 해 주는 경향이 있다. 우리가 인생을 좀더 상세하고 좀더 차분하게 들여다본다면, 그 진정한 목적은 우리가 그 속에서 행복해지지 않는 것처럼 보이게 된다. 인생은 그렇게 축조되어 있기 때문에 우리를 속상하게 만들고 또한 반역하게 만들며, 마치 망상처럼 우리를 반발하게 만든다. 그렇게 함으로써 적어도 우리의 마음은 그 쾌락과 삶에 대한 광기어린 욕망 속에서 치유될 수 있을지도 모르며, 세상으로부터 멀어질 수 있다."

위안이 되지 않는 철학이여! 적어도 철학은 오늘날의 가장 드높은 정신을 지닌 휴머니스트들에게 그렇게 불려질 것이다. 그것은 현대 문명을 위해서는 위안을 주지 못한다. 철학은 최첨단의 비행기와 최신 유행의 춤으로부터 치명적인 독가스에 이르기까지 문명이 이룩해 놓은 모든 경이적인 업적들을 반박하거나 또는 상이하게 다루며, 그 모든 것을 타기한다. 그 어떤 것도 진정한 마음의 평화를 가져다 주기 위해 그 무슨 일도 할 수 없다. 쇼펜하우어는 "고통이야말로 실질적인 순화의 과정이다. 대부분의 경우에 있어서 인간은 고통에 의해 정화될 수 있을 뿐이다. 즉 삶에 대한 의지의 환멸로 되돌아가게 된다."라고 생각을 전개해 나간다. 그리하여 세계에 대한 그의 전망을 가로막는 암흑에 빛을 비추는 것이다.

나는 젊은 시절 이후로 쇼펜하우어가 한 다음과 같은 말로 인해 이 비극적 철학을 숭배하게 되었다는 사실을 고백하지 않을 수 없다.

"오직 나의 철학에 있어서만이 세계의 악덕은 그 모든 외연을 인정받
게 된다. 악덕의 기원에 대한 의문은 이 세상의 기원에 대한 의문과
동일한 답을 지니고 있으므로 그처럼 인정을 받을 수 있는 것이다."

이것은 괴테의 세련된 휴머니즘과 자유주의의 모든 신조들, 그리
고 고전 시대의 모든 성취들과 비견될 만한 장대하고 측량할 수 없
는 진전이다. 쇼펜하우어는 어디에선가 그의 적대자인 낙관주의자
를 다음과 같이 생생하고 간결한 말로 반박한 바 있다.

"세상은 들여다보라고 있는 구경거리가 아니다."

세상은 우리로서는 영원히 풀 수 없는 윤리적 문제이다. 사상가
들은 적어도 그러한 관점으로 회귀해야 한다. 쇼펜하우어는 계속
주장한다.

"나의 철학에 있어서 의지는 객관화됨으로써(언제나 그렇듯이) 자기
인식에 이르게 된다. 그리하여, 그것의 폐기와 변경, 그리고 해방이
가능해진다. 따라서 오직 나의 철학 속에서만 철학은 안전하게 근거
를 갖게 되며 심오하고 숭고한 종교들—유대교뿐만 아니라 이슬람교,
브라만교, 불교 그리고 그리스도교 등등—과 조화를 이루며 완벽하게
어우러지는 것이다."

이러한 장대한 철학은 그 목표와 귀결로서 절대적인 니힐리즘을
띤다는 점이 비난의 대상이 될 수 있다. 그러한 비난은 오늘날에조

차도 끊임없이 글과 말을 통해 제기되고 있다. 그러나 그것은 능히 답변할 수 있는 비난이다. 무(無)와 열반(涅槃)은 우리의 이성으로는 이해할 수 없는 상태이다. 그것은 삶에 대한 의지가 변화되면서 그 자체를 부정하는 상태이다. 가장 초기의 사상 속에서 쇼펜하우어는 그러한 상태를, "보다 나은 의식"이라고 명명하면서 긍정적 성격을 부여하고 있다. 후에 그는 그것에 '하느님'이라는 이름을 붙일 수도 있지 않을까 고민한 적도 있다.

그러나 그는 결국 그 어떤 모호함도 남기지 않기 위하여 그 이름을 포기했다. 그것은 영혼에 미치는 영향력이 너무도 강력해서 우리가 윤리, 도덕, 선, 또는 고귀함이라고 부르는 온갖 것들이 오직 그것으로부터 파생되어 나온다. 그것은 단순하게는 비이성적이다. 하르트만은 그 상태를 무의식이라고 불렀다. 나는 그것을 영원히 우리의 이성을 뛰어넘은 곳에 있지만, 바로 그 이성에 진정으로 신성을 부여하는 존재의 상태라고 부르곤 한다. 존재하는 모든 것은 그 상태로부터 유래하며, 투쟁하는 모든 것은 그 상태를 지향하고, 모든 것은 그 속에서 영원한 안식을 구한다. 또한 모든 것이 궁극적인 의미를 지니는 곳에 그것의 진정한 힘과 진실한 존재가 있다.

따라서, 그것을 제1의 존재, 혹은 당신들의 뜻대로 부르도록 하라. 그 속에서 안전해질 수 있다는 것을 깨달은 사람은 누구든지, 그의 인생은 안락한 천국을 찾을 것이며, 그의 노력은 의미와 방향을 갖게 될 것이고, 아무리 어두운 암흑 속일지라도 그가 가고자 하는 분명한 목표가 생길 것이며, 그의 인간성은 광대무변한 무의 세계 속에서 굳건하게 버텨 서게 될 것이며, 보통 사람들의 그것처럼 쉽게 동요하거나 두려움에 떨지 않게 될 것이다. 그것은 곧 신심을 지닌 사람의 자세이다. 그는 즐기라고 그에게 인생이 주어진 것이 아니며, 그렇다고 한가하게 소일하거나 세상의 비극에 대하여 마냥 통곡하고 눈물을 흘리기 위해 인생을 사는 것도 아니라는 사실을 알고 있다. 쇼펜하우어의 다음과 같은 말은 그런 사람에게 어울린다(그런 점에서 진정으로 현대적이다).

> "행복한 삶은 불가능하다. 인간이 성취할 수 있는 가장 높은 단계는 영웅적 삶이다. 영웅적 삶은 비록 거의 보상이 없거나 혹은 전혀 없을지라도 모든 선한 사람들을 압박하는 어려움에 대항하여 싸우고, 마침내는 그것을 정복하는 그 모든 사람들이 시간과 장소를 가리지 않고 살아가게 되는 삶이다. 그는 마치 고치(Gozzi)의 《레코르보(Recorvo)》에 나오는 왕자처럼 굳세게 버티고 서 있다가 마침내 바위가 되어버린다. 그러나 그의 태도는 숭고하며 몸가짐은 당당하다. 그에 대한 기억은 그의 뒤를 이어 살아 남으며, 결국 그는 영웅으로 영생을 얻는다. 그의 의지는 인생을 통해 땀과 노력, 좌절과 극복으로 점철된 열반 속에서 소멸된다."

한 마디만 더 하겠다. 이러한 철학이 그것을 통해 영감을 받은 사람에게 과연 무엇을 줄 수 있는가?

첫째는 그 어떤 유혹적인 이상주의의 기만적 환상에 속지 않고, 존재하는 그대로 세계의 실체를 볼 수 있는 용기를 준다. 환상은 그러한 철학과 만나자마자 쫓겨가게 된다. 세계의 험난한 사실은 반드시 정복되어야 하며, 특히 현대 세계에 있어서는 더욱 그렇다.

두 번째는 삶에 대한 근본적으로 성실한 태도, 진정한 윤리적 기조에 근거한 태도를 준다. 우리는 위에서 세상에 대한 모든 낙관주의적 관점은 그것이 윤리적 체계에 기초하여 만들어지자마자 동요하게 된다는 점을 지적한 바 있다. 진실로 윤리적인 모든 것은 우리가 말한 바와 같이 자연적인 것, 감각을 통하여 주어진 것에 대한 일종의 부정이다. 이러한 윤리적 기초에 근거한 삶을 살고 있는 사람만이 아무리 험악한 사건의 격랑 속이라 하더라도 굳건하게 버티고 서 있을 수 있는 것이다.

그 자신은 무한성에 대하여 안전함을 느낀다. 다른 많은 사람들이 느끼듯이, "나는 무(無)와 마주하고 있다!"는 느낌을 그는 갖지 않는다. 그는 말한다.

"나는 그 무엇과도 마주하고 있지 않다. 나 자신은 무한성 속에서 안식처를 찾았기 때문이다. 나는 그것을 깨달을 힘이 있다. 생각에 의해 내가 아름답고, 선하고, 진실하고, 순수하고, 고귀하고, 위대하다고 부르는 그 모든 것들 속에서, 도덕적 행동을 통해 그것을 깨닫게 될 것이다. 나는 신의 신비한 언어가 아니고는 이러한 상황에 대해서 나 자신이 말할 수 없다는 것을 알고 있다.

나는 이러한 모든 힘, 위력들이 모든 인간의 마음속에서 서로 다르게 그들의 모습을 드러낸다는 것을 안다. 그러나 나는 그들의 존재를 느끼고 경험한다. 나는 그것들만이 유일한 실재이며 나의 인생의 의미라는 것을 알고 있다. 그리고 그 모든 것의 마지막은 이렇다. 불모의 사색 속에서 나 자신을 잃어버리는 대신에, 나는 내가 그것을 여전히 부르고 있듯이 그것이 곧 신성(神性)이라는 것을 알고 있다. 나는 매일 매시간, 사람의 행동을 통하여, 다른 사람들을 위한 자기 희생을 통하여, 세속적인 쾌락에 대한 극기를 통하여 그것을 경험한다. 그것들은 나의 내부에서 신성으로 그 모습을 드러내 왔으며, 나의 존재 속에서 시시각각 나타나는 바로 그 실체와는 거리가 먼 사람만을 위한 쾌락이다."

이러한 방식으로 우리는 의미 없는 무(無) 속에서 우리 자신을 잃어 버리는 것이 아니라, 우리가 확립하고 충족시켜 온 자아의 측량할 수 없는 깊이 속에서 영원히 우리 자신을 발견하게 되는 것이다.

율리오-클라우디우스 가계도

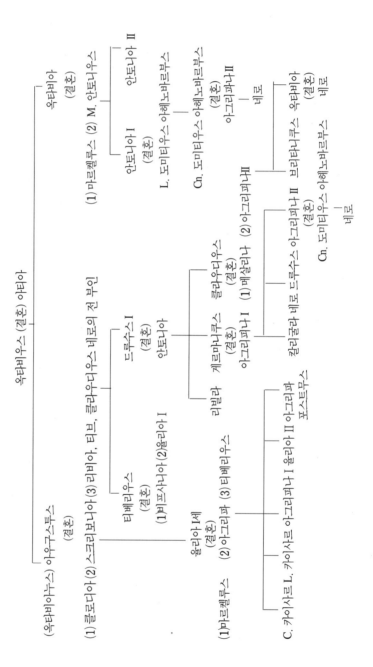

INDEX
찾 아 보 기